# Stadtraum im
# digitalen Wandel

**jovis** *research 7*

Für Iskra Radulova und Fedin Radulov

Radostina Radulova-Stahmer

# Stadtraum im digitalen Wandel

## Räumliche Auswirkungen digitaler Technologien auf Umwelt und Mobilität

**jovis** *research 7*

# Ausgangslage

Im Zuge aktueller Megatrends wie Globalisierung, Klimawandel und Digitalisierung, geprägt vom weltweiten Austausch von Dienstleistungen, Gütern, Finanzen und Daten, rückt das Thema der Digitalisierung in Stadtentwicklungsprozessen zunehmend in den Fokus nicht nur von internationalen Informationstechnologie-Unternehmen, sondern auch von Kommunen und Planenden im deutschsprachigen Raum. Der technologische Fortschritt der Digitalisierung bietet die Chance, Informations- und Kommunikationstechnologien zu nutzen, um die drängenden komplexen urbanen Herausforderungen (*Wicked Problems*) zu adressieren, bei denen vorherige Modelle versagt haben. Um diesen urbanen Herausforderungen wie globaler Erwärmung, Umweltverschmutzung und Ressourcenknappheit zu begegnen, werden weltweit in Städten Informations- und Kommunikationstechnologien eingesetzt. Der Bedarf an neuen, modernen Stadtquartieren steigt. Sie sollen vieles können: ressourcenschonend, energieeffizient, sozialverträglich, kostengünstig, belastbar sein und allgemein die Lebensqualität der Menschen erhöhen.

Doch erste globale Pilotprojekte wie *Songdo* oder *Masdar City* zeigen, dass die einseitige Ausrichtung auf technologische Lösungen zwar die Effizienz der Stadt verbessern kann, jedoch nicht die räumlichen Qualitäten der Stadt und damit die Lebensqualität der Menschen steigern kann. In diesem Kontext fehlt es an einer räumlichen Auseinandersetzung mit dem urbanen Digitalisierungsprozess und macht die Notwendigkeit eines räumlich-technologischen Konnex deutlich.

Der Technologiesprung in den letzten zwanzig Jahren hat räumliche Veränderungen in Städten bewirkt. Digitalisierungsprozesse wirken zunehmend auf den urbanen Raum. Die räumlichen Schnittstellen und Wechselwirkungen zwischen dem physischen Stadtraum und den digitalen Technologien, also der räumlich-technologischen Konnex, müssen untersucht werden, um den rein technokratischen Einsatz urbaner Technologien zu vermeiden. Ziel ist es daher, die Raumwirksamkeit urbaner Technologien mit Fokus auf Mobilität und Umwelt auf der Quartiersebene räumlich zu untersuchen, um herauszufinden, wie die Disziplin den technologischen Fortschritt nutzen kann, um die Stadträume der Zukunft zu qualifizieren und somit die beste Voraussetzung für eine hohe Lebensqualität der Menschen zu schaffen.

# Relevanz

Im urbanen Zeitalter, in dem bereits die Hälfte der Weltbevölkerung in Städten lebt, aber auch vor dem Hintergrund der Klimakrise, ist die Gestaltung der digitalen, räumlichen Transformation der Städte von besonderer Bedeutung. So stellt das Konzept der »Smart City« im Zuge der Digitalisierung einen Wendepunkt der Entwicklung und Transformation von Städten dar. Dies ist von besonderer Bedeutung, da sich die Digitalisierung mit immer kürzeren Innovationszyklen und ihren vielschichtigen Folgen rapide ausdehnt und weitreichende, teilweise unerwartete Veränderungen verursacht. Die stadtrelevanten Disziplinen – wie Städtebau, Stadtplanung,

Landschaftsarchitektur oder Raumplanung – sind mit neuen Schwierigkeiten konfrontiert, die räumlichen Auswirkungen auf unterschiedliche Raumkategorien zu erfassen und zu planen, obwohl die Folgen kaum abgesehen werden können.

Im Zuge der digitalen Transformation dringen beispielsweise neue digital-gestützte Mobilitätsangebote wie *Mobility as a Service* (*MaaS*), *Sharing-Angebote*, *Kurier-Express-Paket-Dienstleistungen* (*Kurier-Express-Paketdienste*) in die Stadt ein und fordern zusätzliche Flächen des bereits knappen Guts ein. So wird die Flächenverteilung und -nutzung der Flächen im öffentlichen Raum in Innenstadtlagen zunehmend umkämpft. In der Covid-19-Situation hat zudem ein boomender Online-Handel zu einer beachtlichen Erhöhung des Güterverkehrs in der Stadt geführt und zeigt die räumlichen Auswirkungen der Digitalisierung im Stadtraum sehr deutlich.

# Problemstellung

Die Digitalisierung prägt zunehmend unter dem Schlagwort »Smart City« die Planung und Umsetzung von Quartiersentwicklungen und -transformationen im deutsch-sprachigen Raum. Dabei werden ausschließlich quantitative Effizienzsteigerungs-potenziale erschlossen, um beispielsweise Wassermanagement ressourcenschonend zu machen, Stromnetze in ihrer Auslastung zu steigern oder durch sensor-basierte Informations- und Kommunikationstechnologien Energiesparmöglichkeiten aus-zureizen. Diese Maßnahmen sollen vor dem Hintergrund der Klimakrise die Ressourceneffizienz steigern und Quartiere nachhaltiger gestalten. Jedoch dienen diese Maßnahmen letztlich einer reinen Systemoptimierung von Stadtstrukturen und -infrastrukturen. Die Veränderung von Qualitäten in Stadträumen im Quartier findet dabei keine Berücksichtigung.

Zudem bieten globale Digitalunternehmen zunehmend digitale Lösungen für die Städte der Zukunft, ohne stadt-räumliche Konsequenzen einzubeziehen. Dabei sind die negativen räumlichen Auswirkungen digitaler Technologien schon heute zu beobachten. Ein Teil der technologischen Auswirkungen bringt Risiken für den Stadtraum mit sich, die anhand von digital-basierter Kurzzeitvermietung oder reparaturbedürftigen Fahrzeugen von digital-gestützten *Sharing-Angeboten*, wie E-Skooter, ersichtlich werden. Dadurch ist bereits eine unbewusste, doch reale räumliche Mitbestimmung globaler Informationstechnologie-Dienstleister beispielsweise über die Flächenverteilung in Stadträumen festzustellen. Solche Verschiebungen raum-relevanter Entwicklungen auf unterschiedlichen Ebenen sollten nicht dem freien Markt überlassen werden. Es bedarf einer räumlichen Auseinandersetzung und einer vertieften Untersuchung der Raumwirksamkeit von Digitalisierungstendenzen, um in der Zukunft bei einer Steuerung der Auswirkungen der digitalen Transformation handlungsfähig zu werden.

# Stand der Forschung

Die Begriffe »Smart City« und »Digital City«, aber auch verwandte Konzepte wie »Creative City«, tauchen seit 2010 verstärkt in wissenschaftlichen Artikeln und technischen Berichten auf. Die Kommunen, die Politik und die Wirtschaft verwenden diese Begriffe, um eine Idee von Stadt zu vermitteln, in der die Technologie dazu beiträgt, den Wünschen und Bedürfnissen der Stadtbewohner*innen zu entsprechen (Hollands, 2008). Gegenwärtige Herausforderungen im Zuge zunehmender Urbanisierung, wie Verkehrsbelastung, fossiler Energieverbrauch, Umweltverschmutzung oder lineares Abfallmanagement, verdeutlichen den Bedarf, mögliche Lösungen für den Umgang mit urbanen Problemen zu finden (Caragliu et al., 2011).

Um sich dem Themenfeld zu nähern, wird zunächst die Bedeutungsspanne von »Smart City« in der Literatur dargelegt und die charakteristischen Merkmale und Anwendungsbereiche der »Smart City« aufgezeigt. In der Diskussion über die »Smart City« wird prinzipiell zwischen zwei Richtungen unterschieden, der »Digital City« und der »Social City«. Hierbei wird der Fokus bei der einen auf die Technik und bei der anderen auf das Soziale gelegt.

Während ein Teil der Literatur 1) die digitalen Technologien, wie Informations- und Kommunikationstechnologien, in den Vordergrund stellt und die Stadt als funktionales System begreift, das mithilfe von großen Datenmengen operative Prozesse optimiert, 2) fokussiert sich ein anderer Großteil der Literatur als Gegenpol auf weiche Faktoren, wie Lebensqualität, Humankapital oder Innovationsfähigkeiten einer Stadt.

Mit der technikorientierten Sichtweise von Stadt gehen technologische Infrastrukturen einher, – wie Breitbandnetze, *5G-Mobilfunkstandards*, Softwareanwendungen, Daten, Sensoren, – die sie, die Stadt, zum interaktiven, messbaren, quantifizierbaren und in Echtzeit reagierenden System machen. Die Befürworter*innen dieser Auslegung stellen Wirtschaftswachstum, Produktivitätssteigerung und reibungslose Funktionalität urbaner Systeme in den Fokus. Große Mengen an Echtzeitinformationen werden gesammelt, übermittelt, interpretiert und verarbeitet, um Prozesse zu optimieren und bei Problemen oder Gefahren die zuständigen Verwaltungsorgane zu informieren (Greenfield, 2006; Hall, 2000; Jaekel, 2015; Marsa-Maestre et al., 2008). So können Daten dazu beitragen, dass zum Beispiel in Stoßzeiten der Verkehr fließt oder abends der Energieverbrauch gleichmäßig verteilt wird und somit die Energiekosten gesenkt werden können. Doch der Einsatz digital-gestützter technologischer Lösungen allein kann die Entwicklung einer »Smart City«, welche die urbanen Lebensbedingungen verbessern will, nicht bewirken.

Dazu gehören ebenso weiche Faktoren, wie menschliche Erfahrungen, Wissen, Fertigkeiten und Innovationsfähigkeit. Der andere wesentliche Teilbereich der Literatur beschäftigt sich folglich mit der Lebensqualität, den Bildungsmöglichkeiten oder mit Beschäftigungschancen in Städten. Hier rücken die Selbstbestimmung und Fähigkeiten der Stadtbewohner*innen in den Vordergrund, um die qualitative »Performance« der Stadt zu verbessern (Caragliu et al., 2011; Giffinger et al., 2007; Giffinger, 2010; Hollands, 2008; Townsend, 2013). In diesem Spektrum sind noch weitere inhaltliche Bereiche der »Smart City« zu benennen, wie die »Smartness« einer Kommune. Ihre Fähigkeit, auf innovative Weise Dienstleistungen, Informationen oder Kommunikation der lokalen Bevölkerung verfügbar zu machen, bilden unter dem Begriff *e-Governance* einen wichtigen Pfeiler im »Smart City«-Verständnis (Hollands, 2015; Luciano, 2014; Sangeetha G, 2016).

Der Begriff »Smart City« stammt aus den 90er Jahren und beschrieb damals die neuen Informations- und Kommunikationstechnologien und die damit verbundenen digitalen Infrastrukturen und Systeme in der Stadt (Alawadhi et al., 2012). Wenige Jahre später wurde das Konzept »Smart City«, ausgehend vom *Center of Governance an der University of Ottawa*, kritisiert, da das Konzept »Smart City« stark technisch-orientiert war. Sie haben sich für einen *Governance*-orientiertes Verständnis eingesetzt, bei dem soziale Aspekte und Gemeinwohl im Vordergrund standen. Am Anfang des Jahrhunderts galt das Konzept »Smart City« als ein *Urban-Labelling*-Phänomen. In der Stadtentwicklung wird der Begriff oft zur strategischen Ausrichtung im Zuge der Digitalisierung genutzt und dient politischen Zielsetzungen und Programmen – wie nachhaltige Stadtentwicklung, Wirtschaftswachstum oder bessere Lebensqualität für die Bürger*innen –, die in »Smart City«-Strategien gebündelt werden (Ballas, 2013).

Das »Smart City«-Konzept ist sehr weit gefasst und beschränkt sich nicht mehr ausschließlich auf eine technologische Ausrichtung, sondern stellt zunehmend die Menschen und ihre Bedürfnisse in den Vordergrund (Albino et al., 2015). Die zentrale Bedeutung der Lebensqualität der Menschen im Konzept »Smart City« wird im Besonderen von Batty et al. (2012) deutlich gemacht. Sie betonen, dass die bedarfs-generierende Digital-Anwendung in Städten zwar zur systemischen Optimierung beitragen muss, dass jedoch das übergeordnete Ziel sein muss, die Lebensqualität der Bürger*innen zu erhöhen (Batty et al., 2012, zitiert nach Albino, et al. 2015).

Laut Wikipedia ist eine »Smart City« gar keine Stadt an sich, sondern ein Dach-begriff für holistische Entwicklungsmodelle mit der Absicht, Städte mithilfe von Technologien in ihrer Effizienz, Nachhaltigkeit und ihrem Inklusionscharakter zu verbessern (Wikipedia, 2021). Das »Smart City«-Modell, das derzeit den weitesten Konsens in der Wissenschaft erlangt hat, wurde von einer Forschungsgruppe an der TU Wien entwickelt und basiert auf insgesamt sechs Handlungsfeldern: *Smart Mobility*, *Smart Environment*, *Smart People*, *Smart Living*, *Smart Governance* und *Smart Economy*. Dazu gehören 27 Anwendungsbereiche und 90 Indikatoren, die ermöglichen sollen, die Leistung einer Stadt in Form eines *Scores* quantitativ zu bemessen und somit ein europaweites Ranking zu abzubilden. Nach Giffinger et al. ist eine Stadt dann smart, wenn sie in der Kombination dieser sechs Bereiche eine gute Performance aufzeigt (Giffinger, 2015). Die Handlungsfelder beinhalten detaillierte Anwendungsbereiche, wie beispielsweise zu *Smart Mobility*: lokale Transportsysteme, internationale Erreich-barkeit/Vernetzung, digitale Infrastruktur und Nachhaltigkeit des Verkehrs. Doch der Aspekt der räumlichen Dimension von »Smart City« wird dabei nicht berücksichtigt.

In der *Urban-Age-Konferenz* zum Thema »The Electric City«, organisiert durch die London School of Economics (LSE), beschreibt Ricky Burdett, wie die Dynamik der digitalen Ära nicht nur in der technologischen und sozialen, sondern auch in der physischen Struktur der Städte ihre Wirkung zeigt (Burdett, 2012). Eine kritische Sicht-weise des »Smart City«-Modells bietet zudem Adam Greenfield in seinem Buch *Against the Smart City* (Greenfield, 2013). Er diskutiert kritisch das »Smart City«-Konzept, da es überwiegend von Informationstechnologie-Unternehmen und -Dienstleister\*innen beworben wird, und hinterfragt den Zweck, Nutzen und Bedarf eines solchen Konzeptes. Dazu untersucht er exemplarisch Prototypen der »Smart City« – *Songdo City* in Südkorea, *Masdar* in Abu Dhabi und *PlanIT Valley* in Portugal – und zeigt Definitionsansätze des Begriffs »Smart City« aus der Sicht global führender Informations- und Kommunikationstechnologie-Unternehmen. Auch in seinen Untersuchungen werden Aspekte zur räumlichen Gestaltung und Wahrnehmung von »Smart City« nicht behandelt. Und auch auf der Konferenz »Digitale Wolken – urbane Räume. Stadt als Informationssystem«, veranstaltet von der Zeitschrift *Dérive* und dem *World-Information Institute* in Wien (2014), wurde die räumliche Dimension nicht thematisiert.

# Forschungslücke

Gegenwärtig wird in der Forschung das Thema Raumwirksamkeit der Digitalisierung im realen physischen Stadtraum wenig behandelt. Auch in der Praxis und bei den Kommunen in großen Agglomerationsräumen, die oft eine Vorreiterrolle haben, gibt es bislang nur ein zögerliches Engagement in diesem Bereich. Dabei werden derzeit eher Fragen formuliert, als eine Annäherung an die Beantwortung dieser Fragen gesucht. Die Entwicklungszyklen von Informations- und Kommunikationstechnologien sind aber dynamisch, sodass die Untersuchung dieses Phänomens zunehmend an Komplexität gewinnt. Obwohl viele Kommunen im deutschsprachigen Raum und weltweit rasant an der Entwicklung von Digitalisierungsstrategien arbeiten, gibt es noch keine raumbezogenen Rückschlüsse und Ansätze für die Weiterentwicklung und die Veränderungsprozesse im Stadtraum. Obwohl die räumlichen Auswirkungen noch kaum untersucht wurden, gerät die digitale Transformation zunehmend in den Vordergrund (Deutsches Institut für Urbanistik, 2014), da die Digitalisierungsprozesse in Gesellschaft und Wirtschaft, sowie die damit verbundene Dynamik im Kapitalmarkt immer stärker an Relevanz gewinnen.

In der aktuellen Diskussion um die »Smart City«, die stellvertretend für die Digitalisierung in der Stadt steht, werden digital-gestützte technische und soziale Innovationen aufgeführt. Dabei fehlt der räumliche Bezug zur Stadt noch gänzlich, obwohl die Grundbedingung von Urbanität vor allem in ihrer Raumqualität liegt. Um die Entwicklung der Digitalisierung in der Stadt ganzheitlich integriert beurteilen und planen zu können, ist eine intensive Auseinandersetzung mit der »Verräumlichung« digital-basierter Technologien notwendig.

Vor diesem Hintergrund bleibt es unklar, welche Technologien sich wie und auf welche Stadträume räumlich auswirken. In dem jungen Forschungsfeld fehlt es an einer vertieften Untersuchung und wissenschaftlichen Auseinandersetzung mit der räumlichen Dimension digital-gestützter Stadtentwicklungsprozessen und ihren Ausprägungen im Stadtraum.

An dieser Forschungslücke setzt diese Arbeit an und untersucht empirisch die inhalt-lichen und räumlichen Zusammenhänge und Wechselwirkungen zwischen Digitali-sierungsprozessen und Stadträumen im Quartier. Die Arbeit geht den physisch-räum-lichen Konsequenzen von digitalen Technologien nach und hinterfragt, wie diese die räumlichen Auswirkungen sowohl die Wahrnehmung, Nutzung und vor allem die physisch-räumliche Ausprägung, Struktur und Gestalt von Stadt verändern.

# Hypothesen

Der vorliegenden Untersuchung der Verräumlichung von Digitalisierung im Quar-tier liegen drei Hypothesen zugrunde. Die erste bezieht sich auf den Begriff »Smart City«. Die zweite Hypothese ist die Haupthypothese. Sie bezieht sich auf räumliche Auswirkungen und Wirkungsweisen von Technologien. Die dritte Hypothese bezieht sich auf die Rolle der stadtrelevanten Disziplinen.

1. Derzeit ist der Begriff »Smart City« oft mit dem Einsatz von digitalen Technologien verbunden. Dennoch gibt es bislang trotz zahlreicher, darunter auch wissenschaftli-cher Definitionsversuche, keine gültige Definition für eine »Smart City« (Anthopou-los, 2017; Calzada und Cobo, 2015; Cellary, 2013; Eremia et al., 2017; Joss et al., 2019). Hypothese 1) Beim Begriff »Smart City« – der mit vielen Definitionsproblemen verbunden ist – geht es im deutschsprachigen Raum über das Konzept einer digi-tal-gestützten Stadtentwicklung hinaus und schließt physisch räumliche Auswir-kungen der digitalen Transformation im Stadtraum ein.

2. Die digitale Transformation wird im Zusammenhang mit der Quartiersentwicklung vor allem von der Wissenschaft, aber auch von der Praxis und der Verwaltung als profitgetriebene Werbemaßnahme (»Smart City«-Label) verstanden (Albino et al., 2015; Anthopoulos, 2017; Vlay, 2020). Dadurch entsteht eine grundlegend kritische Haltung und Skepsis zum Begriff, woraus eine zögerliche, aber notwendige Aus-einandersetzung mit den räumlichen Folgen der Digitalisierung zustande kommt. Hypothese 2) Digitalisierung im Stadtraum führt zu einer räumlichen Veränderung, beispielsweise der Wahrnehmung, Flächenverteilung, Nutzung, Dimensionierung, aber auch der physischen Gestalt von Quartiersräumen. Wenn verschiedene Tech-nologien im Quartier eingesetzt werden, dann unterscheiden sich die Stadträume in ihrer Wahrnehmung, Flächenverteilung, Nutzung, Dimensionierung, aber auch in ihrer physischen Gestalt, von konventionellen Quartiersräumen ohne Einsatz digitaler Technologien.

3. Der technologische Fortschritt geschieht in immer kürzeren Entwicklungszyk-len und verursacht zunehmend disruptive Technologiesprünge (Bundesamt für Raumentwicklung ARE, 2017; Engelke, 2017; Engelke et al., 2019; Soike et al., 2019). Hypothese 3) Wenn die stadtrelevanten Disziplinen sich digital-gestützte techno-logischen Entwicklungen zugunsten der Qualität im Quartier zunutze machen

und aktiv gestalten, dann kann die digitale Transformation wesentliche Chancen und Potenziale für den Stadtraum bedeuten. Doch auch das Gegenteil kann gelten. Wenn Stadtraum und digitale Technologie isoliert und nicht reziprok entwickelt werden und wenn die Planung und die Gestaltung nicht auf die Dynamiken und räumlichen Veränderungen der Digitalisierung eingehen, dann kann die digitale Transformation zum Risiko für den Stadtraum werden.

# Fragestellungen

Im Fokus dieser Arbeit steht die Untersuchung von räumlichen Auswirkungen der Digitalisierung auf den Stadtraum im Quartier. Diese werden entlang von vier übergeordneten Clustern an Forschungsfragen erforscht, die sich auf unterschiedliche Forschungsdaten beziehen.

Zunächst wird mit einer Literaturanalyse internationaler wissenschaftlicher Quellen untersucht, welche Bedeutungsebenen der Begriff »Smart City« hat und wie der Begriff verstanden wird, um zu überprüfen, ob in Bezug auf den Begriff »Smart City« ein Zusammenhang zwischen Technologie und physisch räumlicher Veränderungen besteht. Durch Expert*inneninterviews wird zudem ermittelt, ob Technologien räumliche Auswirkungen im physischen Stadtraum auf der Quartiersebene haben und auf welche Art und Weise sie sich räumlich auswirken. Anhand einer Typenbildung wird des Weiteren geklärt, ob und welche Muster, beziehungsweise Regelmäßigkeiten, aber auch welche Unterschiede in der Wirkung bestehen und wie sich die Wirkungen kategorisieren lassen. Außerdem wird die Frage beantwortet, welche räumlichen Chancen und Potenziale für den Stadtraum im Quartier durch die Raumwirksamkeit von Technologien entstehen können. Schließlich zielt die letzte Forschungsfrage auf mögliche Folgen und Konsequenzen der räumlichen Auswirkungen von Technologien für den Stadtraum der Zukunft ab, sowie auf die Klärung des möglichen Ausrichtungsbedarfs der Disziplin.

- Forschungsfragen Cluster 1 (Datensatz Wissenschaftliche Literatur) – Welche Bedeutungsebenen hat der Begriff »Smart City«? Welche inhaltlichen Ausrichtungen des Begriffs bestehen in der internationalen Fachliteratur? Wie wird der Begriff verstanden? Umfasst der Begriff einen Zusammenhang zwischen digitaler Technologie und räumlicher Transformation?
- Forschungsfragen Cluster 2 (Datensatz Expert*inneninterviews) – Forschungsfragen: Wodurch manifestiert sich die Digitalisierung im physischen Stadtraum? Welche räumlichen Auswirkungen haben Technologien im physischen Stadtraum und auf der Quartiersebene?
Welche räumlichen Auswirkungen im physischen Stadtraum bewirken Technologien?

Welche räumlichen Aspekte und Ausprägungen von technologischen Auswirkungen im physischen Stadtraum können ermittelt werden? Lassen sich
Cluster und Schwerpunkte ableiten?

Wie verändert Digitalisierung den physischen Stadtraum? Auf welche Art und
Weise wirken Technologien auf den Stadtraum? Welche Muster der räumlichen
Raumwirksamkeit von Technologien lassen sich erkennen und welche Typo-
logien können gebildet werden?

- Forschungsfragen Cluster 3 (Datensatz Räumliches Mapping) – Forschungsfragen: Welche Potenziale und Gefahren für den Stadtraum können durch die
räumlichen Auswirkungen von Technologien konkret entstehen?
- Forschungsfragen Cluster 4 (Datensatz Szenarienentwicklung) – Forschungsfragen: Wie können die Chancen der räumlichen Auswirkungen von Technologien
für den Stadtraum der Zukunft genutzt werden? Bedarf es einer Neuausrichtung
der stadtrelevanten Disziplinen? Welche Folgen sind zu erwarten und welche
Ausrichtung der Städtebau-Disziplin ist notwendig?

# Ziele

Ein Hauptziel der Dissertation ist es, die räumlichen Wirkungsweisen der digitalen
Transformation anhand von konkreten quantitativen Datenanalysen zu untersuchen,
um herauszufinden, wie sich Digitalisierung im Städtebau räumlich abbildet. Konkret sollen räumliche Auswirkungen der digitalen Transformation adressiert werden,
indem aufzeigt wird, wie sich Technologien im Quartier räumlich manifestieren. Die
Ergebnisse sollen die spezifisch räumliche Bedeutung von Digitalisierungsprozessen
und den damit verbundenen Handlungsspielraum sichtbar machen. Sie sollen den
Handlungsbedarf für die stadtrelevanten Disziplinen ausloten, um Potenziale zu nutzen und Risiken durch die Digitalisierung zu vermeiden. Mit der Arbeit soll weiterhin
die Bedeutung der Rolle stadtrelevanter Disziplinen für die Planung und Gestaltung
von stadträumlichen Transformationsprozessen – nicht nur im technologischen Sinn,
sondern auch in der physisch-räumlichen Wirkungsrealität – aufgezeigt werden. Die
Ergebnisse der empirischen Untersuchungen können in Folge dazu dienen, eine
integrale Adressierung und Behandlung der bestehenden Zusammenhänge zwischen
Digitalisierung und dem realen-physischen Raum vorzunehmen. Letztlich besteht die
Absicht der Arbeit darin, einen wissenschaftlichen Beitrag zu leisten, um die räumliche Dimension der Digitalisierung in die »Smart City«-Diskussion zu integrieren.
So ist es möglich, die Raumwirksamkeit von Technologien besser zu verstehen, um
daraus Ableitungen für die Entwicklung von Ansatzpunkten zur Erschließung räumlicher Potenziale der Digitalisierung im Stadtraum zu finden.

# Eingrenzung

Deutschsprachiger Raum – »Smart City«-Entwicklungen haben weltweit in unterschiedlichen Kulturkreisen sehr unterschiedliche Ausprägungen. Auch in Europa bilden sich Cluster für das Verständnis und die Herangehensweisen an Digitalisierungsstrategien heraus, die meist mit der Sprache in Verbindung stehen. So ist die Entscheidung für die Untersuchung von Quartieren ausschließlich im deutschsprachigen Raum zu begründen. Zudem kann im deutschsprachigen Raum eine grundlegende Skepsis und damit ein verzögertes Interesse an der Thematik verzeichnet werden, wodurch auf bereits getesteten Initiativen und Projekten aufgebaut werden kann. Weiter trägt die Ähnlichkeit der Planungskulturen zur besseren Vergleichbarkeit der Rahmenbedingungen der Projekte bei.

Fokus Mobilität und Umwelt – In dieser Arbeit werden unterschiedliche physisch-räumliche Wirkungen von digitalen Technologien anhand von sogenannten »Smart City«-Quartieren im deutschsprachigen Raum – mit Fokus auf die Handlungsfelder Mobilität und Umwelt – untersucht, da im Bericht »Mapping Smart Cities in the EU« die beiden Bereiche als die Haupthandlungsfelder herausgestellt wurden und hier das größte Veränderungspotenzial zu erwarten ist.

Inhaltliche Eingrenzung – Viele interessante Aspekte können jedoch nicht abgedeckt werden. So geht es in der Arbeit nicht um die Digitalisierung von Raum im Sinne von virtuellem Raum und die damit verbundenen Darstellungsmethoden wie beispielsweise digitalen Zwillingsmodellen von Stadt. Es geht auch nicht um digitale Visualisierung-Tools und nicht um digitale Planungs-Instrumente, die in Fachbereichen eingesetzt werden wie *Geoinformationssysteme* (GIS), *Augmented Reality* (AR), *Virtual Reality* (VR), *Urban Information Modelling* (UIM), *Building Information Modelling* (BIM), *Künstliche Intelligenz* (KI), oder *Virtual Design & Construction* (VDC).

Untersucht wird hier nur die Maßstabsebene des Quartiers, sodass kleinmaßstäbliche Digitalisierungspraktiken auf der Architekturebene wie *Smart Home* nicht behandelt werden. Die Untersuchung beschäftigt sich auch nicht vordergründig mit Daten, wie *Big Data*, Datenerhebung oder Datensicherheit, sondern streift manche dieser Aspekte der Digitalisierung von Raum nur peripher. Es geht weder um explizite Funktionsweisen digitaler Technologien, noch um Digitalisierung in Bezug auf soziale Medien und ihre komplexen Wechselwirkungen von Nutzer*innengruppen und der Stadt.

Der Forschungsgegenstand ist einer rasanten Weiterentwicklung unterlegen. Zu Beginn des Forschungsvorhabens bestand die Schlüsselfrage darin, ob sich Technologien räumlich auswirken und, in Folge, ob sich »Smart City«-Quartiere von anderen unterscheiden. Die Digitalisierung in Folge der Veränderungen der baulichen Realität unter dem Einsatz technologischer Lösungen kann in dieser Arbeit nur in der Zeitspanne von 2016–2021 im deutschsprachigen Raum abgebildet werden. Die Veränderungsdynamik ist hoch, sodass die vorliegende Arbeit nur einen Teilbereich (Mobilität und Umwelt) der Auswirkungen, nur in einem bestimmten Zeitfenster abdecken kann.

# Rahmenbedingungen und Begriffsannäherung

Dieses Kapitel beschäftigt sich mit dem Begriff »Smart City« und seinen vielfältigen und komplexen Deutungsansätzen. Im Folgenden werden die Entstehung und Entwicklung des Konzeptes dessen konzeptionelles Modell und dessen Begriffsnetzwerk untersucht, sowie die unterschiedlichen Kontexte aufgezeigt.

Der Aufbau der Untersuchung des Konzepts ist an Berenskötter (2016) angelehnt. Der Forschungsstand ist das Ergebnis einer strukturierten Literaturrecherche zwischen Oktober 2016 und Juli 2017 mit einem Update im Juli 2018. Die Literaturrecherche wurde auf unterschiedlichen Plattformen digital und analog vorgenommen. Wesentliche Quellen umfassen wissenschaftliche Datenbanken[1]. Die Suche wurde auf den Zeitraum zwischen 2000 und 2018 eingeschränkt. Als Suchbegriff wurden unterschiedliche Kombinationen unter anderem aus *Smart, City, Urbanism, Space, Spatial, Intelligent, Concept, Planning und Digital*[2] eingegeben und die Wortformen aus der Lemmata-Liste einbezogen. Weiterhin wurden die Ergebnisse nach den Sprachen Deutsch und Englisch gefiltert und nach Datum der Veröffentlichung, nach Relevanz oder nach Zahl der Zitierungen sortiert. Die Dokumenttypen wurden auf Artikel, Buch, Buchkapitel, *Proceedings Paper* und *Early Access* begrenzt. Im letzten Schritt wurde eine Einschränkung der Ergebnisse durch die Disziplinen Architektur und *Urban Studies* vorgenommen. Die Ergebnisse wurden über die Titel nach Relevanz für die Fragestellung gefiltert und diese Auswahl weiter über das Abstract eingeschränkt.

# Kontexte – zeitgenössische Rahmenbedingungen und Megatrends

Annäherung Begriffsdefinition – Der Begriff »Smart City« wird unterschiedlich in Art, Größe und Typ angewendet. Das erschwert, sich auf eine allgemeingültige Definition zu einigen, die alle Aspekte abdeckt. Die Städte, die sich als »Smart City« bezeichnen, sind jeweils individuell und haben eine eigene Geschichte und Charakteristik sowie eigene Visionen, Entwicklungswege und Dynamiken. Um die unterschiedlichen Zugänge beleuchten zu können, werden im Folgenden unterschiedliche Definitionen des Begriffs durch unterschiedliche Perspektiven (Wissenschaft, Wirtschaft und Verwaltung) dargestellt und in ihrer Ausrichtung eingegrenzt. Dabei ist weiter zu berücksichtigen, dass Städte selbst den Begriff »Smart City« für unterschiedliche Aktivitäten und Projekte verwenden. Allgemein deutet die Entwicklung des »Smart City«-Diskurses in der Wissenschaft auf eine Neu-Ausrichtung der Stadtentwicklung hin, welche die technologie-basierte, ökologische Anpassung in den Mittelpunkt des Transformationsprozesses stellt. Daher wird der Begriff »Smart City« in dieser Arbeit als ein Territorium mit beliebig großen Systemgrenzen verstanden, in dem digitale Technologien im physischen Raum räumlich integriert (räumlich-technologischer

Konnex) eingesetzt werden, um einen gemeinwohlorientierten, ökologischen, räumlich-qualitativen Transformationsprozess zu unterstützen und dadurch die Lebensqualität der Menschen zu verbessern.

Zeitgenössische Rahmenbedingungen und Megatrends – Digitalisierungsstrategien und -konzepte entstehen, um komplexen Herausforderungen gerecht zu werden. Dazu gehören Rahmenbedingungen wie Urbanisierung, Erderwärmung, Umweltverschmutzung, Ressourcenknappheit, oder im Globalen Norden der demografische Wandel oder die Covid-19-Pandemie. Daraus resultieren Megatrends und Phänomene wie beispielsweise die Umkehrung der *Mobilitätspyramide*, die *Gelbwesten-Bewegung*, *On-Demand-Dienstleistungen*, *Sharing Economy*, *Internet der Dinge*, *Industrie 4.0*, *Gender Shift*, *Individualisierung* oder *Neo-Ökologie* (Zukunftsinstitut, 2016).

Im Folgenden werden drei globale Megatrends, sowie die räumlichen Auswirkungen beschrieben, die im Digitalisierungsprozess von Bedeutung sind. Und abschließend wird in Kürze auf die Covid-19-Pandemie und ihre räumliche Tragweite Bezug genommen.

Digitalisierung
───────────────

Die Konsequenzen der digitalen Transformation betreffen weitestgehend jeden Handlungsbereich. Dadurch werden die Flexibilisierung von allen Lebensbereichen erhöht und die Lebensformen zunehmend multilokal gestaltet. Aktuelle, kritische, aber auch innovative Themen wie Daten-Sicherheit, digitale Bildung oder *Sharing Economy*, um nur einige zu nennen, rücken verstärkt in den Vordergrund. Sie alle haben durch die Digitalisierung Auswirkungen auf den gesamten deutschsprachigen Raum. Durch zunehmende Automatisierung vieler Wirtschaftszweige unter dem Begriff der *Industrie 4.0* können individuelle und kleine Produktserien emissionsarm oder sogar emissionsfrei hergestellt werden. Damit einher geht eine Neuausrichtung des produktiven Gewerbes in Form von dezentralen, urbanen Produktionsweisen, welche die Stadt der kurzen Wege und eine hohe Nutzungsdurchmischung in der Stadt ermöglicht. Es ist zu erwarten, dass die Digitalisierung durch die Flexibilisierung und durch automatisierte Mobilität eine weitestgehend räumliche Entkopplung verursachen wird. Somit können neue Gewerbegebiete und Büroareale an wichtigen Mobilitätsknotenpunkten im deutschsprachigen Raum entstehen. Auf der anderen Seite bieten zeitgenössische Arbeitsmodelle hohe Flexibilität in Form von »Home-Office, Mobile-Office, Desk-Sharing oder Co-Working-Spaces« (Rat für Raumordnung, 2019, S. 29). Dadurch wird die räumliche Entkopplung verstärkt, da Bürotätigkeiten von einem bestimmten Arbeitsort und- platz losgelöst über das Internet von überall erledigt werden können. Das führt zu weiterer räumlicher Flexibilisierung für die Arbeitgeber*innen, da der Flächenbedarf an Büroräumen sinkt. Es ermöglicht zudem die Schaffung und Nutzung von *Co-Working-Space* in dezentralen, peripheren oder sogar ländlichen Lagen, die beispielsweise das sogenannte *Village-Office*. Diese Tendenzen zeigen bereits jetzt Potenziale für den ländlichen Raum. Veränderungen in der Pendlermobilität lassen sich besonders in der Covid-19-Pandemie feststellen.

Räumliche Entkopplung des Arbeitsplatzes durch *Home-Office* entschärft zu Stoß-zeiten den Pendelverkehr und reduziert diesen wesentlich, sowohl im Schienen- als auch im Straßenverkehr. Die Durchsetzung der E-Mobilität, aber auch automati-siertes Fahren kann eine emissionsarme und perspektivisch eine klimaneutrale Mobilität im deutschsprachigen Raum ermöglichen. Der schienengebundene Ver-kehr gewinnt zwischen den Hauptzentren an Bedeutung. Und auch die S-Bahnen sichern die Mobilität in den Stadtregionen, während sich in ländlichen Gebieten im deutschsprachigen Raum automatisierte Fahrzeuge vermehrt durchsetzen werden. In Hinblick auf den Online-Handel und damit einhergehenden Anstieg des Logistik-verkehrs ist zu erwarten, dass *Kurier-Express-Paketdienste* in Zukunft durch digital-gestützte automatisierte Fahrzeuge, Roboter, oder Drohnen Pakete dezentral und emissionsarm zustellen werden. Die Städte im deutschsprachigen Raum werden weiter an bestehende Digitalisierungsentwicklungen angepasst. Sie werden sich die Potenziale des technischen Fortschrittes zunutze machen, um die Lebensqualität der Menschen zu erhöhen, und sich gleichzeitig, unabhängig von wirtschaftlichen und umweltspezifischen Anforderungen, nachhaltig und klimaneutral transformieren (Rat für Raumordnung, 2019).

Attraktive Standorte und Quartiere in zentralen Lagen werden an Bedeutung gewinnen, und der Flächendruck wird weiter zunehmen. Eine Schwächung der Sub-zentren durch die Folgen der Digitalisierung muss vermieden werden und die Poly-zentralität im Sinne der Stadt der kurzen Wege weiter gestärkt werden, um räumlich diskriminierenden, segregierenden Prozessen entgegenzuwirken (Soike et al., 2019).

Die Digitalisierung erhöht auch die Leistungsfähigkeit und Produktivität der Landwirtschaft. Automatisierte Landwirtschaftsroboter, digital-gestützte Treibhäu-ser und volldigitale Abläufe sind Teil der zukünftigen Landwirtschaft. So kann eine systemische Optimierung durch digitale Vernetzung zu Ressourcen- und Kostenein-sparungen führen. Raumwirksam ist die Digitalisierung auch in Bezug auf das Land-schaftsbild. Die intensive und automatisierte Agrarproduktion und ihre Überformung des Landschaftsbildes könnte zunehmend in Konflikt treten zu Naturschutzgebieten und Reservaten, die der Naherholung und des Artenschutzes dienen (Rat für Raum-ordnung, 2019).

## Demografischer Wandel

Im deutschsprachigen Raum wird sich die Bevölkerungsveränderung weitestgehend stabilisieren, jedoch wird die Lebenserwartung weiterhin durch Fortschritte in der Gesundheitsvorsorge und Medizin steigen. In Konsequenz ist eine zunehmende Hochaltrigkeit der Bevölkerung, eine *Silver-Society*, zu erwarten. Es ist zu erwarten, dass in den kommenden zwanzig Jahren die Bevölkerung im Rentenalter deutlich zunehmen wird und dann etwa 25% der Bevölkerung ausmachen wird. Die Alters-struktur wird sich besonders in ländlichen Regionen abbilden. Dort wird die Land-flucht von Personen, die noch nicht das Rentenalter erreicht haben, noch weiter zunehmen. Dadurch wird es in ländlichen und peripheren Räumen zur starken

Überalterung kommen. Größere Städte und Universitätsstandorte werden dagegen im Vergleich jung bleiben. Die Generation der *Baby-Boomer* pflegt auch im hohen Alter einen gesunden, aktiven und mobilen Lebensstil. Um diese Personengruppe herum entsteht die *Silver Economy*, welche die finanziell gut aufgestellte *Baby-Boomer*-Generation mit Angeboten in den Bereichen Tourismus, Freizeit- oder Gesundheit versorgt. Neue generationendurchmischte Wohnformen mit bedarfsgerechter Pflege und hoher Eigenständigkeit und Individualität im Alter werden benötigt. Die Unterbringung in Senior*innen-Residenzen ist durch die hohen Covid-19-Ansteckungsraten in Altersheimen stigmatisiert. Alternative Wohn- und Pflegeformen werden, ausgelöst durch die Covid-19-Krise, noch deutlicher benötigt. Durch Synergieeffekte und innovative Wohnmodelle könnten Betreuungskosten, aber auch der Druck für Pflegefachkräfte sinken. Die Sicherung der finanziellen Altersvorsorge stellt sich zunehmend als problematisch heraus. Sinkende Renten und Anstieg der laufenden Pflege- und Wohnausgaben könnten in breiten Bevölkerungsschichten zu prekärer Altersarmut führen. Auch wenn durch kinder- und familienfreundliche Maßnahmen die Geburtenrate etwas angehoben werden könnte, bleibt der deutliche Trend zur Hochaltrigkeit in der deutschsprachigen Bevölkerung bestehen (Rat für Raumordnung, 2019).

Das bringt neue Herausforderungen für den Raum mit sich. Für die zukünftigen Mobilitätsangebote bedeutet das beispielsweise, dass sie niederschwellig zugänglich und für Hochaltrige verständlich sein müssen. Sie müssen zudem sicher und barrierefrei sein. Auch der Stadtraum muss bereits jetzt an die neuen Anforderungen der neuen Altersstruktur der Bevölkerung im deutschsprachigen Raum angepasst werden. Trotz zunehmender Digitalisierung müssen Alltagserledigungen, Mobilität oder Dienstleistungen inklusiv und barrierefrei den Anforderungen aller Generationen entsprechen. Wie Habe und Degros in ihrem Artikel feststellen, sind digitalgestützte Stadtquartiere geeignete Stadträume, um selbstbestimmt zu altern, wie die Ergebnisse aus einer Zielgruppenbefragung ergeben. Die Wünsche der alternden Bevölkerung können gut mit den Qualitäten von digital-gestützten Quartieren zusammengebracht werden. So können »Smart City«-Entwicklungen den Bedarfen und Ansprüchen der alternden Bevölkerung an Interaktion und Selbstbestimmung gerecht werden (Habe und Degros, 2020).

## Klimawandel

Im deutschsprachigen Raum wird das Ziel verfolgt, die globale Erwärmung aktiv unterhalb von zwei Grad zu halten, und das trägt zielorientiert zur Reduktion von Treibhausgasen bei. Der Klimawandel betrifft alle Raumkategorien, da sich letztere in ihrer Nutzung und Entwicklung durch den Klimawandel verändern werden. Mit zunehmendem Klimawandel nehmen die Naturgefahren durch klimatische Extremwetterlagen, wie Überflutungen, Dürreperioden zu. Auf der anderen Seite werden Küsten- und Bergregionen für den Tourismus attraktiver. Die Agrarproduktivität kann durch die klimatischen Veränderungen erhöht werden und auch die Diversität an

Agrarkulturen und Anbautypen kann gesteigert werden. Auf der anderen Seite geht dies einher mit erhöhtem Bewässerungsbedarf in den Sommermonaten. Zudem kann der Ernteertrag durch Extremwetterereignisse verringert werden. Besonders von Überflutungen gefährdet sind Siedlungsräume entlang von Fließgewässern. Ein wesentlicher Teil der Bevölkerung lebt und arbeitet in solchen Gefahrengebieten. Durch das zunehmende Schmelzen der Alpengletscher werden Hochwasserrisiken, aber auch Fragen der Wasserversorgung vermehrt diskutiert. Der Rückgang des Wintertourismus wird für die Siedlungsstrukturen und für die Ortbilder deutliche Folgen haben (Rat für Raumordnung, 2019).

> »Die im Rahmen der Schweizer Klimapolitik geplante intensivere Nutzung von natürlichen Ressourcen wie Sonne, Wasser und Wind wird zu Interessenskonflikten mit dem Natur- und Landschaftsschutz, dem Denkmalschutz sowie dem Heimatschutz führen.« (Rat für Raumordnung, 2019, S. 37–38)

Besonders die zwei Megatrends Klimawandel und Digitalisierung führen in Kombination zu einer zunehmenden Ausrichtung von Städten hin zu digitaler Transformation. Denn digitale Lösungen versprechen, den hochkomplexen und vielfältigen anthropogenen und klimatischen Herausforderungen durch den Einsatz von neuen Technologien und *Big Data* zur Lösung zu verhelfen. Dies spiegelt sich in der »Smart City«-Fachliteratur wider, in der eine Reihe von Themen und kritische Perspektiven zu den oben genannten Trends und den damit verbundenen Herausforderungen identifiziert werden können (Joss et al., 2019).

Ein weiterer Megatrend im Zusammenhang mit der digitalen Transformation – unter dem Schlagwort New York – zeugt von der Kritik einer neoliberalen Stadtpolitik. Er bezieht sich auf den Zusammenhang zwischen »Smart City«-Initiativen und der Kommerzialisierung von Aufgaben des Stadtmanagements. (siehe Kap. »Plattform-Urbanismus«, ▷S. 46). Daraus entstehen im weiteren Sinne neue Formen technokratischer *Governance* (Allwinkle und Cruickshank, 2011; Angelidou, 2014; Calzada und Cobo, 2015; Greenfield, 2013; Hollands, 2015; Joss et al., 2019; Kitchin, 2015; Söderström et al., 2014; Townsend, 2013).

## Covid-19-Pandemie

Durch die Restriktionen im Zuge der Covid-19-Pandemie haben viele Bereiche der Digitalisierung an Bedeutung gewonnen. Die deutlichsten Auswirkungen zeigen sich im *Online-Handel*, *Home-Office* und *Home-Schooling* meist in Form von veränderten Flächenbedarfen. In allen diesen Bereichen können durch die Pandemie bedingt räumliche Auswirkungen der digitalen Ausrichtung im Alltag beobachtet werden.

### Online-Handel

Der Online-Konsum und die Stadtlogistik haben drastisch zugenommen. Vor allem in dicht bebauten Innenstadtlagen kommt es vermehrt zu verschärften räumlichen Herausforderungen und Konflikten durch parkende Lieferwagen. Der Anstieg im Online-Handel führt auch zu einem Anstieg der Verkehrsbelastung, der

Feinstaub- und $CO_2$-Emissionen, der Gefahrensituationen für Fußgänger\*innen und Fahrradfahrende sowie für Rollstuhlfahrende und Personen mit Kinderwagen, die auf die Straße ausweichen müssen, wenn der Gehweg vom Lieferverkehr verstellt ist. Dadurch nehmen die bereits bestehenden Konfliktsituationen durch Flächenknappheit im Stadtraum noch weiter zu. Über die Verkehrsprobleme hinaus bringt der Online-Handel weitere Herausforderungen für den Einzelhandel mit sich. Die Bedeutung des Einzelhandels in städtischen Subzentren nimmt weiter ab und es kommt vermehrt zu Leerständen. So sind Quartiers- und Stadtteilzentren gefordert eine neue und über die Konsumfunktion hinausgehende Attraktivität zu schaffen und zu erhalten.

*Home-Office*
*Home-Office* ist in der Pandemie zum Alltag vieler Menschen geworden. Das *Home-Office* hat die Mobilität vieler Arbeitnehmer\*innen deutlich reduziert. Durch die Entlastung des motorisierten Individualverkehrs sind deutliche Vorteile für die Luftqualität in Städten entstanden, da ein Großteil der individuellen, täglichen Mobilitätsbedarfe weggefallen sind. Für eine Tätigkeit im *Home-Office* müssen nicht nur Raumressourcen in der eigenen Wohnung für die Büronutzung eingerichtet werden. Die gesamten Protokolle, Prozesse, Programme, die mit einer Bürotätigkeit verbunden sind, verlagern sich räumlich und werden dezentralisiert. Reine Wohngebiete und abgeschiedene ländliche Lagen profitieren von *Co-Working* Angeboten (*Village-Office*), besonders wenn diese mit einem gastronomischen Angebot ergänzt sind, und bilden neue Mikro-Zentralitäten aus.

*Home-Schooling*
Der digitale Schulalltag, aber auch der teilweise Präsenzunterricht wirkt sich auf die städtische Raumnutzung aus. So müssen die Klassen separiert werden, und oft reicht die Fläche auf dem Schulhof nicht für alle Gruppen aus. Um das nötige Bewegungsangebot aufrecht zu erhalten, werden städtische öffentliche Freiflächen, wie Quartiersplätze oder Parks als Ausweichflächen von Schüler\*innengruppen genutzt. Diese Nutzungsverschiebung macht den Bedarf an qualitativen städtischen Freiräumen besonders deutlich und bringt neue Anforderungen an diese Flächen mit sich. Auch wenn die Schüler\*innen das *Home-Schooling* digital von Zuhause machen, benötigen sie an Stelle des Schulhofes die entsprechenden sicheren und kinderfreundlichen Bewegungsräume in ihrer Nachbarschaft, um den Bewegungsdrang auszuleben und die Auffassungsfähigkeit zu erhalten.
Diese drei kurz beschriebenen Phänomene sind in der Pandemie beobachtet worden. Bei zunehmender Digitalisierung ist jedoch davon auszugehen, dass sich in diesem Trend einige dieser Verhaltensmuster langfristig manifestieren und damit auch räumliche Auswirkungen haben werden, die über die Zeit der Pandemie hinausgehen und somit die stadtrelevanten Disziplinen auch in Zukunft beschäftigen werden.

# Konzepte

Digitalisierungskonzepte – mit den entsprechenden technologischen Systemen der Informationsverarbeitung – werden zunehmend global entwickelt und implementiert, um den urbanen Herausforderungen zu begegnen (Roland Berger, 2019). Der urbane Transformationsprozess hat in Abhängigkeit von den geografischen, wirtschaftlichen, sozialen und ökologischen Rahmenbedingungen unterschiedliche Ausprägungen. Doch durch Individualisierung und massive Ausweitung der Nutzung von Informations- und Kommunikationstechnologien in allen Lebens- und Arbeitsbereichen entstehen vermehrt Transformationsdynamiken in Folge der Digitalisierung, die sich auf den Raum auswirken (Engelke et al., 2019; Soike et al., 2019).

Der Begriff »Smart City« befindet sich im Wandel. Bereits die einzelnen Begriffs-Bestandteile »Smart« und »City« haben über Jahrtausende ihre Bedeutung und ihren Verwendungskontext verändert. Wird die etymologische Bedeutungsvielfalt beider Begriffe berücksichtigt, kann ein Deutungsstrang von »Smart City« identifiziert werden, der das Verhandlungsgeschick des Begriffs *smart* mit dem Gemeinwohl der Bürgerschaft, der im Begriff *cité* steckt, verbindet. So muss bis heute der Begriff »Smart City« in seinem Bedeutungsspektrum ausgelotet und unter den vielfältigen Akteuren ausgehandelt werden.

Nach der Entstehung des Begriffs »Smart City« Mitte der 90er Jahre, sowohl in wissenschaftlichen Veröffentlichungen als auch im Zeitungskorpus der deutschen Presse zwischen 1946–2021, lässt sich zunächst ein rapider Anstieg der Veröffentlichungen zum Thema erkennen, der jedoch seit etwa 2017 wieder rückläufig ist. Im Gegensatz dazu zeigt die Entwicklung des weltweiten Interesses in Bezug auf den Begriff »Smart City« im zeitlichen Verlauf zwischen 2004–2021 auf Google Trends seit 2015 ein konstant hohes globales Interesse nach dem Anstieg.

Der Begriff der »Smart City« ist weiterhin in der Weiterentwicklung und es besteht aktuell (2021) keine anerkannte Definition. Es kann jedoch ein übergeordneter Konsens über die Einbindung von Technologien als Hilfsmittel bei der Entwicklung und Transformation von Stadt, beziehungsweise einer freien geografischen Einheit festgestellt werden. Die große Bandbreite an Interpretationen lässt auf eine Dach-Funktion des Begriffes schließen. Da die rasante technologische Entwicklung zum vermehrten Einsatz von Informations- und Kommunikationstechnologien in den Städten führt, werden die Technologien zunehmend zum Standard, was den Begriff »Smart City« bereits jetzt obsolet macht.

Es gibt zahlreiche Zugänge und Interpretationen des Konzepts »Smart City«. In manchen Fällen wird eine Stadt als »Smart City« bezeichnet, weil Projekte mit einer EU-Förderung im Themenbereich »Smart City« realisiert wurden, sie als Testfeld für »Smart City« dienen, auch dann, wenn die »Smart City«-Projekte marginale Bestandteile einer großen Entwicklung sind (European Parliament, 2014). In anderen Fällen werden durch die Wissenschaft Modelle einer »Smart City« vorgeschlagen, nach denen europaweit Städte nach bestimmten Indikatoren-Sets beurteilt werden (Giffinger et al., 2007; Rainer et al., 2017).

Nicht nur der Begriff »Smart City« ist in der wissenschaftlichen Literatur nicht eindeutig formuliert, sondern auch die einzelnen Bestandteile des Konzeptes wie Charakteristiken, Faktoren oder Indikatoren, um nur einige zu nennen. Einige dieser Elemente werden in unterschiedlichen Quellen, je nach Kulturkreis, durch verschiedene Begriffe beschrieben oder synonym verwendet, wie die Komponenten, Charakteristik (überwiegend im anglo-amerikanischen Kulturraum), Dimensionen oder Handlungsfelder (überwiegend im deutschsprachigen Kulturraum) (Giffinger et al., 2007; Nam und Pardo, 2011).

In den wissenschaftlichen Quellen wird hervorgehoben, dass die einzelnen Handlungsfelder nicht isoliert betrachtet und ausgebaut werden sollen. Sie weisen darauf hin, dass eine integrative Bearbeitung der Handlungsfelder nötig ist, damit »Smart City«-Projekte gelingen und die Stadt sich als Ganzes verbessern kann (Kanter und Litow, 2009; Komninos et al., 2018).

Eine kleinteilige Untergliederung der einzelnen Bestandteile des »Smart City«-Konzeptes unterstützt eine wissenschaftliche Analyse und Konzeptualisierung des Begriffs (Albino et al., 2015).

Das »Smart City«-Modell ist in der Struktur mehrschichtig und muss durch Flexibilität, Passgenauigkeit und Skalierbarkeit seiner Bestandteile an sehr unterschiedliche Bedingungen angepasst werden. Das zeigen verschiedene wissenschaftliche Modelle der »Smart City«, die die technologischen, institutionellen und sozialen Faktoren als zentrale Einflussgrößen identifizieren. (Nam und Pardo, 2011). Während manche Modelle die angestrebten Ziele im Modell aufgreifen (Jaekel und Bronnert, 2013; Smart City Hub, o.D.), abstrahieren andere Modelle die Absichten mit dem Begriff »Smart City« (Giffinger et al., 2007; Anthopoulos 2017). Elemente wie der Prozess und Akteurskonstellation, beziehungsweise Stakeholdermix wird unter den Vergleichsmodellen nur in einem Modell abgebildet. Der räumliche Aspekt wird zwar in einigen Modellen als physische Struktur angedeutet, beinhaltet jedoch nur die physische Infrastruktur von digital-basierten und nicht digital-basierten Technologien.

Ein weiterer Ansatz zur Konkretisierung des Begriffes »Smart City« ist das Konzept-Netzwerk. Durch die Identifizierung von verwandten Konzepten, kontrastierenden Konzepten und unterstützenden Konzepten kann der Begriff enger gefasst werden und es können neue Bedeutungsbereiche erschlossen werden.

Es gibt erhebliche Überschneidungen des »Smart City«-Konzepts mit verwandten Stadtkonzepten wie beispielsweise *Intelligente Stadt*, *Wissensstadt*, *Nachhaltige Stadt*, *Talentierte Stadt*, *Vernetzte Stadt*, *Digitale Stadt*, oder *Eco-City*. Unter diesen Alternativen hat sich jedoch das Konzept der »Smart City« – vor allem auf der Ebene der Stadtpolitik – durchgesetzt (European Parliament, 2014). »Smart City« ist nicht nur ein Konzept, sondern es ist zu einem relevanten globalen Phänomen geworden.[3] Es prägt durch seine Bedeutungsebenen den Diskurs, setzt unterschiedliche Prozesse in Gang, löst politische Dynamiken aus und schafft damit letztlich städtische Realitäten. Das Konzept steht in Bezug zu städtischen Initiativen und Programmen und ist so zum relevanten Mittel geworden, über das Ideen und Projekte in unterschiedlichen kulturellen, geografischen und institutionellen Rahmenbedingungen entwickelt werden (Joss et al., 2019).

»Die ›Smart City‹ kann somit als ein ›globales Diskursnetzwerk‹ (abgeleitet von Khor, 2013) betrachtet werden: ein Kollektiv von lokal kontextualisierten und doch global vernetzten Diskursen. Diese Perspektive ist nützlich, um sowohl Diskursstrukturen als auch -dynamiken zu analysieren und zu sehen, wie dadurch bestimmte ineinandergreifende Narrative und Bedeutungen entstehen.« (Joss et al., 2019, S. 3–4)

Die »Smart City« wird teilweise weiterhin als *top-down* Ansatz mit einem unternehmensgesteuerten Technologiefokus verstanden. Diese digital-zentrierten Inhalte sind vor Allem für Begriffe wie Digitale Stadt, Virtuelle Stadt oder Ubiquitäre Stadt typisch und beziehen sich auf spezifischere Teilebenen der Stadt. Diese werden vom Konzept der »Smart City« als Dachbegriff einschlossen, ohne dass sich das Konzept »Smart City« darauf beschränken lässt (Albino et al., 2015; Caragliu et al., 2011; Townsend, 2013) (Albino et al., 2015; Caragliu et al., 2011; Townsend, 2013). Eremia et al. (2017) gliedern einige der verwandten Begriffe in drei »Smart City«-Handlungsfelder, Soziales, Ökonomie und *Governance*.

De Jong et al. (2015) haben alle *Scopus-Artikel* zwischen 1996 und 2013 (insgesamt 1430 wissenschaftliche Artikel) analysiert und zwölf Begriffskategorien identifiziert. Sie zeigen, dass ein enges Geflecht an Begriffen um das Konzept der »Smart City« besteht (de Jong, et al., 2015).

Dieses Begriffsgefüge von de Jong et al. (2015) wird nachfolgend genutzt um verwandte und unterstützende Begriffe in Bezug zur »Smart City« aufzuschlüsseln, da sich in ihrer Netzwerkanalyse zwei Cluster ergeben (*Digital City* und *Sustainable City*), an deren Schnittstelle die »Smart City« verortet werden kann. Als dritter Begriff wird das »Satellit-Konzept« *Liveable City* gewählt, da es ergänzend zur technologischen der *Digital City* und ökologischen Ausrichtung der *Sustainable City* die soziale Ausrichtung adressiert (▶ 1).

## Verwandte Konzepte

Im Folgenden werden drei verwandte Konzepte beschrieben und auf ihre Gemeinsamkeiten und Unterschiede zum Konzept »Smart City« untersucht.

»Smart City« und digitale Transformation – Die Digitalisierung steht allgemein für die Umwandlung von analogen in digitale Daten, sowie die Verarbeitung und Speicherung dieser in einem digitalen System. Sie umfasst zudem die Erstellung primär digitaler Datensätze wie digitale Bilder oder Tonaufnahmen, die weiter digital verarbeitet und gespeichert werden können. Dieses Prinzip lässt sich auf alle von der Digitalisierung geprägten Bereiche wie Wirtschaft, Gesellschaft, Arbeit und Privatleben anwenden.

Die Digitalisierung beschreibt demnach die technologische Entwicklung, die für wesentliche Veränderungsprozesse in allen Bereichen der Gesellschaft und Wirtschaft stattfindet. Sie ist eine starke Triebkraft für Innovation und Disruption, welche private und öffentliche Organisationen vor neue Aufgaben stellt. Um die Chancen der Digitalisierung nutzen zu können, müssen Organisationen digitale Technologien in ihr Ökosystem integrieren und den organisatorischen Veränderungsprozess aktiv gestalten (Lang, 2021).

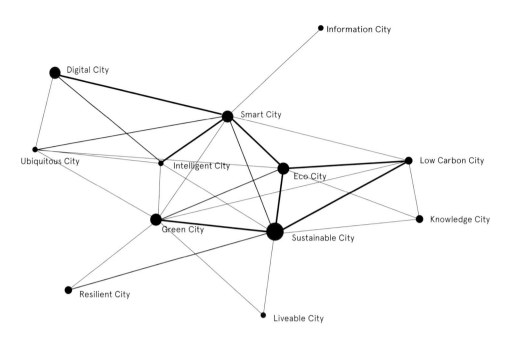

▶1 Ergebnis der Auswertung wissenschaftlicher Artikel und Vorkommen von zwölf Kategorien in Titeln, Abstracts und Schlüsselwörtern *Quelle: Eigene Darstellung basierend auf de Jong, W. M., Joss, S., Schraven, D., Zhan, C., Weijnen, M. (2015). Sustainable–Smart–Resilient–Low Carbon–Eco–Knowledge Cities; Making sense of a multitude of concepts promoting sustainable urbanization. Journal of Cleaner Production, 109, 25–38*

Die Digitale Transformation wird auch digitaler Wandel genannt und stellt einen kontinuierlichen Veränderungsprozess durch digitale Technologien dar. Sie basiert auf der digitalen Infrastruktur und den digitalen Technologien wie Sensoren, Apps, oder Kameras, die einer dynamischen Entwicklung unterliegen und nicht nur Innovationen, sondern auch Disruptionen begünstigen. In der Stadtentwicklung gilt die Digitalisierung als Schlüsselfaktor, um Städte nachhaltiger zu machen. Durch sie werden digital-gestützte Formen urbaner Mobilität und Logistik, wie beispielsweise *Carsharing* oder E-Mobilität ermöglicht.

 »Mit dem Begriff »Digitalisierung« werden gemäss den Ergebnissen der Umfragen »umfassendere Daten für Verkehrsplanung, Verkehrsmanagement oder Fahrzeugnavigation«, »Mobility as a Service«, »das Teilen von Verkehrsmitteln (Sharing-Konzepte)« und »autonomes oder automatisiertes Fahren« verbunden.« (Engelke et al., 2019, S. 17)

Digitale Technologien werden des Weiteren zur Förderung erneuerbarer Energien verwendet und damit die Energiewende unterstützt, oder für die Entwicklung baulich-technologischer Systeme, die Extremwetterereignissen standhalten (Enel X, 2021). »Smart City« beschreibt demnach die – durch die Digitalisierung ausgelösten – Transformationsprozesse in der physischen Stadt, der Stadtverwaltung, der Stadtentwicklung und allgemein in Ereignissen und städtischen Prozessen. Einerseits kann das Konzept »Smart City« stark wachstumsorientiert verstanden werden, dann ist es wesentlich von wirtschaftlichen Einflussfaktoren abhängig und somit in der Implementierung *top-down* gerichtet. Die kontrastierenden Konzepte dazu sind beispielsweise *Just City*, *Open City* oder *Inclusive City*. Andererseits kann »Smart City« offen verstanden werden, dann spielen *bottom-up* gerichtete Prozesse in *Smart Governance*, *Smart People* und *Smart Living* eine wichtige Rolle. Da das Konzept im besten Sinne einen ganzheitlichen Ansatz verfolgt, sind kontrastierende Konzepte in unterschiedliche Charakteristiken abgebildet. Somit können einzelne Charakteristiken zueinander kontrastierend sein, »Smart City« selbst jedoch ist als Sammelbegriff zu verstehen und weist damit keine eindeutig kontrastierenden Konzepte auf. Die Schwierigkeit des Begriffes liegt darin, dass es ein Dachkonzept zu mindestens sechs unterschiedlichen Begriffen oder Unterkonzepten darstellt.

Schwierigkeiten der Begriffsdefinition – »Smart City«-Entwicklungen sind sehr unterschiedlich. Es gibt sie in sehr verschiedenen Varianten, Größen und Typen. Einerseits entwickelt sich das Konzept stetig in seiner Bedeutung weiter und andererseits beinhaltet das Konzept ein weites Spektrum an Inhalten und ist somit als Dach-Begriff zu verstehen. Da auch jede Stadt, jedes Quartier und jede Region über spezifische Eigenschaften und Merkmale verfügt und eine einzigartige Dynamik birgt, kann es keine Blaupause für das Konzept geben. Daher unterscheiden sich diese Regionen, Städte oder Quartiere, die »Smart City«-Charakteristiken folgen, stark voneinander und richten sich in der Implementierung nach den eigenen Voraussetzungen in Bezug auf Politik, Ziele, Finanzierung oder der Größe der Region, der Stadt oder des Quartiers.

Diese Breite des Konzepts und die Unterschiedlichkeit in Größe, Typ und Varianten machen eine eindeutige Definierung des Begriffs schwierig (Anthopoulos, 2017; Calzada und Cobo, 2015; Cellary, 2013; Eremia et al., 2017; Joss et al., 2019). In diesem Kapitel wurde der Begriff strukturiert analysiert und sein Bedeutungsspektrum untersucht. Die Erläuterungen sind als Grundlage für eine bessere Verständlichkeit zu betrachten und haben nicht den Anspruch, eine neue Definition des Begriffs zu liefern.

Seit über zwei Jahrzehnten wird der Begriff »Smart City« verwendet, doch bis heute (2021) besteht keine gültige Definition von »Smart City«. Es ist in dieser Zeit nicht gelungen, die Eigenschaften und Besonderheiten einer »Smart City« präzise zu definieren. Joss et al. schreiben dazu:

> »From its inception, the ›Smart City‹ has often struggled for definitional clarity and practical import, prompting Hollands (2008: 304) to ask ›will the real ›Smart City‹ please stand up?‹ and more recently Shelton et al. (2015: 13) to inquire into ›the ›actually existing Smart City‹. These and other writings highlight apparent conceptual fuzziness (›the ›Smart City‹, a somewhat nebulous idea‹: Shelton et al. 2015: 13), and the predilection for totemic ›clean-slate‹ projects (e.g., Masdar, Songdo). Together, this suggests a ›disjuncture between image and reality‹ (Hollands 2008: 305) and a remoteness from grounded practice within ›ordinary‹ cities. Consequently, analysts are urged to turn their attention to locating and scrutinizing ›real‹ smart cities.« (Joss et al., 2019, S. 22)

Das Konzept und damit verbunden die Verwendung des Begriffs »Smart City« hat sehr an Bedeutung gewonnen und der Begriff ist zu einem viel genutztem Schlagwort geworden. Obwohl das Konzept nicht eindeutig definiert werden kann, ist es wichtig, diesen Begriff zu verwenden und dazu beizutragen, die Definition zu schärfen, anstatt ihn weiterhin als allgemeinen schwammigen Begriff gelten zu lassen (Höjer und Wangel, 2014).

> »Substantively, discourse embodies a certain vision and normative stance. For the ›Smart City‹, this normativity relates broadly to a commitment to urban development through technology-enabled ecological modernization.« (Joss et al., 2019, S. 5–6)

In diesem allgemeinen Überblick der Diskussionsschwerpunkte zum Begriff »Smart City« fehlt der räumliche Aspekt der Digitalisierung. Um das Bedeutungsfeld der »Smart City« zuvorderst als Stadtraum mit Technologie zu verstehen und nicht als in die Stadt implementierte Technologiesysteme, bedarf es eines Perspektivwechsels. Nachfolgend wird spezifisch der räumliche Bezug vorgestellt und es werden Quellen mit räumlicher Dimension herangezogen.

Sustainable City (Smart Environment) – Ökologische Ausrichtung

Städte machen nur 4% der der Erdoberfläche aus. Sie verbrauchen aber 67% der weltweiten Energie und sind für 70% der Treibhausgasemissionen verantwortlich (Europäische Union, 2011). Demzufolge ist das zentrale Ziel des »Smart City«-Konzepts, die technologische Entwicklung zu nutzen, um Ansätze und Lösungen für die Bewältigung des Klimawandels zu entwickeln. Die Untersuchung von de Jong et al. (2015) zeigt, dass der Begriff *Sustainable City* am engsten mit »Smart City« verknüpft ist. Das Ziel der Nachhaltigkeit ist ein zentrales Ziel beim Informations- und Kommunikationstechnologie-Einsatz in einer »Smart City«. Das Verhältnis zwischen »Smart City« und Nachhaltigkeit wurde intensiv im internationalen »Smart City« Diskurs thematisiert (Angelidou et al., 2017; Chang et al., 2018; Hilty, 2015).

Höjer und Wangel (2014) schlüsseln die zwei Begriffe »smart« und »nachhaltig« im Buchkapitel »Smart Sustainable Cities: Definition and Challenges« auf und schlagen einen neuen Begriff »Smart Sustainable City« (SSC) vor. Sie argumentieren, dass Städte auch ohne den Einsatz von digitalen Informations- und Kommunikationstechnologien nachhaltig sein können, dass aber auf der anderen Seite Informations- und Kommunikationstechnologien in Städten eingesetzt werden können, ohne dass sie zu einer nachhaltigen Entwicklung beitragen. Informations- und Kommunikationstechnologien können zudem auch in ländlichen Gebieten zu einer nachhaltigen Entwicklung beitragen, nicht nur in Städten. Nur durch die Kopplung dieser drei Aspekte (Stadt, Nachhaltigkeit und Informations- und Kommunikationstechnologien) kann von *Smart Sustainable City* gesprochen werden, argumentieren sie (Höjer und Wangel, 2014). Sie formulieren auf Basis der Nachhaltigkeitsdefinition[4] des Brundtland-Berichts (United Nations, 1987) die *Smart Sustainable City* Definition wie gefolgt:

> »A Smart Sustainable City is a city that meets the needs of its present inhabitants without compromising the ability for other people or future generations to meet their needs, and thus, does not exceed local or planetary environmental limitations, and where this is supported by ICT.« (Höjer und Wangel, 2014, S. 10)

Initiativen für nachhaltige Städte basieren typischerweise auf technischen Lösungen, um die städtischen Ver- und Entsorgung ressourcen-effizienter zu machen, und beschränken sich dabei typischerweise auf die administrativen Stadtgrenzen. Doch da vollständige Autarkie von Städten bisher nicht erreicht ist, fehlt bei der Betrachtung des Stoffwechsels der *Stadt-Umland-Bezug* (▶2 UND 3).

Die Prozesse der Industrialisierung und Urbanisierung verstärken die Ko-Abhängigkeiten von Stadt und Land, sodass der Anteil der in der Stadt konsumierten Güter zunehmend außerhalb der administrativen Grenzen erzeugt wird. Das macht deutlich, dass die Umweltbelastungen durch Herstellung oder Transport der Konsumgüter für die Stadt über die gesamte Welt verteilt sind und die Umweltfolgen und damit verbunden Umweltgerechtigkeit einer Stadt über diverse administrative Grenzen hinweg berücksichtigt werden müssen (siehe Kap. »Urbaner Metabolismus«, ▶S. 45). Für die Beurteilung einer nachhaltigen Stadt bedarf es einer Nachhaltigkeitsbewertung, welche die globalen Auswirkungen städtischer Handlungen und städtischen Konsums erfasst. Um die Gesamtauswirkungen und somit die Nachhaltigkeit einer Stadt bewerten zu können, kann entweder ein produktionsbasierter und ein verbrauchsbasierter Ansatz gewählt werden. Beim produktionsbasierten Bilanzierungsansatz wird eine vollständige Lebenszyklusbewertung vorgenommen, während beim verbrauchsbasierten Bilanzierungsansatz die ökologischen Auswirkungen einer Stadt auf der Grundlage des Konsums von Stadtbewohner\*innen gerechnet wird. Wichtig ist, dass das Ziel der intra- und inter-generationellen Gerechtigkeit verfolgt wird (Höjer und Wangel, 2014).

> »As a result, the system boundary delineating where ICT solutions can be used includes not only the infrastructures, technologies and everyday life in the city, but the entire life-cycle of products and services consumed by the citizens.« (Höjer und Wangel, 2014, S. 8)

Die Wirtschaftskommission für Europa formuliert den Begriff der *Sustainable City* deutlich weiter und inkludiert nicht nur Informations- und Kommunikationstechnologien, sondern auch andere Mittel, um mehrere Ziele, wie Lebensqualität, Effizienz von städtischem Betrieb und städtischen Dienstleistungen, sowie Wettbewerbsfähigkeit zu erreichen. Die drei Säulen des Nachhaltigkeitsbegriffs, Soziales, Ökonomie und Ökologie werden um den Aspekt der Kultur erweitert.

> »A smart sustainable city is an innovative city that uses ICTs and other means to improve quality of life, efficiency of urban operation and services, and competitiveness, while ensuring that it meets the needs of present and future generations with respect to economic, social, environmental as well as cultural aspects.« (UNECE, o.D.)

Die drei Aspekte der Nachhaltigkeit sind als Handlungsfelder im »Smart City«-Begriff integriert. Themenfelder mit Bezug auf soziale Nachhaltigkeit finden sich in den zwei Handlungsfeldern *Smart Living* und *Smart Governance* wieder. Die wirtschaftliche Nachhaltigkeit ist Teil von *Smart Economy* und die ökologische Nachhaltigkeit in *Smart Environment* inbegriffen. Aber darüber hinaus erweitert der »Smart City« Begriff den Nachhaltigkeitsbegriff durch die Querschnittfelder *Smart Mobility* und *Smart Governance*. Doch *Smart* bedeutet nicht gleich nachhaltig, obwohl es den Nachhaltigkeitsaspekt immer inkludiert, wie Joss et al. (2019) herausstellen.

> »In quantitative terms alone, the findings of the co-occurrence analysis confirm that ›environment‹ (1.9 percent) and ›sustainability‹ (0.9 percent) are small compared with ›governance,‹ ›infrastructure,‹ and ›digital technology.‹ This suggests that the

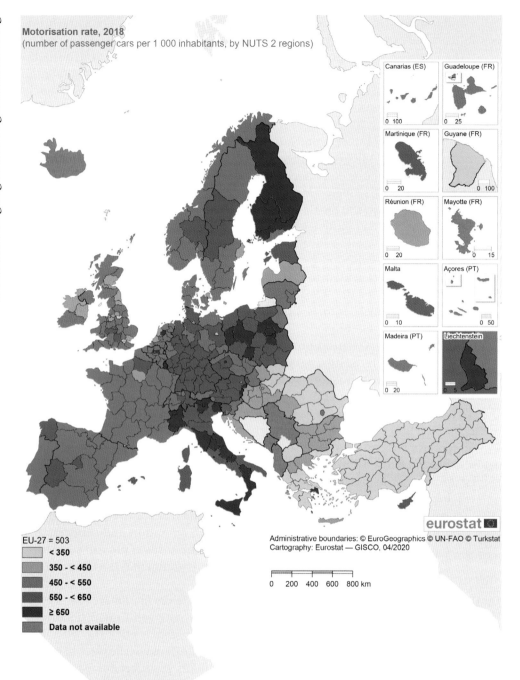

**Motorisation rate, 2018**
(number of passenger cars per 1 000 inhabitants, by NUTS 2 regions)

Canarias (ES)
0   100

Guadeloupe (FR)
0   25

Martinique (FR)
0   20

Guyane (FR)
0   100

Réunion (FR)
0   20

Mayotte (FR)
0   15

Malta
0   10

Açores (PT)
0   50

Madeira (PT)
0   20

Liechtenstein
0   5

EU-27 = 503

- < 350
- 350 - < 450
- 450 - < 550
- 550 - < 650
- ≥ 650
- Data not available

Administrative boundaries: © EuroGeographics © UN-FAO © Turkstat
Cartography: Eurostat — GISCO, 04/2020

0   200   400   600   800 km

eurostat

Note: London (UKI), NUTS 1 region. Portugal: national data. North Macedonia: 2017. EU-27: 2015.
*Source:* Eurostat (online data codes: tran_r_vehst, road_eqs_carage and demo_pjan)

▶2   Motorisierungsgrad, 2018 (Anzahl der Pkw je 1.000 Einwohner, nach NUTS-2-Regionen) *Quelle: Eurostat, 2020*

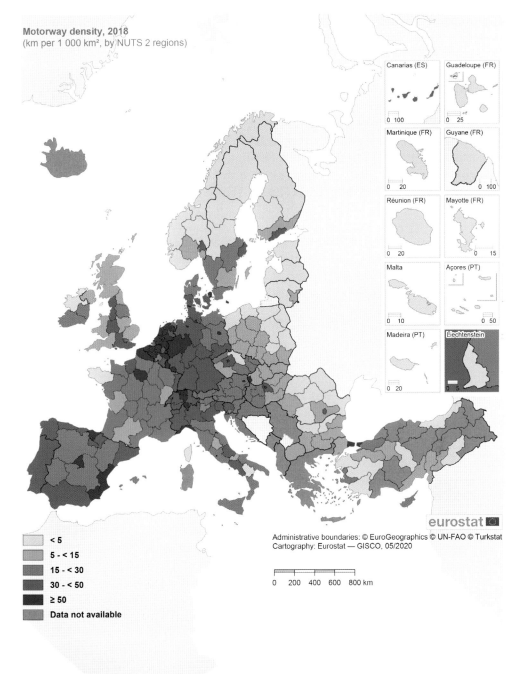

**Motorway density, 2018**
(km per 1 000 km², by NUTS 2 regions)

Canarias (ES)
0    100

Guadeloupe (FR)
0    25

Martinique (FR)
0    20

Guyane (FR)
0    100

Réunion (FR)
0    20

Mayotte (FR)
0    15

Malta
0    10

Açores (PT)
0    50

Madeira (PT)
0    20

Liechtenstein
0    5

Administrative boundaries: © EuroGeographics © UN-FAO © Turkstat
Cartography: Eurostat — GISCO, 05/2020

0    200    400    600    800 km

eurostat

- < 5
- 5 - < 15
- 15 - < 30
- 30 - < 50
- ≥ 50
- Data not available

Note: Germany, Makroregion Województwo Mazowieckie (PL9), Continente (PT1) and the United Kingdom, NUTS 1 regions. Estonia: provisional. Norway: 2017.
*Source:* Eurostat (online data codes: tran_r_net, road_if_motorwa and reg_area3)

▶3    Autobahndichte, 2018 (km pro 1.000 km, nach NUTS-2-Regionen) *Quelle: Eurostat, 2020* environment is afforded a rather more marginal role in the ›Smart City‹ than one would expect from comparable sustainable city concepts and initiatives.« (Joss et al., 2019, S. 20)

Die zunehmende Bedeutung des »Smart City«-Konzepts fällt zwar mit dem Klima-Diskurs zusammen, da gleichzeitig auch Klima- und Energiethemen verstärkt in den Fokus umweltpolitischer Diskussionen rücken. Im »Smart City«-Diskurs liegt jedoch der Schwerpunkt auf Energiesystemen und digitalen Infrastrukturen, die durch technologische Lösungen optimiert werden sollen. Umfassende Nachhaltigkeitsaspekte wie Biodiversität, Klimagerechtigkeit oder Wasserarmut, die typischerweise mit dem Begriff der nachhaltigen Stadt verbunden werden, sind inhaltlich nicht vom »Smart City«-Diskurs abgedeckt (Joss et al., 2019).

Nachhaltig und *smart* unterscheiden sich folglich weniger in der Zielsetzung, sondern überwiegend im Digitalisierungsfortschritt der Mittel, die genutzt werden, um die Ziele zu erreichen. Der Begriff smart impliziert, dass die Nachhaltigkeitsziele zwar nicht ausschließlich, doch mithilfe von Informations- und Kommunikationstechnologien erreicht werden sollten, während der Begriff nachhaltig unabhängig von digitalen Technologien genutzt wird.

Liveable City (Smart Living und Smart People) Soziale Ausrichtung
Die Auseinandersetzung mit der »Smart City« in Wissenschaft und Praxis mit dem Ziel der Steigerung der Lebensqualität wird für Stadtentwicklungspolitik zunehmend interessant (Persaud et al., 2020). Obwohl im Begriffsnetzwerk von de Jong et al. (2015) die *Liveable City* als Satellit mit nur vereinzelten Verknüpfungen zur *Sustainable City* und zu *Green City* dargestellt ist, wird allgemein bei den Zielen einer »Smart City« die Erhöhung der Lebensqualität für die Bürger*innen aufgeführt (▸4). Die lebenswerte Stadt mit einer hohen Lebensqualität (QOL) wird nicht nur von Kommunen in »Smart City«-Strategien als ein wesentliches Ziel formuliert, sondern wird auch gerne von führenden Informationstechnologie-Unternehmen zur Vermarktung ihrer Dienste und Produkte genutzt. Lebensqualität wird allgemein folgendermaßen definiert:

»Quality of life is defined as an overall general wellbeing that comprises objective descriptors and subjective evaluations of physical, material, social, and emotional wellbeing together with the extent of personal development and purposeful activity, all weighted by a personal set of values.« (Felce und Perry, 1995, S. 60)

Lebensqualität lässt sich demnach nicht durch nur einen Aspekt erfassen, sondern besteht aus komplexen Zusammenhängen zwischen subjektiven Faktoren in verschiedenen Lebensbereichen. Die *Weltgesundheitsorganisation* hat ein Benutzer*innenhandbuch *WHOQOL* veröffentlicht, das ein internationales, kulturübergreifendes Modell zur Erfassung von Lebensqualität bietet. Darin werden gesundheitsbezogene Statistiken, Sicherheit, Freizeit, Verkehr, Umweltverschmutzung, Logistik, Mobilität und gemeinschaftlicher Zusammenhalt als Faktoren einbezogen (WHO, 2012) (▸5 UND 6).

*Smart Cities* sind vernetzte, digital-gestützte Ökosysteme, die durch Innovation und durch die Vernetzung von Menschen, Prozessen und Daten urbane

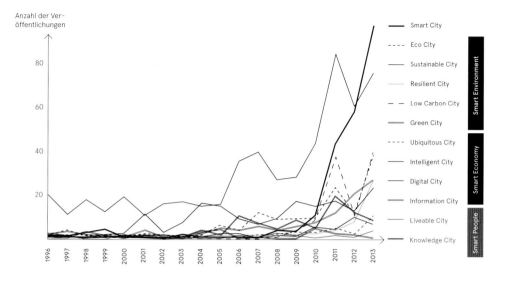

Anzahl der Ver-
öffentlichungen

Smart City
Eco City
Sustainable City
Resilient City
Low Carbon City
Green City
Ubiquitous City
Intelligent City
Digital City
Information City
Liveable City
Knowledge City

Smart Environment
Smart Economy
Smart People

▶4  Entwicklung der verwandten Konzepte und Ablösung durch das »Smart«-City Konzept. *Quelle: Eigene Darstellung basierend auf de Jong, W. M., Joss, S., Schraven, D., Zhan, C., Weijnen, M. (2015). Sustainable–Smart–Resilient–Low Carbon–Eco–Knowledge Cities; Making sense of a multitude of concepts promoting sustainable urbanization. Journal of Cleaner Production, 109, 25–38*

Lebensqualität, Nachhaltigkeit und Beschäftigungschancen verbessern können. Um die Lebensqualität in der »Smart City« bewerten zu können, bedarf es eines integrierten Analyseansatzes, der objektive und subjektive Aspekte der Lebensqualität (QOL) umfasst. Macke et al. (2018) identifizieren im Zusammenhang mit »Smart City« vier Hauptbereiche, die QOL ausmachen: 1) sozio-strukturelle Beziehungen, 2) ökologisches Wohlbefinden, 3) materielles Wohlbefinden und 4) Integration in die Gemeinschaft. Die Ergebnisse ihrer Untersuchung zeigen, dass diese vier Faktoren, als Erfolgskriterien erfüllt werden müssen, um im Bereich Smart Living erfolgreich Lebensqualität für die Menschen zu schaffen. Demnach muss das »Smart City«-Konzept auf einem menschen-zentrierten Ansatz beruhen und die Bedürfnisse der Bürger*innen berücksichtigen, um die Lebensqualität zu steigern (Macke et al., 2018).

Im Artikel von De Guimaraes et al. (2020) »Governance and quality of life in smart cities: Towards sustainable development goals« werden die Themen Transparenz, Kooperation, Partizipation und Partnerschaft, Kommunikation und Verantwortlichkeit als Messgrößen für die Lebensqualität herangezogen. Sie betonen die Bedeutung von strategischen Partnern, welche die Kommunen in der Entwicklung von »Smart City«-Maßnahmen unterstützen können, um nachhaltige Entwicklungsziele zu erreichen, indem sie die Bevölkerung einbeziehen. Ihre Untersuchung hat gezeigt, dass Optimierungen in Verwaltungsstrukturen von *Smart Cities* wesentlich dazu beitragen können die Lebensqualität der Bürger*innen zu erhöhen (De Guimarães et al., 2020).

Die Einbindung der Bürger*innen in Stadtplanungsprozesse wird wiederholt als Schlüssel zur Erhöhung der Lebensqualität aufgeführt. Sogenannte *Smarte Bürger*innen* können aktiv *bottom-up* Einfluss nehmen. Seit einigen Jahren sind es

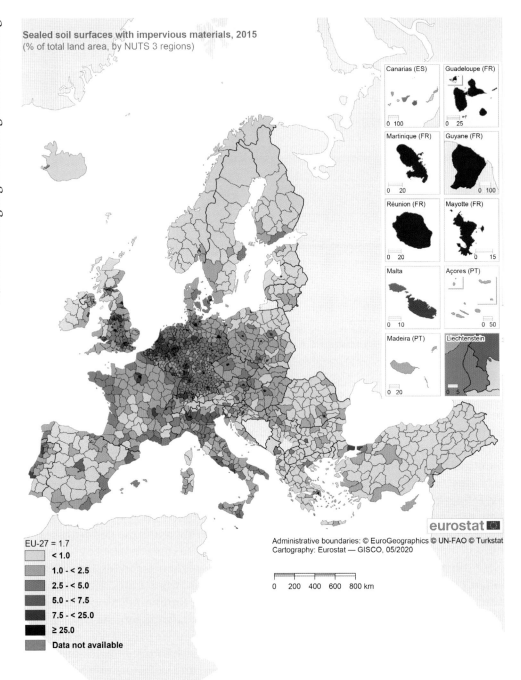

**Sealed soil surfaces with impervious materials, 2015**
(% of total land area, by NUTS 3 regions)

Canarias (ES)  Guadeloupe (FR)
0 100  0 25

Martinique (FR)  Guyane (FR)
0 20  0 100

Réunion (FR)  Mayotte (FR)
0 20  0 15

Malta  Açores (PT)
0 10  0 50

Madeira (PT)  Liechtenstein
0 20  0 5

EU-27 = 1.7
< 1.0
1.0 - < 2.5
2.5 - < 5.0
5.0 - < 7.5
7.5 - < 25.0
≥ 25.0
Data not available

Administrative boundaries: © EuroGeographics © UN-FAO © Turkstat
Cartography: Eurostat — GISCO, 05/2020

eurostat

0  200  400  600  800 km

Note: the indicator provides information on the share of the total land area impacted by soil sealing resulting from artificial and urban land use, for example, building, construction and laying completely/partially impermeable artificial materials (such as asphalt, metal, glass, plastic or concrete).
*Source:* European Environment Agency (EEA)

▶5    Versiegelte Bodenflächen mit undurchlässigen Materialien, 2015 (% der gesamten Landfläche, nach NUTS-3-Regionen. *Quelle: Eurostat, 2020*

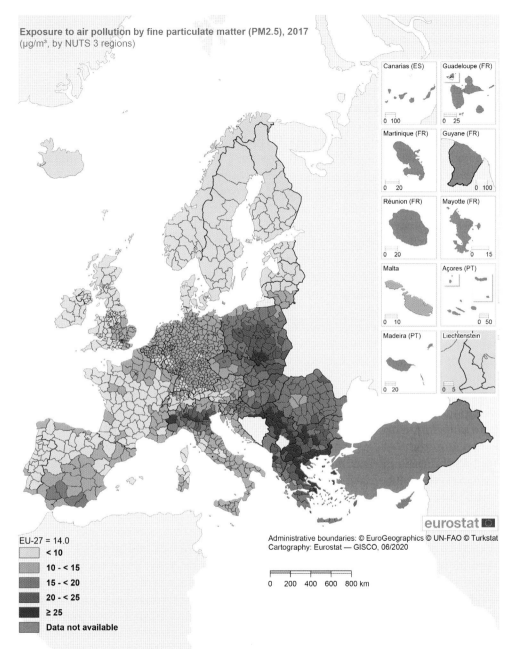

**Exposure to air pollution by fine particulate matter (PM2.5), 2017**
(µg/m³, by NUTS 3 regions)

Canarias (ES)  Guadeloupe (FR)  0 100  0 25

Martinique (FR)  Guyane (FR)  0 20  0 100

Réunion (FR)  Mayotte (FR)  0 20  0 15

Malta  Açores (PT)  0 10  0 50

Madeira (PT)  Liechtenstein  0 20  0 5

eurostat ▫

EU-27 = 14.0
- ▫ < 10
- ▫ 10 - < 15
- ▫ 15 - < 20
- ▫ 20 - < 25
- ▫ ≥ 25
- ▫ Data not available

Administrative boundaries: © EuroGeographics © UN-FAO © Turkstat
Cartography: Eurostat — GISCO, 06/2020

0   200   400   600   800 km

Note: exposure to fine particulate matter expressed as population-weighted concentration in µg/m³. The population-weighted concentration indicates the concentration to which an average person in a specific spatial unit, here NUTS 3 regions, is exposed. The World Health Organisation has set an air quality guideline for annual mean concentrations that should not exceed 10 µg/m³, while the EU set an annual limit of 25 µg/m³ for fine particulate matter in the Ambient Air Quality Directive (2008/50/EC, Annex XIV). The PM2.5 population-weighted concentrations shown have been obtained from interpolated maps according to the methodology described in ETC/ATNI (2020) and references therein and not only from monitoring stations.
*Source:* European Environment Agency (EEA)

▶6  Exposition gegenüber Luftverschmutzung durch Feinstaub (PM2,5), 2017 (µg/m., nach NUTS-3-Regionen). *Quelle: Eurostat, 2020* nicht mehr ausschließlich globale Informationstechnologie-Unternehmen, die an der Entwicklung von unterschiedlichen digitalen Tools arbeiten und die »Smart City«-Diskussion antreiben. Vermehrt entstehen Graswurzelbewegungen, die die Rolle von Informationstechnologie in Stadtsystemen mitprägen. Die Informations-technologie-Unternehmen denken die »Smart City« *top-down* und bieten technologie-basiert Lösungen für eine zentralisierte Infrastruktur und Verwaltung. Die Smarten Bürger*innen demgegenüber folgen einer demokratischen und dezentralisierten Vorstellung der »Smart City«, in der Technologie niederschwellig zugänglich und erschwinglich ist. Sie schaffen offene Systeme mit lockeren Regeln und auf Grund-lage von Open-Source Software. Technologie und Daten sind nicht-proprietär, und es werden Datensätze aus den sozialen Medien oder Open Data verwendet. Während die Informationstechnologie-Unternehmen mithilfe von »Smart City« optimieren und kontrollieren, steht für die Bürger*innen die Gemeinschaft, Transparenz und Unterhaltung im Vordergrund (Durán-Sánchez et al., 2017).

»Smart City« muss aktiv, inklusiv und kooperativ gestaltet werden, um die gewünschten Qualitäten wie Nachhaltigkeit und Lebensqualität zu erreichen. Inklu-sive Entscheidungsfindung, Bürgerbeteiligung und Vertrauen sind dafür ausschlag-gebend. Die »Smart City«-Entwicklung muss geprägt sein von den Bedürfnissen der Menschen nach nachhaltigen und lebenswerten Städten. Ohne Menschen wäre die Technologie irrelevant und ließe sich daher nicht nachhaltig skalieren. Damit die Gesellschaft in der »Smart City«-Entwicklung federführend mitwirken soll, werden Strategien und konkrete Umsetzungsmaßnahmen benötigt. Barrieren aller Art müs-sen zwischen Ingenieuren, Digitalexperten, Finanzleuten und Bürger*innen abgebaut werden, um auf Augenhöhe mitgestalten zu können (Ramboll, o.D.).

Durch die Digitalisierung werden Tendenzen wie Segregation und Individua-lisierung weiter verstärkt. Daher müssen die geschaffenen digitale Angebote soziale Teilhabe ermöglichen und Chancengerechtigkeit fördern, um inklusiv zu sein. Der *Digitalen Kluft* muss mit Tools wie die sozial-technische Assistenz entgegengewirkt werden.

Digital City – (Smart Economy) Technologische Ausrichtung
Der Begriff *Digital City* entstand in den 1990er Jahren, als Informations- und Kommunikationstechnologien eine breite Anwendung erfahren haben. Die Verwen-dung des Begriffs geht seit etwa 2010 stark zurück, da er durch den Dachbegriff »Smart City« abgelöst wurde und weil die technologie-zentrierte Entwicklung zunehmend in die Kritik geraten ist. *Digital City* beschreibt eine Stadt mit einer vernetzten Gesell-schaft, in der durch hohe Interkonnektivität und einer gut ausgebauten Informations-und Kommunikationstechnologie-Infrastruktur die Bedürfnisse von Bürger*innen und Unternehmen gleichermaßen entsprochen wird (Ishida, 2000) (▶7 UND 8).

»The term Digital Cities became second most popular term used in disclosure in late 90s, as it suggests a strong connection with the exponentially growing information and telecommunication technology and the large amount of infor-mation. The European Commission founded program called ›European Digital Cities‹ (1996–1999) was one of the first actions that inspired for publication of several books. The project promoted the idea of digitalization to support the complex environments of a city by means of informatics platforms and digital networks, aiming to provide services to local community and ensure active participation of citizens to city decisions.« (Eremia et al., 2017, S. 14)

Das erklärte Ziel der *Digital City* ist es, eine technologische Umgebung zu schaffen, in der Informationsaustausch und nahtlose Übertragung zwischen Systemen in der gesamten Stadt möglich ist. Der Fokus liegt auf einer technologie-basierten systemische Optimierung und urbanen Prozessen.

Die *Digital City* ist mit dem Internet verbunden und kann mithilfe von technischen Plattformen digital-basiert Prozesse in der Stadt managen. Große Datenvolumen werden in den Plattformen verarbeitet, um neue Dienstleistungen und ein optimiertes Management der Stadt zu schaffen (Albino et al., 2015).

Der Begriff »Smart City« umfasst unterschiedliche Bereiche und beinhaltet als zentrales Querschnittthema die Digitalisierung. Das Konzept der *Digital City* kann in seinen Schlüsselaspekten im Handlungsfeld Smart Economy verortet werden, in dem die technologische und wirtschafts-orientierte Sichtweise integriert ist.

Vor diesem Hintergrund basieren *Smart Cities* auf Technologien, Systemen und Diensten, die in integrierte Netzwerke eingebunden sind, um multisektoral und flexibel für zukünftige Entwicklungen handlungsfähig zu sein. Das bedeutet, dass Informations- und Kommunikationstechnologie die Entwicklung einer neuen Art von Kommunikationsumgebung ermöglicht, die eine umfassende Entwicklung von kreativen Fähigkeiten, innovationsorientierten Institutionen, Breitbandnetzen und virtuellen Räumen voraussetzt (Komninos, 2009).

Obwohl der Begriff *Digital City* keine Verwendung mehr findet, stellt er die grundlegende Voraussetzung für das Konzept »Smart City« dar, indem der technologische Fortschritt zu Stadtplanungs- und Stadtverwaltungsaufgaben genutzt wurde. Der technologische Fortschritt und der Wandel im Daten-Management treiben die digitale Transformation weiter voran. Während in der *Digital City* Informationssysteme oft singulär waren und für die Lösung einzelner spezifischer Probleme entwickelt waren, sind die heutigen Systeme in hohem Maße miteinander verbunden und integriert (Schildt, 2020).

Ein wesentlicher Unterschied zwischen *Digital City* und »Smart City« ist die Verbindung der sektoralen Teilbereiche der Digitalisierung in unterschiedlichen Bereichen. Zentrale Qualität der »Smart City« ist die Verknüpfung einzelner Sektoren und Handlungsfelder. Heutzutage (2021) schaffen Technologien wie *Künstliche Intelligenz* und *5G-Mobilfunktechnologie* neue Alternativen, menschliche Anläufe durch algorithmische Verarbeitung zu ersetzen. So werden organisatorische Silos weiter durch Daten aufgelöst, eine tiefere Zusammenarbeit über Organisationsgrenzen hinweg ermöglicht und die Entwicklung neuer Dienste beschleunigt (Schildt, 2020).

Unterstützende Konzepte

Da diese Arbeit als Schwerpunkt die Handlungsfelder Mobilität und Umwelt behandelt, werden nachfolgend unterstützende Begriffe gewählt, die diese Handlungsfelder

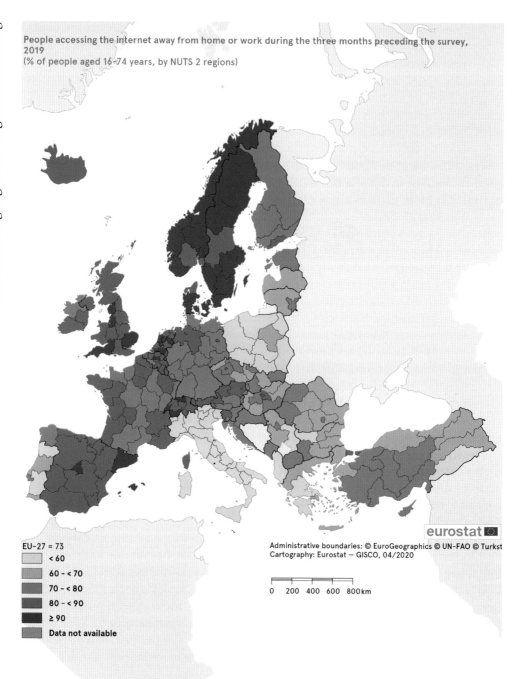

People accessing the internet away from home or work during the three months preceding the survey, 2019
(% of people aged 16–74 years, by NUTS 2 regions)

EU-27 = 73

- < 60
- 60 – < 70
- 70 – < 80
- 80 – < 90
- ≥ 90
- Data not available

Administrative boundaries: © EuroGeographics © UN-FAO © Turkst
Cartography: Eurostat – GISCO, 04/2020

0   200  400  600  800 km

eurostat

Note: Germany, Greece, Poland, the United Kingdom and Turkey, NUTS 1 regions. Albania: national data. Ciudad Autónoma de Ceuta (ES63), Corse (FRM0) and Mellersta Norrland (SE32): low reliability. Finland and Albania: 2018.
*Source:* Eurostat (online data codes: isoc_r_iumd_i and isoc_ci_im_i)

▶7     Personen, die in den drei Monaten vor der Erhebung außerhalb von zu Hause oder der Arbeit auf das Internet zugegriffen haben, 2019 (% der Menschen im Alter von 16–74 Jahren, nach NUTS-2-Regionen). *Quelle: Eurostat, 2020*

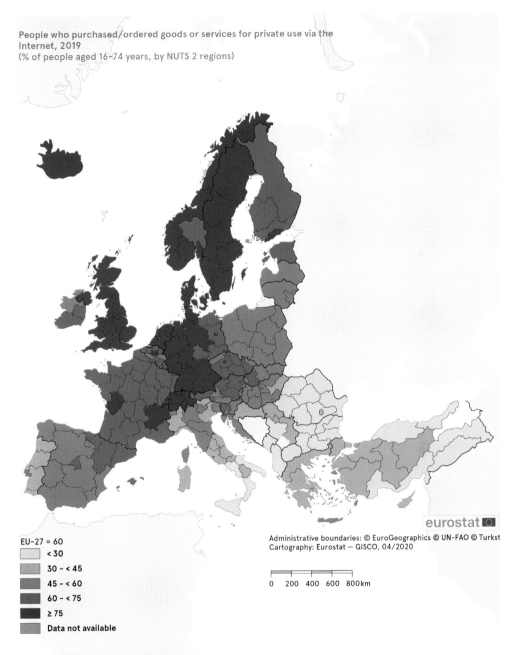

People who purchased/ordered goods or services for private use via the Internet, 2019
(% of people aged 16–74 years, by NUTS 2 regions)

EU-27 = 60

- < 30
- 30 – < 45
- 45 – < 60
- 60 – < 75
- ≥ 75
- Data not available

Administrative boundaries: © EuroGeographics © UN-FAO © Turkst
Cartography: Eurostat – GISCO, 04/2020

0   200   400   600   800 km

eurostat

Note: Germany, Greece, Poland, the United Kingdom and Turkey, NUTS 1 regions. Albania: national data. Ciudad Autónoma de Ceuta (ES63), Corse (FRM0) and Mellersta Norrland (SE32): low reliability. Albania: 2018.
*Source:* Eurostat (online data codes: isoc_r_blt12_i and isoc_ec_ibuy)

▶8 Personen, die in den letzten 12 Monaten vor der Umfrage Waren oder Dienstleistungen für den privaten Gebrauch über das Internet gekauft/bestellt haben, 2019 (% der Menschen im Alter von 16–74 Jahren, nach NUTS-2-Regionen). *Quelle: Eurostat, 2020* betreffen. Zudem wurden die Begriffe, beziehungsweise Phänomene so ausgewählt, dass die drei Säulen der Nachhaltigkeit das Soziale, die Ökologie und die Ökonomie abbilden und damit einen ganzheitlichen Zugang ermöglichen.

Sharing Economy / Smart Community (Menschen) – Digitalisierung, Solidarität und Raum

*Smart Cities* und damit zusammenhängend die *Sharing Economy* verfolgen das Ziel, Ressourcen in Form von Produkten, Dienstleistungen, Zeit, Raum oder Geld besser zu nutzen. Die Notwendigkeit der Ressourcensparsamkeit beispielsweise, um die Nachhaltigkeitsziele zu erreichen, zeigt die Bedeutung eines intelligenten Umgangs mit Gütern und Ressourcen auf, insbesondere mit öffentlichen Gütern. Die *Sharing Economy* weist ein deutliches Potenzial auf – im Kontext der Digitalisierung – Städte positiv zu verändern (Gori et al., 2015).

Unter dem Sammelbegriff *Sharing Economy* werden Unternehmen, Plattformen, Online- und Offline-Gemeinschaften, aber auch Methoden zusammengefasst, welche auf das gemeinsame Teilen von Nutzungen ungenutzter oder untergenutzter Ressourcen beruht. Durch eine verbesserte Allokation dieser Ressourcen soll ein gesellschaftlicher Mehrwert entstehen.

In Verbindung damit steht der Unterbegriff des Kollaborativen Konsums. Darunter wird eine geteilte Nutzung von Gütern, aber auch von Dienstleistungen verstanden. Der Vorteil ist, dass nicht Einzelpersonen den vollen Kostenumfang tragen und ein Exklusivzugang zur Ressource bekommen, sondern die Kostenbelastung aufgeteilt werden kann und die Zugänglichkeit allen Beteiligten ermöglicht wird. *Ridesharing* ist ein Beispiel für Kollaborativen Konsum. Dabei können unterschiedliche Personen ein Transportmittel nutzen, ohne es privat zu besitzen (Chen, 2020).

Die dynamische Entwicklung des Kollaborativen Konsums, der mit dem technologischen Fortschritt und der zunehmenden Nutzung von Informations- und Kommunikationstechnologien zusammenhängt, kann sich auf urbane Infrastrukturen und den städtischen Stoffwechsel auswirken (Lyons et al., 2018).

Doch das digital-basierte Teilen von Ressourcen im Zuge der Digitalisierung wird nicht nur mit Gewinnerzielungsabsichten in Verbindung gebracht. Es beinhaltet und begünstigt durch digitale Vernetzung die Entstehung von Solidargemeinschaften und das Teilen von Gemeingütern, wie beispielsweise Nachbarschaftsapps oder Essensverwertungs-Apps. Nam und Pardo (2011) führen zur Klärung des Konzepts »Smart City« die Kategorie der Gemeinschaft ein. Diese Perspektive fokussiert einen *Bottom-up*-Ansatz und verweist auf das Gemeinschaftsgefühl und -verständnis der Menschen. Unter dem Begriff *Smart Communities* wird die Bedeutung der partnerschaftlichen Zusammenarbeit von individuellen oder institutionellen Mitgliedern zusammengefasst, die damit ihre unmittelbare Umwelt verändern. Die *Smart Communities* bilden Gemeinschaften, die aktiv mitgestalten möchten und ein nachhaltiges, intelligentes Wachstum unterstützen (Albino et al., 2015). [5]

Mit *Smart Community* ist auch der Begriff *Smart People* verbunden. Darin werden Aspekte wie Kreativität, Flexibilität, lebenslanges Lernen, soziale und ethnische Diversität, Weltoffenheit oder die Teilhabe am öffentlichen Leben zusammengefasst (Nam und Pardo 2011). Damit bezieht sich der Begriff »Smart City« auch auf die

Fähigkeit der Menschen, angemessene und kluge Lösungen für städtische Herausforderungen durch Kreativität und Kooperation zwischen den Stakeholdern und Akteuren zu konzipieren (Albino et al., 2015).

Letztlich können Städte durch die Schaffung günstiger Bedingungen und die Bereitstellung der nötigen Infrastrukturen die Entfaltung von *Smart Community und Sharing-Economy* unterstützen, die Ziele und Merkmale der »Smart City« besser und schneller erreichen. *Sharing-Modelle* tragen zur Verbesserung der Nachhaltigkeit bei. Zudem kann – durch die Ermöglichung des Zugangs zu Gütern und Dienstleistungen mehrerer Personen – ein wesentlicher Beitrag geleistet werden zur Umverteilung und zum Ausgleich von Einkommensscheren unterschiedlicher Stadtquartiere (Gori et al., 2015).

Urbaner Metabolismus (Umwelt) – Digitalisierung, Ressourcen und Raum

Wechselwirkungen mit der Umgebung, sowie Material- und Energieflüsse werden von Gesellschaften wie in einem Ökosystem[6] organisiert. Einem linearen Prinzip folgend, werden Ressourcen zu Produkten in Form von Energie oder Nahrungsmitteln verarbeitet und später als Emissionen in die Umwelt abgegeben. Dieser Prozess wird als gesellschaftlicher Stoffwechsel beschrieben (Club of Rome, 2019; Öko-Institut, 2017). Er wird Urbaner Metabolismus genannt und steht für die Summe der technischen, stofflichen und sozioökonomischen Wechselwirkungsprozesse, die innerhalb von Städten oder Stadt-Land-Beziehungen stattfinden. Unterschiedliche Vorgänge dienen der Versorgung von Städten und sind verantwortlich für Wachstum, Energieproduktion oder Abfallbeseitigung. Urbaner Metabolismus ist ein Konzept, das unterschiedliche stadteinwärts und -auswärts gerichtete Ströme und deren Verwertung und Speicherung erfasst, quantifiziert und abbildet. So stellt der Urbane Metabolismus eine integrierte und holistische Erfassung aller Aktivitäten städtischer Systeme, wie ihre Ressourcenproduktivität und Effizienz, dar. Dies macht den Urbanen Metabolismus zu einem leistungsfähiges Analyse-, Planungs- und Management-Tool, das die Kreislaufwirtschaft fördert (Fischer-Kowalski, 2002; Timmeren, 2014). Die Kreislaufwirtschaft beschreibt einen neuen systemischen Ansatz, der durch Vermeidung von Abfallprodukten und der Zurückführung von Produkten und damit Rohstoffen in den Gebrauch beruht (Öko-Institut, 2017; Sanches und Bento, 2020). In der Kreislaufwirtschaft werden die Ressourcen einem zirkulären Prinzip folgend wieder verarbeitet und recycelt, anstatt sie als Abfallprodukte in die Umwelt zu stoßen.

> »Basis is that ecology needs to be the paradigm for technological advancement if global ecosystem health is to be restored. Metabolism is a precondition of life, along with homeostasis (regulation of the internal environment), structural organization, growth, adaptation, response to stimuli, and reproduction.« (Timmeren, 2014, S. 5)

Im Artikel »The dynamics of urban metabolism in the face of digitalization and changing lifestyles: Understanding and influencing our cities« untersuchen Lyons et al. das Phänomen des kollaborativen Konsums in Städten und fragen nach den Zusammenhängen zwischen Urbanem Metabolismus und Digitalisierung. Sie zeigen auf, wie das Teilen von Gütern und Dienstleistungen, im Zuge der Digitalisierung, eine weitere kreislauf-orientierte Dynamik für den Urbanen Metabolismus schafft. Lyons at al. beschreiben die Auswirkungen der Digitalisierung in Form von *Home-Working*, Online-Freizeit und Online-Handel auf unterschiedliche Ströme von Ressourcen und beschreiben teilweise räumliche Auswirkungen in Städten. Als Ergebnis ihrer Untersuchung schlagen sie vor, zukünftige Lebensstile weiter zu untersuchen, um einen Weg in Richtung eines dreigleisigen Systems von Erreichbarkeiten, 1) physische Mobilität, 2) Nähe und 3) digitale Verbindung zu entwickeln. Dadurch soll eine Erhöhung der Flexibilität und Widerstandsfähigkeit von urbanen Systemen geschaffen werden und damit verbunden ein nachhaltiger Urbaner Metabolismus stimuliert werden (Lyons et al., 2018). Da Informations- und Kommunikationstechnologien bereits in hohem Maße und weiterhin zunehmend ins Leben vieler Menschen in Städten eindringen, haben die Informations- und Kommunikationstechnologien in Folge auch Auswirkungen auf das städtische Leben. Beispielsweise können Informations- und Kommunikationstechnologien die Häufigkeit und die räumlich-zeitlichen Muster von Aktivitäten im physischen Stadtraum beeinflussen (Lyons et al., 2018). Die Digitalisierung verändert demnach nicht nur die Ressourcenbedarfe, sondern auch die Art und das Ausmaß der Betriebe. Das erhöht die Effizienz von Infrastrukturen und Systemen. So können beispielsweise Verarbeitungsprozesse in Wasserwerken oder Kläranlagen durch digitale Technologien verbessert werden, sodass die Ressourcen wieder dem Kreislauf zugeführt werden können. Durch Monitoring-Systeme können einzelne Ressourcen und ganze Stoffströme erfasst werden und in ihren Eigenschaften und Qualitäten bewertet werden, um die Zurückführung in die Zirkularität zu vereinfachen. Der Urbane Metabolismus unterstützt weitere ökologie-bezogene Konzepte wie *Regeneratives Design*, *Cradle to Cradle* (Timmeren, 2014), aber auch jüngere Konzepte, wie *Grüne Infrastruktur*, *Schwammstadt* oder *Animal Aided Design*. Wichtig ist, wie Timmeren (2014) erklärt, dass die Ökologie den Wertmaßstab für technologische Lösungen bestimmen sollte und nicht umgekehrt.

Plattform-Urbanismus (Mobilität) – Digitalisierung, Wirtschaft und Raum
Internationale Informationstechnologie-Unternehmen übernehmen durch Online-Plattformen bereits zahlreiche Versorgungsaufgaben in Städten. Diese Online-Plattformen werden durch lokale digitale Infrastrukturen im öffentlichen Raum ermöglicht und unterstützt. Dieses Phänomen und die damit zusammenhängende Prozesse werden in der Stadtforschung als *Plattform-Urbanismus* verstanden (Blühdorn, 2020).
*Plattform-Urbanismus* steht demnach für die breite Anwendung innovativer digitaler Technologien im gesamtstädtischen Maßstab. Die damit einhergehenden Veränderungen werden durch den technologischen Fortschritt, aber auch durch gesellschaftliche und kulturelle Bedürfnisse und Wünsche getragen. Der Begriff *Plattform-Urbanismus* bezieht sich auf digitale Plattformen wie Airbnb, Facebook, Uber oder Amazon. Diese neuen Unternehmensformen bieten nicht nur Produkte an, sondern eine neue Lebenskultur. Ihre Dienstleistungen durchdringen oft mehrere Lebensbereiche, wie am Beispiel von Googles Ambitionen in Toronto ein ganzes Stadtquartier zu bauen, deutlich wird. Daraus ergeben sich zahlreiche kritische gesellschaftliche und räumliche Fragestellungen bezüglich dieses übergreifenden Ökosystems (BMKÖS, 2019).

Ein Plattform-Ökosystem ist eine Kombination aus Geschäfts-, Technologie-, Datenstrategien und Interaktionsdesign, die meist von global-agierenden Unternehmen geschaffen werden, indem sich letztere disruptive Technologien und städtische Strukturen zunutze machen. Dadurch haben Entwicklungen erfolgreicher digitaler Plattformen und die dahinterstehenden Unternehmen zunehmenden Einfluss auf die Erfahrung, die Verwaltung und die Gestaltung von Städten (Barns, 2020).

Die Kuratoren des Österreichischen Pavillons der 17. Architekturbiennale Venedig, Mooshammer und Mörtenböck, erklären, dass Plattformen wie *Carsharing*, E-Roller-Dienste oder *Co-Living-Spaces* ihre Dienste als Abos anbieten und eine erheblichen Komfortgewinn bieten, sodass das Leben vereinfacht wird. Dadurch werden die Dienstleistungspakete immer allumfassender, so dass die Menschen zunehmend die Kontrolle über das Leben verlieren. Die Kuratoren erwarten, dass durch die Covid-19-Pandemie das städtische Leben in Zukunft verstärkt durch Plattformen geformt und geprägt sein wird. Es bleibt zu untersuchen, wie sich die Geschäftsmodelle des *Plattform-Urbanismus* auf den öffentlichen Raum auswirken werden (Salzburger Nachrichten).

An der Wirtschaftsuniversität Wien wurde im Jahr 2020 ein Online-Wissenschaftsseminar am Institut für Gesellschaftswandel und Nachhaltigkeit zu *Plattform-Urbanismus* in Europa veranstaltet. Dabei wurde auf gesonderte Risiken des *Plattform-Urbanismus* aus gesellschaftlicher Sicht eingegangen und Aspekte behandelt, wie die soziale Spaltung und räumliche Ungerechtigkeit, die durch die Digitalisierung verschärft werden (Bauriedl, 2018; Blühdorn, 2020).

Bauriedl und Strüver nennen den *Plattform-Urbanismus* eine technologiegebundene, kapitalistische Produktion von privaten und öffentlichen Räumen (Bauriedl und Struver, 2020). Die räumlichen Auswirkungen sind vor allem im Bereich der Mobilität sichtbar, da sich die Nutzungskonkurrenzen und die materiellen Infrastrukturen durch die Digitalisierung im öffentlichen Raum spürbar verändern. Unter dem Schlagwort *Smart Mobility* werden in den Städten Europas zahlreiche plattform-gestützte digitale Dienstleistungen angeboten. Diese richten sich meist an technologieversierte, zahlungskräftige Bevölkerungsschichten und können die sozial-räumliche Segregation weiter erhöhen. Zudem werden vorhandene Benachteiligungen durch die Digitale Kluft weiter verstärkt und drücken sich in Form der Mobilitätsungerechtigkeit aus (Blühdorn, 2020).

*Plattform-Urbanismus* und Digitalisierungskonzepte sind somit eng miteinander verbunden. Der *Plattform-Urbanismus* zeigt die Ausprägung der Digitalisierung im kapitalistischen und technischen Sinn. Er macht vor allem die räumlichen Probleme und Herausforderungen in Bezug auf räumlich-gesellschaftliche Verantwortung und Zuständigkeiten der öffentlichen Hand in Städten deutlich. Der Begriff »Smart City« umfasst jedoch auch gemeinwohl-orientierte, auf Gemeinschaft und auf sozialen Mehrwert ausgerichtete digitale Plattformen, beispielsweise um haltbares Essen zu verwerten oder nachbarschaftliche Dienste auszutauschen. Durch den Begriff des *Plattform-Urbanismus* wird die technologie-fokussierte, kapitalistische gewinnorientierte Bedeutung der Digitalisierung aufgezeigt.

# Räumlicher Kontext – Forschungsstand

Es gibt zahlreiche Untersuchungen und wissenschaftliche Veröffentlichungen darüber, wie die Digitalisierung durch die Veränderung menschlichen Handelns indirekt die Stadt verändert. In diesen Untersuchungen geht es primär um das soziale Verhalten, das durch digitale Technogien, wie soziale Medien eine Veränderung erfährt (Funk et al., 2020; Gebhardt et al., 2014; Wiegandt et al., 2018).

Doch es gibt wenig Literatur über die Zusammenhänge zwischen Stadtraum und Digitalisierung. Noch vor einigen Jahren gab es vermehrt Stimmen aus der Wissenschaft, die sagten, dass sich die urbane Gestalt durch die Digitalisierung bisher (2015) wenig verändert hat (Picon, 2015).

> »Up to now, the development of information and communications technology and ›Smart City‹ projects has not had any obvious impact on the spatial structure of cities. [...] So, urban forms have changed little. Unlike the car, digital technology does not seem to have had an immediate impact on road networks or on the size of buildings. Its effects have been more similar to those of electricity in the years around 1900: a profound transformation of the experience of the city rather than of its physical structure.« (Picon, 2015, S. 110–111)

Viele Wissenschaftler*innen sind zunehmend der Meinung, dass es derzeit noch unklar ist, wie sich die »Smart City« im physischen Raum materialisiert (Engelke, 2017; Engelke et al., 2019; Joss et al., 2019; Soike et al., 2019).

> »A Place, Project, or Phase? That the ›Smart City‹ deals with the urban goes without saying. Still, it can be difficult to discern where and how it intervenes and materializes. This is partly due to the innovation language used, such that ›test,‹ ›pilot,‹ ›experiment,‹ ›hub,‹ ›laboratory,‹ ›project,‹ ›platform,‹ and similar metaphors serve as regular descriptors for ›Smart City‹ development. However, while invoking innovation is a common strategy to render the ›Smart City‹ novel and attractive, the resulting discourse can leave more questions unanswered. In particular, the spatial context of »platforms« and the scalability of »pilots« often remain unclear. ›Test-bed‹ may well be a frequent discursive accompaniment, but in itself this says little about how and where the ›Smart City‹ becomes embedded in the urban fabric.« (Joss et al., 2019, S. 18)

Andere sehen eine deutliche Veränderung durch die Digitalisierung in den Infrastrukturen, doch sei diese technische Infrastruktur unterflur verbaut und nicht sichtbar.

> »Allgemein bleibt anzumerken, dass die digitale Infrastruktur in der Regel versteckt in bestehende Strukturen implementiert wird. So erfolgt oft der Einbau von Sensoren in bestehende Lampenstrukturen, die sogenannte ›smart lamp‹.124 Bereits bestehende Verkehrsleitsysteme und Energienetze werden modernisiert und intelligente Mess-, Speicher- und Vernetzungsstrukturen eingebaut.« (BBSR, 2015, S. 32)

Eines der wenigen Beispiele ist neben den unten im Detail beschriebenen einschlägigen Quellen der Forschungsbericht »Energie- und lebensqualitätsoptimierte Planung und Modernisierung von Smart City-Quartieren« (Fellner et al., 2020). Untersuchungen zu den konkreten räumlichen Auswirkungen von Technologien auf den Stadtraum dagegen gibt es nur vereinzelt. Durch die Covid-19-Pandemie ist im letzten Jahr ein verstärktes Interesse am Thema zu verzeichnen. Im Folgenden werden die einschlägigen Veröffentlichungen und deren Ergebnisse zusammengefasst.

Es wird erwartet, dass die Digitalisierung – auch als vierte industrielle Revolution (Schwab, 2018) bekannt – maßgebliche Veränderungen nicht nur in der Gesellschaft, sondern auch in Raumstrukturen verursachen wird (Engelke et al., 2019; Future.Lab, 2021). In diesem Zusammenhang wird die Raumwirksamkeit der Digitalisierung zunehmend wichtig und könnte in Zukunft zum zentralen Thema der strategischen Stadtentwicklung werden (Soike et al., 2019). Denn Räume unterschiedlicher Raumkategorien werden sich an neue, technologie-bedingte Rahmenbedingungen anpassen müssen. Die mit der Digitalisierung verbundenen Chancen sind im Bereich der Mobilität in einer effizienteren und damit verträglicheren Organisation des Verkehrs zu erwarten, die in den Bereichen Umwelt beziehungsweise Energie zu einer Reduktion der Emissionen und letztlich zu einer Umweltentlastung führen. So verändern sich die Anforderungen an den Raum und werden zunehmend komplexer (Engelke, 2017).

Zwei der drei einschlägigen Veröffentlichungen zu den räumlichen Auswirkungen der Digitalisierung sind im Jahr 2019 erschienen. Die Arbeiten wurden im Winter 2016 begonnen und die zentrale, systematische Literaturrecherche wurde 2018 vorgenommen. So sind die im Folgenden ausführlich beschriebenen Studien in einer Aktualisierungsrunde der Literatur aufgekommen. Dabei sind einige der grundlegenden Forschungsfragen gleich und andere unterscheiden sich wesentlich.

## Schweiz[7]

Eine der relevantesten Studien zu den räumlichen Auswirkungen der Digitalisierung ist die breit angelegte *Delphi-Umfrage* unter dem Titel »Raumwirksamkeit der Digitalisierung« von Engelke et al. (2019) von der Hochschule für Technik in Rapperswil. Darin untersucht das Forscher*innenteam die Raumwirksamkeit in drei Bereichen; 1) Raumentwicklung und Zentralitäten, 2) Mobilität und Verkehrsplanung und 3) Landschaft, Freiraum und Naherholung. Nach einer Desktoprecherche führen sie eine zweistufige Delphi Umfrage durch. Die erste Runde wurde als Online-Umfrage durchgeführt und die zweite Runde als Expertenworkshop. Die Einschätzung der beteiligten Expert*innen (33 Personen) wurde um eine breite Meinung von weiteren Personen (291 Personen) als Kontrollgruppe aus den Fachorganisationen der Schweiz (*Schweizerische Vereinigung der Verkehrsingenieure und Verkehrsexperten*, *Fachverband Schweizer Raumplaner* und *Bund Schweizer Landschaftsarchitekten und Landschaftsarchitektinnen*) erweitert.

In der *NUDIG-Studie* wurde durch die zweistufige *Delphi-Umfrage* nachgewiesen, dass sich die Digitalisierung über die Objektebene hinaus auf strukturelle Raumbedingungen auswirkt und dass diese Tendenz durch »Online-Handel, Letzte Meile, Logistik der Kurier-, Express-, Paketdienstleister (KEP), automatisiertes Fahren usw.«

noch weiter zunehmen wird, sodass mit deutlichen räumlichen Veränderungen zu rechnen ist (Engelke, 2019, S.7). Es wurde gezeigt, dass die Digitalisierung alle Raumkategorien, Kernstädte, Agglomerationsgürtel, *peri-urbane* und periphere ländliche Räume positiv verändern wird. Die größte Auswirkung aus raumplanerischer Sicht wird der Bereich des Verkehrs durch das automatisierte Fahren erfahren. Im Öffentlichen Raum wird sich durch veränderte Rahmenbedingungen für das Parken, aber auch für das Ein- und Aussteigen eine Veränderung zeigen. Und die Hälfte der Expert*innen geben an, dass sich die Gestaltung des öffentlichen Raums durch diese veränderten Anforderungen in seiner Gestalt anpassen muss und wird (Engelke, 2017).

Weiter wird im Bereich Mobilität erwartet, dass sich die Grenzen zwischen Individual- und öffentlichem Verkehr auflösen werden, dass die Verkehrsinfrastruktur und die Verkehrsmittel effektiver genutzt werden und dass die Bedeutung des Fahrzeugbesitzes abnehmen wird, während *Sharing* Konzepte an Bedeutung gewinnen werden, um nur einige zu nennen. Einschätzungen zufolge wird des Weiteren erwartet, dass der Online-Handel zu einer deutlichen Veränderung der Stadt-, Orts- oder Quartierszentren führen wird. In diesem Zusammenhang werden *Kurier-Express-Paketdienste* und *Mikro-Hubs* wichtiger werden. Durch die Studie kann der Nachweis geliefert werden, dass sich Technologien in Form der Digitalisierung auf den Raum auswirken und weiterhin auswirken werden. Unklar bleibt jedoch weiterhin, wie sich diese Veränderung im Raum konkret manifestiert (Engelke et al., 2019).

Ergebnisse Raumentwicklung und Zentralitäten – Die Ergebnisse im Bereich Raumentwicklung und Zentralitäten sind in drei Themen organisiert, a) Steuerung, b) räumliche Wirkung und c) Einzelaspekte der Digitalisierung. Die Steuerung der Digitalisierung in der Raumplanung beinhaltet zwei Aspekte, die Aktivität der Raumplanungs-Akteure und die Planung und nutzungsbasierte Steuerung des Raums. Aufgabe der Raumplanung ist es, raumspezifische Aktivitäten zu koordinieren. Im Zusammenhang mit der Digitalisierung werden die Akteure der Raumplanung eher nicht als zu zurückhaltend eingeschätzt. Zu gleichen Teilen sind die Expert*innen der Meinung, dass die Akteure adaptieren. Die meisten sind sich jedoch einig, dass Akteure der Raumplanung nicht zu den Treibern der Digitalisierung gehören. Im Workshop wurden georeferenzierte Daten als Treiber der Digitalisierung festgestellt, und es bildete sich heraus, dass den Planenden das *Know-How* über digitale Prozesse fehle, aber auch dass Zurückhaltung seitens der Auftraggeber*innen besteht, wenn Methoden der Datenanalyse angewendet werden. Der zweite Aspekt ist die Planung und die nutzungsbasierte Steuerung des Raums. Daten über die reale Flächennutzung stellen neue Möglichkeiten der Steuerung dar, die als Grundlage für Simulationen oder Entwürfe genutzt werden können. Die meisten Befragten gaben auch an, dass die Daten »über die reale Raumnutzung zukünftig eine auswirkungsbasierte Steuerung des Raums« ermöglichen. In Bezug auf die räumliche Wirkung der Digitalisierung wurden zunächst die Auswirkungen auf die großräumige Raumstruktur erhoben. Es wurde davon ausgegangen, dass

> »Ortsungebundenheit und neue Formen der Angebotserbringung [...] raumrelevante Merkmale von Anwendungen der Digitalisierung [sind]. Diese Auswirkungen können sowohl auf einer raumstrukturellen Ebene als auch konkret im Raum wirken« (Engelke et al., 2019, S. 25).

Die Umfrage hat ergeben, dass die Digitalisierung in allen der unterschiedlichen Raumkategorien (Kernstädte, Agglomerationsgürtel, peri-urbane und periphere ländliche Räume) eine positive Auswirkung hat oder haben wird. Im Rahmen der zweiten Runde im Expert*innenworkshop wurde die Bedeutung der ländlichen Räume hervorgehoben und darauf hingewiesen, dass dort die Risiken besonders groß seien, jedoch die Digitalisierung das Potenzial hätte, Lösungsansätze für Versorgungsschwierigkeiten zu liefern (Engelke et al., 2019).

Die Einschätzung der Auswirkungen auf die kleinräumige Raumstruktur (inklusive Auswirkungen auf das Verkehrssystem und auf den öffentlichen Raum) wurde anhand des automatisierten Fahrens in Bezug auf den fließenden und ruhenden Verkehr aus raumplanerischer Sicht abgefragt. Die Expert*innen sind der Meinung, »dass bisher bekannte Anforderungen (zum Beispiel Parkieren) wie auch neue Anforderungen (zum Beispiel Ein-und Ausstiegszonen) den Strassenraum und den öffentlichen Raum verändern werden. Ob dieser auch einen Umbau des Strassen- und des öffentlichen Raums bedingt, schätzen die Teilnehmenden hingegen unterschiedlich ein« (Engelke et al., 2019, S. 26).

Weiterhin wurden Einschätzungen zu vier Einzelaspekten der Digitalisierung erhoben. Dabei zeigte sich, dass *Smart Home* Anwendungen objektorientiert seien und dadurch keinen raumplanerischen Handlungsbedarf ergeben. Unter dem Aspekt der Digitalisierung in Industrie- und Gewerbegebieten entsteht eine ambivalente Meinung dazu, ob die Digitalisierung eine Veränderung erzeugt. Die Expert*innen erwarten, dass Gewerbe- und Industriegebiete zu »wissensintensiven Gebieten mit entsprechenden Einrichtungen« werden. Ob Veränderung dieser Gebiete durch die Digitalisierung entstehen, sehen die Expert*innen (der Expertengruppe und der Kontrollgruppe aus Mitgliedern des *Fachverbands Schweizer Raumplaner*) unterschiedlich. Im Workshop hat sich die Meinung gefestigt, dass Industrie- und Gewerbegebiete eine Veränderung erfahren werden, und es wird von einer Mischung beider Gebiete im branchenspezifischen Ausmaß ausgegangen. Diese werden thematische Cluster bilden und der Bedarf nach »Interaktion und räumlicher Nähe« wird besonders wichtig (Engelke et al., 2019).

Ein weiterer der betrachteten Einzelaspekte ist der Onlinehandel und das Einkaufsverhalten. Die Teilnehmenden sind sich einig, dass der Onlinehandel in Stadt-, aber auch in Dorf- und Quartierzentren deutliche Auswirkungen erfahren wird. Der letzte der vier beleuchteten Einzelaspekte ist die Logistik der *Letzten Meile* und *Kurier-Express-Paketdienst-Stationen*. Es wird damit gerechnet, dass die

> »Veränderung des Konsumverhaltens und die Zunahme der Verlagerung von Einkauf und Dienstleistungen ins Internet [...] eine wachsende Bedeutung der Logistik auf der letzten Meile [bedingen wird]. Neben der Belieferung an der Haustür als Endpunkt der letzten Meile gewinnen, gerade aus Sicht der Anbieter von Kurier-, Express- und Paketdienstleistungen (KEP), die KEP-Stationen wie myPost 24, Pick-Mup, Pick-Up etc. zunehmend an Bedeutung« (Engelke et al., 2019, S. 29)

Zur raumplanerischen Bedeutung von *Kurier-Express-Paketdienst-Stationen* entsteht ein gespaltenes Bild. Dass Mikro-Hubs zu einer neuen Infrastruktur auf Quartiersebene werden, diese Meinung teilen alle Teilnehmenden. In der Diskussion im Rahmen des Workshops wurde erörtert, dass die Mikro-Hubs in bestehende strukturelle

Nutzungen eingebettet werden sollten, um soziale Wechselwirkungen zu ermöglichen (Engelke et al., 2019).

Ergebnisse Mobilität und Verkehrsplanung – Neben den Ergebnissen zur Raumentwicklung liefern auch die Ergebnisse der Mobilität und Verkehrsplanung wichtige Erkenntnisse zu den Veränderungen im Stadtraum durch Technologien.

Zunächst sind sich beide Expert*innengruppen einig, dass durch die Digitalisierung die heutigen Verkehrsprobleme gänzlich oder teilweise reduziert werden können. Es kommt des Weiteren heraus, dass die

»Digitalisierung [...] die Lösung der heutigen Verkehrsprobleme vor allem dadurch ermöglichen [könnte], dass die Verkehrsinfrastruktur bzw. die Verkehrsmittel effizienter genutzt werden, sowie dadurch, dass die Bedeutung des Besitzes von Fahrzeugen abnimmt und Sharing-Konzepte an Bedeutung gewinnen. Durch die Digitalisierung lösen sich nach Meinung der Umfrageteilnehmenden auch die Grenzen zwischen Individualverkehr und öffentlichem Verkehr auf. Mobilitätsleistungen werden eine große Bedeutung erhalten« (Engelke et al., 2019, S. 16).

In Bezug auf *Mobility as a Service* wurde erkannt, dass eine »Akzeptanzsteigerung von Multi- und Intermodalität« zu erwarten ist (Engelke et al., 2019, S. 16). Die Reisezeiten sollen sich – laut der Hälfte der Expert*innen – durch *Mobility as a Service* durch die Tür-zu-Tür-Verbindungen verringern, und gleichzeitig spricht nur jede*r Vierte von einer »Erhöhung des Besetzungsgrades von Autos« und einer Bedeutungszunahmen des Radverkehrs (Engelke et al., 2019, S. 16). Die Wirkungen des vollautomatisierten Fahrens werden in drei Arten von Folgen unterteilt; a) Folgen für die Nutzenden, b) den Raumbedarf, beziehungsweise die räumliche Entwicklung und c) das Verkehrssystem abgefragt.

Als Folgen für die Nutzenden wurde von den meisten Expert*innen ermittelt, dass das autonome Fahren eine produktive Nutzung der Fahrzeit mit sich bringen würde. Etwa die Hälfte der Befragten sind der Meinung, dass durch das autonome Fahren das Teilen von Fahrzeugen möglich gemacht wird und gleichzeitig auf der anderen Seite als negative Auswirkung ein Rückgang an »körperlicher Bewegung und Aktivität im Alltag durch Bedeutungsverlust von Fuß- und Veloverkehr« zu erwarten ist (Engelke et al., 2019, S. 20). Ebenso wird negativ herausgestellt, dass Privatunternehmen persönliche Daten zur Angebotsoptimierung nutzen werden. In Bezug auf Raumbedarf sind die meisten Expert*innen einig, dass das autonome Fahren eine Verbesserung der Erschließung zuvor schlecht erreichbarer Bereiche mit sich bringen würde. Zentral ist die Einschätzung beider Expert*innengruppen, dass es zu einem Rückgang von Parkflächen in Zentrumsgebieten führen wird.

»Ein Drittel erwartet von vollautomatisierten Fahrzeugen eine verträglichere Abwicklung des Verkehrs, so dass die negativen Auswirkungen des Verkehrs als weniger störend empfunden werden. Als negative Entwicklung sehen 75% das Risiko einer zunehmenden Zersiedlung durch verbesserte Erreichbarkeit von bisher ungenügend erschlossenen Gebieten durch vollautomatisierte Fahrzeuge. Als weitere negative Entwicklungen sieht die Hälfte eine Verkehrszunahme in bisher nicht belasteten Gebieten sowie einen erhöhten Platzbedarf für Umsteigevorgänge.« (Engelke et al., 2019, S. 20)

Die Hälfte der Befragten sehen eine positive Auswirkung auf das Verkehrssystem durch die Steigerung der Verkehrssicherheit, Effizienzsteigerung durch die Nutzung persönlicher Daten und auch eine Verbesserung der Logistik. Die Mehrheit erwartet jedoch auch eine Zunahme der gefahrenen Fahrzeugkilometer, wie beispielsweise durch Leerfahrten im Siedlungsgebiet. Die Hälfte der Expert*innen rechnen jedoch auch mit negativen Folgen durch hohe Kosten der Nachrüstung der Infrastruktur und durch eine mögliche Verdrängung des öffentlichen Verkehrs (Engelke et al., 2019). Damit das autonome Fahren einen positiven Beitrag zur nachhaltigen Mobilität leisten kann, sehen die Expert*innen die Entwicklung einer »intelligenten Infrastruktur (Straße der Zukunft) und aufeinander abgestimmte Lenkungssysteme sowie Mobility Pricing« (Engelke et al., 2019, S. 20). Sie raten größtenteils zu lokalen Geschwindigkeitsbegrenzungen, Reduzierung von Personenkraftwagen-Parkflächen und Angebot von Umsteigemöglichkeiten. Des Weiteren wird die Verfügbarkeit von Daten für Navigationssysteme zur Verbesserung der Verkehrsströme eine Rolle spielen (Engelke et al., 2019). Zuletzt wird in der Delphi-Umfrage zur Mobilität nach den Erwartungen der Digitalisierung im Bereich Mobilität gefragt. Dabei zeigen sich die meisten Expert*innen optimistisch und rechnen mit überwiegend positiven Effekten, während die Kontrollgruppe pessimistisch ist und eher die negativen Aspekte sieht. Dabei haben nur 9% der Expert*innen angegeben, dass die Digitalisierung eine Trendumkehr zu einer nachhaltigen Mobilität ermöglichen wird, und knapp jede*r Dritte gab an, dass die Digitalisierung keinen Einfluss auf die Verkehrsprobleme haben wird und diese sich unabhängig von der Digitalisierung weiter verschärfen würden.

Ergebnisse Landschaft, Freiraum und Naherholung – Die Ergebnisse der Expert*innengruppe im Bereich Landschaft, Freiraum und Naherholung konzentrieren sich vordergründig auf Softwarelösungen (*Augmented Reality*, *Virtual Reality*), digitale Kommunikation (beispielsweise Besuchermanagement) und Partizipation. Nur ein Aspekt der Befragung scheint raumrelevant und wird adressiert, dass die Digitalisierung »Auswirkungen auf Gestalt und Erscheinung der Landschaft haben« wird. Darüber sind sich die meisten Expert*innen einig (Engelke et al., 2019, S. 20).

Weitere Erkenntnisse der Studie – Es konnte gezeigt werden, dass sich die Digitalisierung auf den Raum auswirkt und dadurch ein entsprechender Steuerungsbedarf entsteht. Vor diesem Hintergrund ist es wichtig, eine Sicherung der räumlichen Qualitäten zu gewährleisten.

> »Wie aufgezeigt hat die Digitalisierung Auswirkungen auf den Raum. Diese treten kleinmassstäblich beispielsweise bei neuen verkehrlichen und infrastrukturellen Ansprüchen im öffentlichen Raum auf, in einem mittleren Massstab bei geänderten Ansprüchen an die Naherholung oder grossmassstäblich bei neuen Angeboten in den Verkehrssystemen oder in der Grundversorgung. Zuerst ändern sich die Ansprüche und Nutzungen an den Raum, gefolgt von Anpassungen an die physische Gestalt des Raums bis zu einer auf Langfristigkeit ausgelegten Anpassung der Systeme.« (Engelke et al., 2019, S. 37)

Daher ist es wichtig, die Qualität der Nutzung und räumlichen Gestalt über den gesamten Prozess sicherzustellen und besonders auf die Übergangslösungen zu achten und interdisziplinär gute Lösungen und Gestaltung zu forcieren (Engelke et al., 2019; HSR Rapperswil, 2020).

Der Bericht »Räumliche Dimensionen der Digitalisierung, Handlungsbedarfe für die Stadtentwicklungsplanung. Ein Thesenpapier« wurde als Sonderveröffentlichung des *Difu, Deutsches Institut für Urbanistik*, verfasst. Als Ausgangspunkt wird beschrieben, dass die Auseinandersetzung mit den räumlichen Wirkungen einer digitalen Gesellschaft zunehmend an Relevanz gewinnt, obwohl diese auf städtischer Ebene noch kaum behandelt wurden. Um die räumlichen Auswirkungen der digitalen Transformation auf die städtischen Räume und ihre Funktionen zu untersuchen, haben Soike et al. (2019) eine dreiteilige explorative Studie gemacht. Darin haben sie zunächst Materialien von 200 Städten in Deutschland auf bestehende Inhalte zur Auswirkung der Digitalisierung auf den Raum ausgewertet und eine Literaturrecherche durchgeführt. Im zweiten Schritt wurden leitfadengestützte Interviews mit Expert*innen aus Wissenschaft und Planung durchgeführt. Und im dritten Schritt die auf Grundlage der Expert*inneninterviews aufgestellten Thesen in einer Fachrunde diskutiert und gefestigt (Soike et al., 2019). Die Ergebnisse zur Wirkung der Digitalisierung im Raum werden in drei Bereichen gegliedert; 1) Handel und Wirtschaft, 2) Mobilität und 3) Energieinfrastruktur, wobei der inhaltliche Schwerpunkt deutlich bei den Auswirkungen der Mobilität gesehen wird. Weiter werden die räumlichen und funktionalen Zusammenhänge, sowie soziale und sozial-räumliche Wirkung der Digitalisierung aufgegriffen. Zuletzt wird abschließend auf die Steuerungspotenziale für die Stadtentwicklungsplanung eingegangen (Soike et al., 2019).

Im *Difu*-Bericht »Räumliche Dimensionen der Digitalisierung« wird eine Vielzahl an möglichen räumlichen Auswirkungen der Digitalisierung beschrieben. Diese sind sowohl mit Chancen als auch mit Risiken verbunden. Die Berücksichtigung des Gemeinwohls in der Umsetzung der digitalen Transformation ist eine zentrale Herausforderung. Die erfolgten räumlichen Wirkungen sind aktuell noch kleinräumig und singulär, sodass keine Verallgemeinerungen derzeit möglich sind. Dennoch sind die zu erwartenden räumlichen Folgen vor allem im Bereich der Mobilität, durch das autonome Fahren und die Logistik weitreichend (Soike et al., 2019).

Ergebnisse der sektoralen Entwicklungen in Bezug auf die Wirkung der Digitalisierung im Raum – Zum Themenfeld Handel und Wirtschaft wurden vier Aspekte betrachtet: a) Einzelhandel und Online-Handel, b) Beschäftigung und Gewerbe, c) Urbane Produktion und d) Nutzungsmischung.

a) In Bezug auf den Einzelhandel und Online-Handel wurden vielschichtige Wirkungen im Raum festgestellt. Der zunehmende Online-Handel und Strukturwandel im Handel machen diese räumliche Wirkung deutlich. Statt großer Einzelhandelsstandorte entwickeln sich vermehrt kleinteilige Angebote, und im Online-Handel entsteht ein Bedarf an Showrooms oder *Flagship-Stores*. Es lassen sich höhere Fluktuationen in den Nutzungszyklen von Handelsimmobilien feststellen. Diese Veränderungen im Handel bieten die Chance, die Attraktivität der Innenstädte und städtische Zentren zu überdenken, sodass Konsumnutzungen durch weitere

Funktionen ergänzt und ersetzt werden und es zu einer neuen Durchmischung dieser Gebiete führen könnten. Die Relevanz der Innenstadtlagen wird weiterhin bestehen bleiben, auch wenn die räumlichen Wirkungen in verschiedenen Kommunen unterschiedlich ausfallen werden. Da Urbanität als Lebensqualität verstanden wird und diese auch mit stationärem Handel verbunden ist, bleibt der Handel als Frequenzbringer im Stadtraum wichtig (BBSR, 2018).

Der innerstädtische stationäre Handel bekommt zunehmend Erlebnischarakter, und seine Bedeutung wird mit kulturellen, sozialen oder gastronomischen Nutzungen verstärkt. Allgemein wird der stationäre Handel in attraktiven zentralen Lagen konkurrenzfähig zum Online-Handel bleiben, doch in dezentralen Lagen wird es zunehmend zu Leerstand und Trading-Down-Prozessen kommen (Soike et al., 2019).

b) Beschäftigung und Gewerbe entwickeln durch die Digitalisierung neue Formen der Dienstleistung und befinden sich im Wandel. Räumlich-funktional äußern sich diese Veränderungen, indem das digitale Angebot zunehmend stationäre Dienstleistungen ablöst. Durch die Digitalisierung der Finanzgeschäfte beispielsweise werden städtische Filialsysteme nicht mehr nötig sein, wodurch zentrale Büroflächen eine neue Nutzung brauchen (Soike et al., 2019).

c) Digitalisierung ermöglicht es, neue Formen von emissionsarmem Gewerbe in den Städten zu integrieren, beispielsweise die Stadtfabrik. Solche neuen Geschäftsmodelle entstehen an attraktiven zentralen urbanen Lagen statt in Gewerbegebieten, was Urbane Produktion genannt wird. Darunter wird die Herstellung materieller Güter in kleinteiligen urbanen Manufakturen verstanden. Dazu gehört traditionelles Handwerk und urbanes Stadtteil-Gewerbe. Geschäftsmodelle sind digitale Dienstleistungen, emissionsarme Produktionsformen der *Industrie 4.0* oder urbane Landwirtschaft. Damit verbunden sind regionale und lokale Kreislaufsysteme der Wirtschaft und Ökologie (Nutzung lokaler Ressourcen und Wertschöpfungsketten). Durch Urbane Produktion soll die Suffizienz in Produktion und Lebensweise gestärkt werden (Libbe und Wagner-Endres, 2019). Räumlich entsteht dadurch der Bedarf an kleinteiligen urbanen Flächen in integrierten Lagen mit gutem Mobilitätsangebot, attraktiven Umfeld sowie sozialem und kulturellem Angebot. Dabei muss negativen Effekten wie Erhöhung von Mieten, Bodenpreisen oder der Verdrängung anderer Nutzungen entgegengewirkt werden. Die Chancen liegen darin, flächensparsames Bauen mit kompakter und nutzungsdurchmischter Bebauung zu fördern. Urbane Produktion kann die Attraktivität von Wohn- und Arbeitslagen erhöhen. Die Autoren weisen darauf hin, dass derzeit keine empirischen Belege dieser räumlichen, sozialen und sozial-räumlichen Wirkungen bestehen (Soike et al., 2019).

d) Damit in Verbindung steht das Thema der Nutzungsdurchmischung. Durch die in Kombination aus digitalen und realen Erfahrungen in der Arbeits- und Lebenswelt kann eine neue Art von Urbanität entstehen. Standorte traditioneller Dienstleistung können mit neuen Nutzungen und kleinteiligen Raumstrukturen diversifiziert werden. Das neue Baugebiet des Urbanen Gebietes in der Baunutzungsverordnung soll zu einem höheren Durchmischungsgrad in Quartieren beitragen und das Ineinandergreifen von Wohnen, Gewerbe und Freizeit ermöglichen. Dabei stellen sich

Fragen der Dichte, Mischung, Bezahlbarkeit und möglichen Nutzungskonflikten. (Soike et al., 2019)

Das Themenfeld Mobilität wurde in einer größeren Tiefe untersucht und es wurden sechs Aspekte adressiert: a) Mobilitätsdienstleistungen und *Sharing*, b) Mobilitätverhalten, c) Logistik, d) Nutzungskonkurrenzen und Flächenwirksamkeit, e) Verkehrslenkung und f) Automatisierung.

a) *Sharing-Angebote* in zentralen Bereichen von Großstädten werden gut angenommen und setzen sich immer weiter durch. Das Ziel ist, private Fahrzeuge zu ersetzen und dadurch den Individualverkehr und den ruhenden Verkehr zu verringern. Da *Carsharing* als E-Mobilität betrieben wird, kann es dazu beitragen, die Luftqualität in der Stadt zu verbessern. »Das heißt, die Wirkung der Entscheidungen vieler – im Sinne kommutativer – plattformgestützter Mobilitätsentscheidungen können am Ende positiv sein« (Soike et al., 2019, S. 16). Die Nutzungsweise unterscheidet zwischen den stationären und den *free-floating* Flotten. Das stationäre Angebot verzeichnet höhere Nutzungsdauer, größere zurückgelegte Distanzen und bietet eher das Potenzial, Privatfahrzeuge zu ersetzen als die *free-floating* Flotten. Das ortsungebundene *Carsharing* (*free-floating* Flotte) stellt eine Konkurrenz zum öffentlichen Verkehr, aber auch zum Fahrradverkehr dar. Sie werden für Strecken unter 10km genutzt und sorgen aktuell für einen Anstieg des Individualverkehrs in innerstädtischen Bereichen von Großstädten. An Stellen, wo der öffentliche Verkehr schlechter ausgebaut ist, im Stadtrand, im Umland und im ländlichen Raum, fehlt das *Carsharing-Angebot*, bedingt durch die niedrige Nachfrage und das ökonomische Modell. Dennoch müssen das *Carsharing* und andere Dienstleistungen, wie *Mobility as a Service,* als Elemente der Mobilitätsstrategie begriffen werden. Durch die Nutzung digitaler Plattformen und Apps wird *Multi-* und *Intermodalität* ermöglicht. *Mobility as a Service* trägt dazu bei, dass Verkehrsinfrastrukturen effizienter genutzt werden, und bildet neue Marktakteure und Businesszweige aus. Die Verfügbarkeit und Zugänglichkeit von Echtzeit-Verkehrsdaten machen *Mobility as a Service*-Angebote attraktiv (Soike et al., 2019).

b) Die Menschen bestimmen durch ihr Verhalten mögliche räumliche Auswirkungen digital-basierter Mobilitätsdienstleistungen. Diese Wirkungen sind räumlich nuanciert und auch noch im kleinen Maßstab zu beobachten. Derzeit lässt sich kein Einfluss verzeichnen, der sich »signifikant auf Verkehrsaufkommen, Verkehrsfluss und den motorisierten Verkehrsflächenbedarf auswirkt« (Soike et al., 2019, S. 17). Die räumlichen Auswirkungen unterscheiden sich stark in den Raumtypen. Während sich in innerstädtischen Bereichen Verhaltensänderungen hin zu *Sharing-Angeboten* und Verzicht auf ein eigenes Fahrzeug abzeichnen, ist in den anderen Raumtypen, Stadtrand, Umland und im ländlichen Raum, das eigene Auto prägend. Digital-basierte Angebote verändern das Nutzungsverhalten und damit auch räumliche Zusammenhänge (Soike et al., 2019).

c) Logistik und Lieferdienstleistungen wachsen als wesentlicher Treiber durch den Online-Handel seit über zehn Jahren rasant an und wurden durch die Covid-19-Pandemie weiter katalysiert. So wird der Gütertransport zur Belastung vor allem für innerstädtische Verkehrssysteme. Daher hängen die Verteilung und das Ausmaß der Verkehrsströme stark von Mobilitätsstrategien und Konzepten in Bezug auf den Online-Handel ab (BBSR, 2018). Die Logistikbranche nutzt zunehmend digitale Technologien, um neue Distributions- und Fahrzeugkonzepte für Lösungsansätze von steigendem Logistikaufkommen zu entwickeln. Das Thema Atomisierung wird in *Platooning-Konzepte* intensiv getestet (Soike et al., 2019). Durch den Online-Handel verlagert sich der Lieferverkehr zunehmend in die Innenstadt, beziehungsweise zu den Konsument*innen. Das ist in dichten Siedlungsräumen besonders ausgeprägt (BBSR, 2018). »Das heißt dort, wo entsprechende Liefer- und Güterdienstleistungen am stärksten nachgefragt sind, treten sie umso mehr in Konkurrenz zum bestehenden Verkehr und damit verbunden Flächenbedarfen – auch in bislang wenig belasteten Gebieten« (Soike et al., 2019, S. 17). Diese Zunahme an Lieferverkehr und städtischer Produktion verändert den Logistikverkehr im Stadtraum. Kleinteilige dezentrale Versorgungshubs außerhalb oder am Rand der innerstädtischen Bereiche, gekoppelt mit *Pick-Up-Stores* auf Quartiersebene, schaffen eine lokale kleinteilige Distribution. Die *Letzte Meile* im *Business-to-Customer-Vertrieb* soll flächeneffizient im Straßenraum erfolgen. Beispiel für kompakte Lösungen sind E-Lastenräder, Lieferroboter oder Drohnen. Verkehrslogistik und Gebäudelogistik sollen verknüpft werden, um durch Paketbriefkästen in Mehrfamilienhäusern die Zustellung auch in Abwesenheit der Empfänger zu bewerkstelligen (Soike et al., 2019). Städtische Regularien können dazu beitragen, den Lieferverkehr zu mindern, beispielsweise dadurch, dass im Sinne der allgemeinen Verträglichkeit nicht alle Dienstleister einzeln die *Letzte Meile* fahren. Es bleibt jedoch zu klären, wie Hubs und Lizensierung der Güter-Distribution vor allem der *letzten Meile* stadtverträglich organisiert werden können. Aufgrund des steigenden Kostendrucks könnten Dienstleister eher zu einer Kooperation tendieren. Die Entwicklung der Logistik ist derzeit noch zu dynamisch, als dass Strategien entwickelt werden könnten. Doch langfristig werden Ansätze benötigt, um »regionale, gesamtstädtische und quartiersbezogene Aspekte kohärent miteinander zu verknüpfen und unterschiedliche Interessen« zu integrieren (Soike et al., 2019, S. 18).

d) Die digitale Transformation führt zu Nutzungskonkurrenz und Flächenwirksamkeit. Durch Logistik der *letzten Meile*, *free-floating Carsharing* und *Bikesharing*-Konzepte entsteht starke Flächenkonkurrenz um Verkehrsflächen im öffentlichen Raum. Neue Dienstleistungen und Mobilitätsformen beanspruchen zunehmend historisch gewachsene Infrastrukturen (Agora Verkehrswende, 2018, zitiert nach Soike et al., 2019).

*Sharing-Systeme* können Parkflächen ablösen, sodass diese für andere Nutzungen im öffentlichen Raum genutzt werden könnten. Doch neue Dienstleistungen in der Mobilität beanspruchen auch vermehrt Verkehrsflächen. So haben beispielsweise *Bikesharing* und Lastenfahrräder auch bei Neubauquartieren keine gesonderten Flächen im Straßenraum und müssen die Platzressourcen mit anderen Verkehrsteilnehmenden teilen. Damit mehr Verkehrsteilnehmende und somit ein höheres Verkehrsaufkommen im Straßenraum untergebracht werden können, müssen die Flächenressourcen effizient genutzt werden und »eine Umverteilung zugunsten flächensparsamer Verkehrsmittel stattfinden«. Zu den relevanten kommunalen Aufgaben gehört es, im besonderen städtische Mobilitätsstrategien für die neuen

Mobilitäts- und Logistikdienstleistungen zu finden, die das Gemeinwohl berücksichtigen und den öffentlichen Raum als wichtiges Gut in die Überlegungen integrieren (Soike et al., 2019, S. 18).

e) Verkehrslenkung gehört zu den Bereichen, die sich durch die Digitalisierung sehr dynamisch entwickeln. Durch digital-basierte Datenerfassung von verkehrsbezogenen Messsystemen, Ampeln oder anderen Verkehrsleitsystemen soll ein Beitrag geleistet werden, das Verkehrsaufkommen effizient zu steuern und Staus entgegenzuwirken. Echtzeitnavigationssysteme von privaten Anbietern spielen eine zunehmende Rolle für den Individualverkehr. Sensoren sollen helfen, die Sicherheit und Verkehrssteuerung zu verbessern. Digitale Steuerungs- und Überwachungstechnologien können auf der Grundlage dynamischer Informationsgrundlagen stadtverträgliche Geschwindigkeitsregulierungen ermöglichen (Soike et al., 2019).

f) Der letzte Aspekt ist die Automatisierung. Die Digitalisierung in der Mobilität führt zunehmend zum autonomen Fahren. Derzeit werden bereits sensor-basierte technische Systeme in Fahrzeugen wie Abstandstemporegelung oder Spurhalteassistenz eingesetzt. Und es werden autonome Fahrzeuge für die Logistik und den öffentlichen Verkehr entwickelt. Da Mischverkehr für autonome Fahrzeuge (Auto ohne Lenkrad) zu komplex ist, werden diese zunächst nicht für die städtische Mobilität einsetzbar sein, werden jedoch zunehmend auf Autobahnen, Landstraßen oder Sammelstraßen auftreten (Soike et al., 2019). Dies hat zur Folge, dass innerstädtisch der automatisierte Verkehr von anderem Verkehr räumlich getrennt stattfinden müsste, was zu weiteren Barrieren im Stadtraum führen wird. Es wird noch wichtiger, den nicht-motorisierten Verkehr und die aktive Mobilität, sowie andere Nutzungen im öffentlichen Raum zu sichern. Obwohl die Automatisierung eine Chance sein kann – Prognosen zufolge soll eine Zeitreduktion für den gesamten Verkehr bereits ab einem Anteil von 25% autonomen Fahrzeugen entstehen – aber es gilt auch weiterhin die Qualitäten der europäischen Stadt mit ihren gemeinwohlorientierten Prinzipien zu berücksichtigen und zu schützen (Esser und Kurte, 2018, zitiert nach Soike et al., 2019).

Es ist davon auszugehen, dass automatisiertes Fahren durch den Komfort den Individualverkehr weiter erhöhen wird. So muss die öffentliche Hand Verkehrsteilnehmer*innen der aktiven Mobilität, aber auch dem öffentlichen Personennahverkehr und dem *Carsharing* Vorrang einräumen und alle Verkehrssysteme durch kompakte Umsteigehubs zueinander in Bezug setzen. Allgemein gilt es, mögliche *Rebound-Effekte* zu vermeiden. Der *Verband Deutscher Verkehrsunternehmen* sieht den öffentlichen Verkehr als »bedroht« an, da automatisierte Fahrzeuge Vorteile bieten werden, wie beispielsweise Unabhängigkeit von Personenkraftwagen-Besitz, Parkplatzsuche oder Zeitverlust durch die Personenkraftwagen-Steuerung. Falls dies eintritt und der öffentliche Verkehr durch das automatisierte Fahren verdrängt werden sollte, werden die Verkehrsbelastung in Kommunen weiter steigen und Cargo-Transporte von der Schiene auf die Straße verlagert werden (Esser und Kurte, 2018; Soike et al., 2019).

Doch auch für den öffentlichen Verkehr bringt die Automatisierung Potenziale. Im Schienenverkehr sind ein dichterer Takt und dichter aufeinander fahrende

Einheiten möglich. Es wird darum gehen, die *Multimodalität* durch digitale Steuerung und Daten zu stärken. *Mobility as a Service* und Multi- und *Intermodalität* führen in Summe zu einer zunehmenden Auflösung zwischen Individualverkehr und öffentlichem Verkehr. Im Regionalkontext würde die Automatisierung bedeuten, dass durch die verbesserte Erreichbarkeit periphere Lagen an Attraktivität gewinnen (Soike et al., 2019).

Der Bereich Energieinfrastruktur wurde weniger intensiv behandelt, und es wurden zwei Aspekte, die Sektorenkopplung und Dezentralisierung, besprochen.

a) Digital-basierte Technologien machen eine Verschaltung unterschiedlicher Bereiche, wie Strom, Ware und Verkehr möglich. Ein Beispiel dafür sind die Batterien von E-Fahrzeugen, die als dezentrale Energiespeicher genutzt werden können. Die Verknüpfung von Energiewende und Mobilitätswende kann durch die Digitalisierung gekoppelt werden, sodass sich weitere Potenziale eröffnen. »Die räumlichen Wirkungen dieser neuen, bzw. veränderten Koppelungen bilden sich in gewandelten Flächenbedarfen ab, die pauschal schwer zu greifen und vom jeweiligen (beispielsweise baulich-räumlichen, oder technischen) Kontext abhängig sind« (Soike et al., 2019, S. 22).

b) Erneuerbare-Energie-Anlagen werden zunehmend die Energieversorgung bedienen, nachdem die Voraussetzung der Versorgungssicherheit und Netzstabilität geklärt ist. So werden dezentrale digital-basierte Erzeugungsanlagen wie *Micro-Grids* immer relevanter. *Smart-Grids* zusammen mit *Smart Markets*[9] können zu einer Effizienzsteigerung der Ausnutzung der Versorgungsinfrastruktur führen. Private Besitzer*innen von Erneuerbare-Energie-Anlagen werden zu Konsument*innen und gleichzeitig Lieferant*innen von Energie. So werden moderne Speicheranlagen mit Mikro-Kraft-Wärme-Kopplung zum Einsatz kommen. Daher werden dezentrale Energiekonzepte nicht nur bei Neubauquartieren, sondern auch in Bestandsquartieren zunehmend implementiert, sodass davon auszugehen ist, dass der Flächenbedarf für die Energie-Erzeugung und -Speicherung weiter steigen wird. Dies bleibt jedoch von den örtlichen Rahmenbedingungen abhängig (Soike et al., 2019).

Österreich[10]

Die Zwischenergebnisse dieser Studie wurden im *Future.Lab Magazin* der Fakultät für Architektur, TU Wien wenige Tage vor Abgabe dieser Arbeit veröffentlicht und anschließend Anfang Mai 2021 in einer Örok-Fachveranstaltung zum gleichen Thema vorgestellt und in der Breite diskutiert. Die Zwischenergebnisse sollen hier neben der deutschen Studie von Soike et al. (2019) und der Schweizer Studie von Engelke et al. (2019) als Perspektive aus Österreich vervollständigt werden. Die Ergebnisse konnten im Laufe der Arbeit jedoch nicht einbezogen werden, und es konnte nicht darauf aufgebaut werden. Seit Ende 2020 wird derzeit an der TU Wien eine Querschnittstudie zum Thema »Räumliche Dimensionen der Digitalisierung« in Partnerschaft mit dem Örok und dem Future Lab gemacht. Ziel ist es, in der Breite zu untersuchen, vor welcher Ausgangslage die österreichische Raumordnung aktuell steht und wie sie zukünftig auf die räumlichen Entwicklungen reagieren kann. In der Untersuchung werden die Fragen aufgeworfen, welche räumlichen Wirkungen durch die Digitalisierung in verschiedenen Raumtypen verursacht werden und wie sich diese potenziell in der Zukunft entwickeln werden. Weiter wird gefragt, wie sich die räumlichen Funktionen, Nutzungsformen und Standardanforderungen verändern und welche Konsequenzen diese auf lokale und regionale Vernetzungen haben. Zuletzt wird der Frage nachgegangen, von welchen Technologien das größte Transformationspotenzial für den gebauten Raum ausgeht. Welche Rahmenbedingungen können dazu helfen, die Potenziale der Digitalisierung im Sinne von Nachhaltigkeit und Resilienz auszuschöpfen? Und inwieweit kann digitale Transformation durch raumplanerisches Handeln gestaltet werden, ohne dass existierende räumliche Disparitäten reproduziert werden (Future.Lab, 2021)? Die Untersuchung zieht sieben Themenfelder in Betracht, Arbeiten, Versorgung und Handel, Mobilität und Logistik, Soziale Infrastruktur, inkl. Bildung, Gesellschaft, Pflege, Wohnen, Infrastruktur und Netze, sowie Tourismus und Kulturlandschaft. In einer Online-Umfrage wurden Raumplanung-Expert\*innen aus Verwaltung, Planung, Beratung, Politik im ländlichen und städtischen Raum im Dezember 2020 befragt. Die rund 50 Teilnehmenden gaben an, raumwirksame Veränderungen in Folge der Digitalisierung in den Bereichen, Arbeit, Versorgung und Handel und in der Mobilität zu beobachten (Future.Lab, 2021).

Arbeiten – Im Bereich Arbeiten wurde eine zunehmende Ortsunabhängigkeit von Angestellten und Tätigkeiten festgestellt. Damit verbunden verändern sich die Anforderungen nicht nur von Betrieben, sondern auch von Wohnen. Es kommt zu Veränderungen in der Qualität des öffentlichen Raums, der Nutzungsmischung und des Flächenbedarfs und der Lage allgemein. Diese räumlichen Einsparungseffekte finden vor allem in »Distributed Production« und in hoch-digitalisierten Arbeitsbereichen statt. Knapp über 20% der Beschäftigten in Österreich arbeiten in hoch-digitalisierten Branchen. Eine höhere Konzentration dieser Arbeitsplätze befindet sich in städtischen Räumen und nur 15% in ländlichen Räumen. Dies deutet darauf hin, dass die unterschiedlichen Raumtypen im unterschiedlichen Ausmaß von der Digitalisierung verändert werden (Bruck, 2021; Future.Lab, 2021).

Versorgung und Handel – In Handel und Versorgung ist eine »Verlagerung von Frequenz, Kaufkraft und Umsätzen mit Folgen für den stationären Einzelhandel, Orts- und Stadtteilzentren, die je nach Lage variieren« (Bruck, 2021) zu beobachten. Ebenso, dass online und offline Handel verstärkt integriert angeboten werden und zu einer »Erlebnis-orientierten Stadtortentwicklung mit ergänzenden Nutzungen und Aufenthaltsqualität öffentlicher Räume« führt. Die Online-Offline-Angebote wie *Multi-Channel* oder *Click&Collect* wirken sich auf die öffentlichen Räume, auf Architektur und Immobilienbranche aus. Um den Einzelhandel zu stärken, werden Zentren nicht mehr monofunktional, sondern zunehmend zu einer hohen Nutzungsmischung entwickelt (Bruck, 2021; Future.Lab, 2021).

Mobilität und Logistik – Im Bereich der Mobilität und Logistik wird die Digitalisierung nicht zu einer Ablösung bestimmter Modalitäten führen, sondern vielmehr zu einer Vervielfältigung der Modi. »Intermodale Wegeführungen, neue

Organisationsmodelle und Geschäftsmodelle, Übergang vom Fahren zum Gefahren-werden und Kurier-Express-Paketdienste« sind digitalisierungsbedingte Prozesse mit räumlichem Veränderungspotenzial. Dabei können die Einsatzformen je nach »Siedlungsstruktur, Mobilitätssystem und Nutzer*innengruppen« unterschiedlich sein. Dies geht mit veränderten Anforderungen für »öffentliche Räume, Parkraum-bedarf, Flächensicherung für Hub-Konzepte und Standortwahl von Betrieben und Haushalten« einher (Bruck, 2021; Future.Lab, 2021).

In Bezug auf Österreich besteht ein großes Potenzial in der Nutzung der Digi-talisierung im *Mikro-ÖV*, *Carsharing* und *Ridesharing*. Der Online-Handel und die damit zusammenhängende Logistik haben durch die Pandemie stark zugenommen. »Die Entwicklungsdynamik von Paketmengen in Wien zeigt strukturelle Anforde-rungen auf« (Bruck, 2021). Als weiterführende Frage soll untersucht werden, welche Rahmenbedingungen erforderlich sind, um Risiken wie Zersiedelung oder Verluste des öffentlichen Personennahverkehr in Folge digitaler Mobilitätsangebote zu ver-meiden (Bruck, 2021; Future.Lab, 2021).

Soziale Infrastruktur – In der medizinischen Versorgung bedeutet die Digi-talisierung eine »Dezentralisierung, Flexibilisierung und Individualisierung von Betreuung und Dienstleistungen«. Das bedeutet, es findet eine Verlagerung des Ortes für Behandlungen und der medizinischen Dienstleistung hin zum Patienten statt.

Barrieren können abgebaut werden und Informationen können durch Nach-barschaftsapps zugänglich gemacht werden und damit Teilhabe verstärkt werden. Verschiedene digitale Apps, wie »Gemeinde-Apps, Stadtteilblogs und Nachbarschafts-plattformen [können] als Katalysatoren für Vernetzung und lokale Identifikation« genutzt werden. Der gebaute Raum verliert nicht an Bedeutung, sondern Formen der Hybridität nehmen zu. »Hybride Netzwerke der Nachbarschaft und des sozialen Aus-tausches« nehmen zu, beispielsweise in Form von Nachbarschaftstreffs oder kollektiv Kiosk. In Österreich ist ein Potenzial der Digitalisierung in der Bildung hervorzuhe-ben. Formen des *Blended-Learnings* sollen auch in Zukunft genutzt werden. Dadurch kann die Lehre individualisiert werden, sowie die Übersichtlichkeit von Lernzielen und -Inhalten unterstützt werden. Demgegenüber stehen jedoch auch Risiken der »sozialen Verarmung, der langsameren Inhaltsvermittlung« und der Ausweitung der sozialen Schere (Bruck, 2021).

Wohnen – Durch die Digitalisierung entstehen »neue Modelle der kurzfristigen Ver-mietung und Wohnformen longterm flexible stay«. Die Auflösung der »räumlichen Trennung zwischen Wohnen, Arbeiten und Produktion« führt zur Zunahme von multilokalen Lebensstilen, die sich auf den Wohnungsmarkt auswirken, aber auch neue Anforderungen an Wohnungstypen und einen höheren Wohnflächenkonsum mit sich bringen. In Österreich besteht ein deutlicher Unterschied zwischen den Bundesländern in der Anzahl der für *Home-Office* geeigneten Arbeitsplätze. Und letztes Jahr (2020) gab es einen deutlichen Anstieg von 90% der Zweitwohnsitze in österreichischen Kommunen, was auf eine verstärkte Multilokalität hindeutet (Bruck, 2021; Future.Lab, 2021).

Infrastruktur und Netze – Die »erwarteten Potenziale der Internetanbindung und der digitalen Vernetzung« bestehen in der Erhöhung der Lebensqualität, Wettbe-werbsfähigkeit und der Energie und Ressourceneffizienz. Damit sind Veränderungen für den »Ausbau, Lehrverrohrung und die Infrastrukturfolgekosten« verbunden. Ein Beispiel für die digitale Infrastruktur sind Smart-Grids, die als integrierte Netzwerke die Energieeffizienz durch Verminderung der Verbrauchsspitzen ermöglichen und sektorenübergreifend organsiert sind (Bruck, 2021). In Österreich liegt die »Anzahl der Festnetzanschlüsse mit ultraschnellem Breitband« wesentlich unterhalb des EU-Durchschnitts (Bruck, 2021; Future.Lab, 2021).

Tourismus und Kulturlandschaft – Digitalisierung bewirkt eine Veränderung in der räumlichen Wahrnehmung und einen »Wandel des touristischen Erlebnisses«. Hier entsteht die Chance, neue lokale Organisationsmodelle durch die Verbindung lokaler Angebote und Dienstleistungen mit touristischen Aktivitäten zu schaffen, wie lokaler Nahrungsmittelproduktion und dessen Vertrieb. Dadurch entstehen zudem neue Formen der Hybridität, beispielsweise hybride Freizeit-Modelle, aber auch der zunehmende Wunsch nach internet-freiem Rückzug. Eine Initiative des Bundesministeriums für Landwirtschaft, Regionen und Tourismus ist der Plan-T, ein Masterplan für Tourismus, in dem Ziele wie 1) attraktives Umfeld für Betriebe, 2) Relevanz der Branche einer breiten Öffentlichkeit vermitteln und c) mehr Nachhaltigkeit im Tourismus fördern. Dazu könnte die Digitalisierung einen relevanten Beitrag leisten. In Wien ist die Kurzzeitvermietung durch Airbnb innerstädtisch konzentriert, was Verdrängungseffekte der Wiener Bevölkerung verursacht (Bruck, 2021; Future.Lab, 2021).

Zusammenfassend werden die Herausforderungen für die Raumentwicklung dargestellt. »Räumliche Funktionen sind zunehmend hybrid und zeitlich flexibel«, während sich »räumlich-funktionale Bezüge verflüssigen« (Bruck, 2021). Die Hybridität, als Verbindung zwischen Analogem und Digitalem, schafft einen Bedarf für die Herstellung und Gestaltung räumlicher Schnittstellen. Zudem werden »Wohnort- und Standortdynamiken« beobachtet, welche weitere Auswirkungen auf die »Siedlungsentwicklung und Wohnungsmärkte, Infrastrukturbedarf und lokale Wirtschaft« haben. Die Digitalisierung führt zum »Wandel der Zentrenfunktionen und Bedeutungsanstieg der gezielten Nutzungsmischung und der Aufenthaltsqualität«. Damit hängt der Bedarf an »Vervielfältigung der Nutzungsanforderungen in öffentlichen Räumen zusammen« (Bruck, 2021; Future.Lab, 2021).

## Einzelaspekte mit räumlichem Zusammenhang der Digitalisierung

Auch die Einzelaspekte Flächenkonkurrenz, Nutzungsmischung, digitale Simulation und Energieraumplanung zeigen nicht nur die Relevanz, sondern auch zeitgenössische Ausprägungen einer Digitalisierung mit räumlichen Folgen auf.

Flächenkonkurrenz in Bezug auf Mobilität und Öffentlicher Raum
Viele der Potenziale, die durch die Digitalisierung im Raum entstehen, stehen in Bezug zu dem Themenfeld der Mobilität (Engelke et al., 2019; Soike et al., 2019). Dabei geht es nicht nur darum, technische Lösungen zu finden, um Verkehrssysteme zu optimieren, sondern vor allem darum, den Stadtraum zu qualifizieren. Wie Degros und Cleene (2013) im Buch *Brussels Reconquers its outdoor space* beschrieben, haben

sich die Veränderungsprozesse im Straßenraum über die letzten zwei Jahrzehnte deutlich weiterentwickelt. Während zu Beginn der Fokus auf die Verbesserung des Verkehrsnetzes lag, verlagert sich die Zielrichtung hin zur Schaffung von Begegnungsorten (Degros und Cleene, 2013).

Doch nicht nur in Brüssel, sondern weltweit wird das Fahrrad als nachhaltige, bezahlbare und gesundheitsfördernde Mobilitätsform genutzt. Zudem können vielerorts die notwenigen Fahrradinfrastrukturen nur umgesetzt werden, wenn Verkehrsflächen vom motorisierten Verkehr zugunsten der aktiven Mobilität weichen. Daraus ergeben sich Flächenkonkurrenzen, die es auszuhandeln gilt, um die Möglichkeiten und Qualitäten, die das Radfahren für die Stadt und ihre Lebensqualität bietet, ausschöpfen zu können (Bendiks und Degros, 2019).

Die dafür notwendige Neuverteilung des öffentlichen Raums ist davon abhängig, wie die Prioritäten gesetzt werden. Höchste Priorität muss es haben, die Lebensqualität im Stadtraum zu erhöhen, anstatt die bisher dominierenden Kräfte der Wirtschaft oder des motorisierten Individualverkehrs gelten zu lassen, erklären Bendiks und Degros.

Um diese Prioritäten zu formulieren, haben einige Städte bereits Leitfäden für die Gestaltung des öffentlichen Raums erstellt, um eine nachhaltigere Stoßrichtung für die Aufteilung des Raums unter allen seinen Nutzer*innen zu entwickeln (Bendiks und Degros, 2019).

In dieser Betrachtung werden Verkehrsströme, wie Fußgängerinnen, Radfahrer und Fahrzeuge einbezogen, wobei die Verkehrsplanung nicht mehr der bestimmende Faktor ist. Beispielsweise kann, wie im Vademekum für den öffentlichen Raum Brüssel beschrieben, die Straßennutzung im Schulumfeld nach Tageszeiten organisiert sein, sodass Fußgänger*innen und Radfahrer*innen tagsüber Vorrang haben und der motorisierte Individualverkehr auf die Phasen ohne schulische Nutzung beschränkt wird (Bendiks und Degros, 2019). Das ist ein gutes Beispiel dafür, wie die Flächenkonkurrenz zeitlich gelöst werden kann.

Ein gutes Beispiel dafür, wie Städte mit ihrem öffentlichen Raum und Fragen von Raum und Gesellschaft umgehen, liefern Madanipour et al. (2013) in *Public Space and the Challenges of Urban Transformation in Europe*. Vor dem Hintergrund der Covid-19-Pandemie scheint es besonders wichtig zu verstehen, wie Kommunen ihre öffentlichen Räume verstehen und mit ihnen umgehen, um die Gesundheit der Menschen, aber auch wirtschaftliche Kräfte, soziale Normen und kulturelle Erfahrungen zu fördern (Madanipour et al., 2013).

Doch auch der regionale Maßstab benötigt gesonderte Beachtung. Hier gilt es die Chancen der Digitalisierung zu nutzen, um eine territoriale Gerechtigkeit zu fördern und die Zugänglichkeit zu unterschiedlichen Ressourcen und Infrastrukturen – digitale, soziale, verkehrliche, wirtschaftliche, oder natur- und freizeitbezogene – zu ermöglichen, zu qualifizieren und zu sichern (Degros und Schwab, 2019).

Nutzungsmischung

Die Digitalisierung zeigt bereits jetzt (2021) kleinräumige Veränderungen in der Nutzungsmischung in Großstädten (Engelke et al., 2019; Soike et al., 2019). In »Die Rolle von Nutzungs- und Gebäudetypologien in urbanen Transformationen« beschreibt Neppl (2016), dass sich die Transformationsprozesse in der Stadt auf unterschiedlichen Maßstäben abzeichnen. Während die stadtrelevanten Disziplinen kleinräumige Nutzungsmischung und qualitative Grünräume fordern, entstehen zunehmend »uniforme Großstrukturen und schlecht nutzbare öffentliche Räume« (Neppl, 2016, S. 113; 2021; Stadt Karlsruhe und Neppl, 2015).

Neppl (2017) argumentiert weiter, dass noch vor Jahren die mitteleuropäische Stadt als abschließend gebaut galt. Doch es kann beobachtet werden, dass sich Städte in Folge des technologischen Fortschritts und der ökonomischen Dynamiken in einem deutlichen Wandel befinden. Als weitere Faktoren sind noch veränderte Wohnformen durch den demografischen Wandel, die Klimaanpassung und der »ökologischen Stadtumbau« zu nennen. (Neppl, 2017)

Dieser Wandel der Städte muss geplant werden. Vor allem Großstädte versuchen die Stoßrichtung ihrer Entwicklung durch Leitbilder zu erfassen, um qualitativen Lebensraum für die Menschen zu bieten und den zukünftigen Lebensweisen gerecht zu werden (Neppl, 2021; Stadt Karlsruhe und Neppl, 2015). Doch auch im ländlichen Raum wird die digitale Transformation zunehmend sichtbar (Lobeck, 2017). Dabei können digitale Werkzeuge wie *Geoinformationssystem* zu einer zügigen »Annäherung an das Idealentwurfsschema als Grundlage für die konkrete räumliche Planung« beitragen (Berchtold, 2016; Engelke, 2017; Mirkes et al., 2019, S. 10; Zeile et al., 2020).

Urbane Simulation

Digitalbasierte Methoden dienen dazu, einerseits einen Überblick zu gewinnen, über unterschiedliche Themenbereiche Einblick zu bekommen, aber auch dazu, einen Ausblick auf denkbare Zukünfte zu erhalten, um daraus eine Haltung zur Handlung zu bekommen. Doch die fortschreitende Digitalisierung nicht nur der Planungsprozesse, sondern auch der konkreten Raumnutzung stellt eine Herausforderung der stadtrelevanten Disziplinen dar (Voigt, 2021).

Auch die Methoden der Planung durch digitale Modelle verändern sich zunehmend, wie Zeile (2010) in Fortentwicklung von Visualisierungs- und Simulationsmethoden in der städtebaulichen Gestaltungsplanung beschreibt. Darüber hinaus eröffnet die Digitalisierung neue Möglichkeiten in der Echtzeitplanung für die städtebauliche Gestaltungsplanung. Sie erleichtert des Weiteren die Kommunikation und das Verständnis im Austausch mit Akteuren im Laufe des Abstimmungsprozesses (Zeile, 2010; Zeile et al., 2020).

Doch solche Prozesse, wie Echtzeitplanung und *Geoinformationssystem*-Anwendungen, bringen weitere Fragestellungen mit sich, wie beispielsweise die Frage nach den städtischen Daten, die durch Sensoren und anderen Technologien in der Stadt ermittelt werden. In der Diskussion um »Smart City« muss auch der Frage nachgegangen werden, was Städtebau und Stadtplanung leisten können, um die Stadt der Zukunft nicht nur intelligent, sondern auch lebenswert zu machen (Exner, 2014).

Energieraumplanung

Ein Ansatz in Österreich ist im Zuge der neuen Möglichkeiten der Digitalisierung die Energieraumplanung. Durch sie sollen die Ziele der Energiewende mit räumlichen Entwicklungszielen kombiniert werden.

Energieraumplanung kann dazu beitragen, durch strukturelle Energieeffizienz und durch die Energievermeidung von Stadt- und Siedlungsstrukturen die effiziente Nutzung von Energie zu erhöhen (Stöglehner et al., 2013).[11]

»Energieraumplanung ist jener integrale Bestandteil der Raumplanung, der sich mit den räumlichen Dimensionen von Energieverbrauch und Energieversorgung umfassend beschäftigt.« (Stöglehner et al. 2014, S. 12)

Stöglehner et al. sagen weiter, dass die Raumplanung für die Energiewende entscheidend sein kann,

»da sowohl Energieverbrauch als auch die Nutzung erneuerbarer Energiequellen erheblich von Raumstrukturen beeinflusst werden. Energieversorgungstechnologien zur Energiegewinnung, Energieverteilung sowie Energiespeicherung können umfangreiche Raumansprüche, Umweltfolgen und Nutzungskonflikte mit sich bringen. Damit sind zwei wesentliche Pfeiler für ›Energieraumplanung‹ determiniert, nämlich erstens die Senkung des Energieverbrauchs durch ›strukturelle Energieeffizienz‹, u.a. die Herstellung von Energieverbrauch vermiedenen Raumstrukturen (zum Beispiel Vermeidung von Mobilität). Zweitens kann die Versorgung mit erneuerbaren Energieträgern unterstützt werden, indem etwa erneuerbare Ressourcen geschützt und Flächen für erneuerbare Energiegewinnung freigehalten werden (zum Beispiel Vermeiden von Zersiedelung und übermäßigem Flächenverbrauch).« (Stöglehner et al., 2013, S. 7)

Im derzeit noch laufenden (2021) Forschungsprojekt Energy City Reinighaus 2020 wird im Kontext der »Smart City« Graz nach möglichen Lösungen für die Entwicklung lebenswerter, thermisch komfortabler und energieeffizienter Quartiere gesucht. Die inhaltlichen Schwerpunkte für den Stadtraum liegen auf der stadtstrukturellen Energieeffizienz und dem Beitrag der urbanen Freiräume. Die Aufgaben des Instituts für Städtebau, TU Graz, ist einerseits die Analyse von Planungsinstrumenten in Hinblick auf ihre Bedeutung für die Energieeffizienz, aber auch die Entwicklung und Analyse von Bebauungs- und Freiraum-Szenarien für die Entwicklung des Grazer »Smart City« Gebiets als ein räumlich energieeffizientes Quartier mit hoher Lebensqualität (Degros und Schwab, 2018).

Experimenteller Urbanismus

Einige Autor*innen deuten die Digitalisierung in Form der »Smart City« als experimentellen Urbanismus, der durch neue urbane Praktiken neue Räume hervorbringt. (Evans et al., 2016; Raven et al., 2019; Scholl und Kemp, 2016). Joss et al. (2019) argumentieren, dass aus dem Konzept der »Smart City« durch das Aushandeln von Raum eine aktiv handelnde Stadtgesellschaft entsteht.

»This acknowledges the importance of the ›Smart City‹, like other grand urban visions, having to ›negotiate with the spatiality and the geography of place‹ (Harvey, 2000: 179–180), through which the ›unbound‹ conceptual Smart City becomes the ›bounded‹ enacted Smart City.« (Joss et al., 2019, S. 5)

In diesem Kapitel wurde das Konzept »Smart City« detailliert beleuchtet, seine Bezüge im Begriffsnetzwerk aufgezeigt und die kulturellen Rahmenbedingungen dargelegt. Es lässt sich feststellen, dass die Diskussion um »Smart City« nicht wie erwartet mit der

Diskussion zur Digitalisierung verbunden ist. Daher wird die weitere Untersuchung konkret anhand spezifischer Technologien vertieft. Internationale Good-Practice-Beispiele zeigen, dass soziale Inklusion und Teilhabe, Nutzungsmischung und eine hohe Attraktivität des öffentlichen Raums, *Multimodale Mobilitätskonzepte*, sowie Ressourcen-Kreisläufe, Klimaneutralität und Biodiversität wesentliche Aspekte in »Smart City«-Quartieren darstellen.

## Expert*inneninterviews

Abschließend werden die deduktiven Ergebnisse der deskriptiven Ergebnisdarstellung zusammengetragen und Aspekte der Raumwirksamkeit von Technologien zusammenfassend und vergleichend beschrieben. Diese Ergebnisse wurden durch eine erweiterte Exploration erhoben. Die drei folgenden Unterabschnitte zeigen die Ergebnisse der Expert*inneninterviews der drei »Smart City« Standorte, Hamburg, Wien und Graz auf. Die Interviewten stehen mit ihrer subjektiven Haltung und Einschätzung im Zentrum und können nicht als institutionelle Vertreter verstanden werden. Obwohl die drei Expert*innenkreise der »Smart City«-Quartiere jeweils ein unterschiedliches Maß an Beispielen und Argumenten für die Raumwirksamkeit von Technologien aufführen, kann festgestellt werden, dass alle Expert*innen mindestens an einem Beispiel eine direkte oder indirekte räumliche Wirkung von Technologie beschrieben haben.

Hamburg – Zusammenfassung Expert*inneninterviews

Bei den Expert*innen zum Standort Hamburg haben alle vier die Kernbereiche Mobilität, Umwelt und Prozess angesprochen. Auffällig ist, dass alle vier Expert*innen zusätzlich das Thema der Robustheit, als Qualität von »Smart City«-Entwicklungen, zur Sprache bringen, obwohl es nicht Teil der Leitfadenoberthemen war.

Knieling von der HafenCity Universität argumentiert, dass der Einsatz von Technologien in großen Quartiersentwicklungen zum Standard geworden ist, unabhängig davon, ob es ein »Smart City«-Projekt ist oder nicht. Er bringt Themen der Ökonomisierung, Überwachung und Verantwortung ein und äußert sich zu Themen der Robustheit, Raumqualität und Forschung. Er zeigt die größte Bandbreite an Themen unter allen Interviewpartner*innen auf. Bezüglich der Raumwirksamkeit von Technologien führt er an, dass *smartes* Abfallmanagement räumliche Qualitäten im öffentlichen Raum schaffen kann, dass automatisiertes Fahren zur Flächenrückgewinnung beitragen kann, was ebenso räumliche Vorteile mit sich bringt. Auf der anderen Seite sagt er, dass sich *smarte Quartiere* und konventionelle Quartiere räumlich nicht unterscheiden, da die eingesetzten Technologien meist als Infrastruktur unter der Erde und somit nicht sichtbar sind, wie beispielsweise Energieversorgung, oder Wassertechnologien (Knieling, 2020).

Auch Christiaanse als Vertreter der Praxis thematisiert die Verantwortung und Robustheit. Als einziger führt er den Aspekt der Produktion in das »Smart City«-Thema ein. Aus der Sicht des Praktikers sagt er, der Stadtraum sollte aus der Überlegung heraus entworfen werden, wie sich Menschen durch Technologie bedingt anders im Raum bewegen oder verhalten. Der Einfluss der Technologie dürfe nicht im Vordergrund stehen. Christiaanse ist der Meinung, dass digitale Technologien neue Mobilitätsangebote wie das Radverleihsystem ermöglichen und dadurch indirekt eine Veränderung im Stadtraum bewirken. Er argumentiert weiter, dass die Technologie meist indirekt durch das menschliche Verhalten und durch »neue Angebote« räumlich wirksam wird. So könne »progressiv digitale Technologie« eine räumliche Transformation bedingen (Christiaanse, 2020).

Auch die Sozialgeografin Strüver stellt den Menschen in den Mittelpunkt ihrer Überlegungen und betont neben den drei Kernaspekten die Themen Gemeinschaft und leistbares Wohnen. Im Sinne der Robustheit ist sie der Meinung, dass intrasektorale und transdisziplinäre Planung von Beginn an gewährleistet sein muss, damit eine smarte Stadtentwicklung gelingt. Sie stellt die räumliche Auswirkung von E-Mobilität und *E-Carsharing* als Teilbereiche des »Smart City«-Konzeptes in Teilaspekten als Risiko dar. Die nicht stationsbasierten Autoflotten können zu einer Steigerung des motorisierten Individualverkehrs bei Kurzstrecken führen. Auch im Bereich Umwelt argumentiert sie, dass »Smart City«-Projekte die Absicht verfolgen, nachhaltig und ökologisch zu sein, aber die ganzheitliche Ökobilanz der Technologien negativ ausfällt. Die Raumwirksamkeit von Technologien sieht sie ähnlich wie Christiaanse darin, dass ein smartes System die Art und Weise, wie sich Menschen in der Stadt bewegen und den Stadtraum nutzen, verändert (Strüver, 2019).

Bruns-Berentelg und sein Assistent Gilliard von der HafenCity Hamburg GmbH bringen die Themen Forschung, Datenschutz und ebenfalls Robustheit ein. Weiterhin äußern sie sich zu Inhalten wie Partizipation, Verantwortung, Politik. Sie sind der Auffassung, dass eine intelligente Stadt das Vermögen besitzen sollte, Technologien, die in Zukunft entwickelt werden, in ihren Strukturen zu integrieren, zu antizipieren und flexibel auf Systemänderungen zu reagieren (Bruns-Berentelg und Gilliard, 2020).

Zur Raumwirksamkeit führen sie eine wichtige Sichtweise auf und sagen, dass Technologien zwar im Raum sichtbar sind, jedoch die räumliche Auswirkung vieler Technologien nicht für jede*n erkennbar ist, da dafür ein Grundverständnis für die Zusammenhänge im Städtebau und der Stadtplanung nötig ist. Er und sein Assistent führen wenige konkrete Beispiele der Raumwirksamkeit auf, die jedoch sehr kleinmaßstäblich sind und entweder Innenräume oder einzelne Stadtobjekte betreffen. Sie sagen, dass Raumwirksamkeit von Technologien an keinem Projekt in Europa exemplarisch ablesbar ist. Konventionelle Stadtplanung jedoch, die urbane Qualitätskriterien, wie hohe Dichte, Nutzungsmischung, Resilienz und Flexibilität hervorbringt, kann später mit der technischen Weiterentwicklung Flächengewinne durchbringen. Sie argumentieren am Beispiel von Sensoren im Straßenraum für automatisiertes Fahren, dass die Sichtbarkeit von Technologien im Stadtraum mit der technischen Weiterentwicklung zurückgehen wird (Bruns-Berentelg und Gilliard, 2020).

Alle Expert*innen zum Standort Hamburg haben beschrieben, dass Technologien räumliche Auswirkungen haben. Jedoch benennen nur manche von ihnen explizit räumliche Wirkungsweisen.

Wien – Zusammenfassung Expert\*inneninterviews

Die Themenschwerpunkte unter den Interviewpartner\*innen aus Wien unterscheiden sich deutlich. Während Reicher von der RWTH Aachen und Hinterkörner von der Entwicklungsgesellschaft Wien 3240 Mobilität, Umwelt und Prozess als Grundaspekte aufführen, fokussiert sich Vlay aus der Sicht der Praxis auf Inhalte zu Mobilität, Umwelt und Raumqualität. Er betont den Gemeinschaftsgedanken und erläutert, dass eine »Smart City« sozialintegrative Stadträume hervorbringen muss, in denen Menschen gerne Zusammenleben und in denen ein gutes soziales Klima herrscht. Vlay stellt heraus, dass die Planung von »Smart City«-Quartieren beim räumlichen Grundgerüst beginnen muss. Dazu zählen wesentliche *smarte* konzeptionelle Entscheidungen. Ein Konzept ist unter anderem dann *smart*, wenn die aktive Mobilität Zugang im Quartier bekommt und die passive Mobilität am Quartiersrand bleiben muss. Die Priorisierung der aktiven Mobilität macht ein Quartier *smart* und wird es räumlich verändern. Photovoltaik an Fassaden sind neben nachhaltigen Mobilitätskonzepten prägend für die räumliche Gestaltung und Veränderung durch Technologien. Vlay beschreibt weiterhin, dass die Energiegewinnung über Photovoltaik-Zellen in manchen Fällen im Verhältnis zur städtebaulichen Dichte gesetzt wird und die Technologie dadurch die räumliche Dichte bestimmt. Ein wesentlicher Aspekt ist für ihn, dass in manchen Fällen die räumliche Auswirkung einer Technologie, wie beispielsweise der Windkraft, geo-lokal verschoben ist. Ihre Produktion der Energie findet in der Landschaft statt und ist dort räumlich wirksam und nicht im konsumierenden Quartier (Vlay, 2020).

Auch Reicher geht als Schwerpunkt auf die räumlichen Aspekte ein und konstatiert, dass Planung nur gelingen kann, wenn der Stadtraum nicht auf Grundlage von möglichen Entwicklungen und Technologien aufgeteilt wird und somit mehr Flächenbedarf entsteht, sondern er Technologien nutzt, um Flächen einzusparen. Sie ist der Auffassung, dass Raum und Technologien möglichst früh gemeinsam gedacht werden müssen, da sich Technologien auf die Programmierung und die Dimensionierung von Stadträumen auswirken. Digitale Technologien können durch innovative Konzepte der Bewegung »eine Rückgewinnung vom öffentlichen Raum mit sich bringen«, sagt sie. Reicher führt Nutzungsüberlagerungen als *smartes* räumliches Merkmal auf. Flächen werden gleichzeitig zur Energieproduktion und als Freizeitfläche genutzt. Das kann den Flächenverbrauch reduzieren. Jedoch schildert sie auf der anderen Seite, dass Technologien in der Vergangenheit auch zu räumlichen Problemen geführt haben und diese nicht beheben konnten. Sie warnt davor, dass städtebauliche Planungen auf Grundlage von bestimmten Technologien, die getestet werden, auszurichten. Diese Technologien müssen kritisch in ihrem Entwicklungsfortschritt hinterfragt werden (Reicher, 2020).

Hofstetter, als Vertreter der Verwaltung in Wien, bleibt bei den Themen Mobilität, Prozess und Partizipation. Für ihn zeichnen sich »Smart City«-Quartiere nicht nur durch Technologie aus, sondern hauptsächlich durch städtebauliche Planung und Vernetzung. Hofstetter ist der Meinung, dass Technologien meist unsichtbar wirken, wie die technologischen Innovationen in der Energieversorgung mit *Mikro-Grids*, die jedoch keine räumliche Wirkung haben. Er nennt wenige indirekte Auswirkungen von Technologien, wie die Kühlwirkung der »Biotop City Wienerberg«,

bei der das Ziel, die hineinströmende Luft um zwei Grad zu senken, angestrebt ist
Wie diese Abkühlung erreicht wird, ist nicht oberirdisch physisch sichtbar, aber sie
wirkt indirekt. Ein weiterer indirekter Effekt ist, dass der technologische Einsatz für
bestimmte Bewohner*innen-Gruppen interessant ist, wie beispielsweise für Bau-
gruppen. So können Technologien nicht direkt räumlich wirksam sein, oder indirekt
über die soziale Komponente eine räumliche Wirkung entfalten. Die Mitgestaltung
der Bürger*innen in Form von Partizipation kann durch digitale Technologie erleichtert werden, so dass Technologien dazu beitragen, dass die Lebensqualität und das
Zusammenleben gestärkt werden (Hofstetter, 2020).

Auch Hinterkörner führt die ganzheitliche Planung und umfassende Forschung
als Merkmale für »Smart City«-Entwicklungen an und betont die *Bestellerqualität*. Die
Besteller*innen müssen durch klare Zielvorgaben Qualitäten definieren, die in der
Planung umgesetzt werden sollen, sagt er. In Wien war es bislang unklar, ob E-Ladestationen im öffentlichen Raum oder auf Baufeldebene errichtet werden sollen. Hinterkörner argumentiert, dass gute Stadtentwicklung durch den Qualitätsanspruch
immer *smart* ist. Im Allgemeinen zeigt er sich eher skeptisch, ob sich Technologien
direkt auf den Raum auswirken. Wie Vlay schildert auch er den Zusammenhang zwischen räumlicher Dichte und Energieproduktion. In Paris wurde die Bebauungsdichte
erhöht, um eine kritische Abnehmer*innendichte zu erreichen, damit ein bestimmtes
Energiesystem realisiert werden kann. Das sei ein räumlich sichtbarer Aspekt, der
durch Technologie bedingt wird. Als konkretes räumliches Beispiel sagt er einerseits,
dass die Reduktion der motorisierten Mobilität und vor allem der Mobilitätsbedarfe
im Allgemeinen *smart* ist, aber auf der anderen Seite beruht *smarte*, im Sinne von
technologie-gestützter Mobilität auf einer fairen Flächenverteilung im Straßenraum
und das ist räumlich wirksam (Hinterkörner, 2019).
Nicht alle Expert*innen zum Standort Wien vertreten die Meinung, dass Technologien räumliche Auswirkungen haben. Jedoch schildern alle von ihnen indirekte
räumliche Auswirkungen, welche Technologien mit sich bringen.

### Graz – Zusammenfassung Expert*inneninterviews

Alle vier Experten greifen die Themen Mobilität und Umwelt auf, und alle
vier treffen Aussagen zum Prozess. Grabner von der TU Graz – Vertreter der Wissenschaft – bringt den Aspekt von Big Data hinein und macht eine wesentliche Aussage zur
fortschreitenden Digitalisierung. Er stellt heraus, dass die »Smart City«-Entwicklung
nicht abflachen wird und daher die stadtgestaltenden Disziplinen lernen müssen
damit umzugehen und die »Deutungshoheit für sich behalten« (Grabner, 2019, pos. 75).
Grabner schildert, dass der öffentliche Raum durch zusätzliche Mobilitätsangebote
wie E-Skooter oder *Bikesharing* gefüllt wird und zusätzlichen Flächenbedarf mit sich
bringt. Er sieht im automatisierten Fahren die Möglichkeit für eine räumliche Transformation vor allem in ländlichen Gebieten. Weiter beschreibt er, dass *multimodale*
Knoten, die auf digitalen Anwendungen oder Bildschirmen basieren, den Stadtraum
verändern. Ähnlich wie Hofstetter argumentiert er, dass digitale Beteiligungsformate
zur Mitbestimmung und Mitgestaltung eingesetzt werden können und dass dadurch
der Stadtraum indirekt verändert werden kann. Auf der anderen Seite führt er mehrere
Beispiele von Projekten an, die bei organisierten »Smart City«-Fachexkursionen in

Europa als Leuchtturmprojekte vorgestellt wurden, die zwar eine räumliche Verän-derung verursacht haben, jedoch keinen erkennbaren Technologieanteil haben und somit aus seiner Sicht nicht als Argument dienen können (Grabner, 2019).

Ranegger betont als Vertreter aus der Praxis, dass Technologie nicht als Selbst-zweck verstanden werden darf und in einem »Smart City«-Quartier nur als unsicht-bares Hilfsmittel dienen sollte. Das Ziel sollte sein, die Stadträume zu qualifizieren. Er geht besonders auf die Themen Raumqualität und Robustheit im »Smart City«-Quartier ein und thematisiert die Finanzierungsprozesse durch Investor\*innen und die politische Verantwortung als Kernaspekte für das Gelingen eines »Smart City«-Quartiers. Ranegger sieht das größte Transformationspotenzial der Technolo-gien im Bereich der Mobilität. *Smarte*, technologie-gestützte Verkehrsmaßnahmen verändern die Stadt, beispielsweise durch *Mobility as a Service* Konzepte. Er erwähnt das Potenzial von sensor-basierten Tunnelbohr-Robotern, die die Instandsetzung von Infrastrukturen effizienter machen. Im Allgemeinen beschreibt er jedoch, wie Hinterkörner und Hofstetter, hauptsächlich gute Stadtentwicklung, die durch ihre hohen räumlichen Qualitätsstandards als *smart* verstanden wird (Ranegger, 2019).

Damit die »Smart City«-Entwicklungen nicht durch eine lange Umsetzungs-dauer veralten, müssen sie nach Pernthaler – Vertreter der Praxis und Wirtschaft – dau-ernd an aktuelle Entwicklungen angepasst werden. Um das zu ermöglichen, muss der Prozess offen gestaltet sein, betont er. Eine möglichst hohe Flexibilität, im Sinne der Adaptierbarkeit und Robustheit, hält er für wesentlich in der Entwicklung von »Smart City«-Quartieren. Durch Moderation und Verhandlungen muss der Prozess zielorientiert organisiert werden, damit vielfältige Stakeholderschaften mit teilweise konfligierenden Interessen begleitet werden. Pernthaler ist der Ansicht, dass techno-logische Entwicklungen in der Mobilität durch *E-Carsharing* oder automatisiertes Fahren das Stadtbild in Zukunft wesentlich verändern werden. Er argumentiert, dass Technologie als gestalterisches Element dienen kann. Wie Vlay sagt er, dass die Gestaltung mit Einsatz von Technologie dadurch den öffentlichen Raum prägen und verändern kann. Er führt die Nutzungsverdichtung als Argument an und beschreibt, wie mithilfe von Apps für *Mobility as a Service* oder durch privat genutzte Nachbar-schaftsapps gemeinschaftliche und öffentliche Räume mehrfach genutzt werden können, wie beispielsweise die Nutzungsverdichtung eines Parkplatzes durch unter-schiedliche Nutzer\*innen im Tagesverlauf. Pernthaler hebt hervor, ähnlich wie Bruns-Berentelg und Gilliard, dass Technologien nur dann zu einer positiven räumlichen Veränderung führen können, wenn das räumliche Grundgerüst robust ist und die Quartiersentwicklung eine gute, nachhaltige Stadtentwicklung ist (Pernthaler, 2019).

Kai-Uwe-Hoffer, aus der Verwaltung, sieht auch einen Schlüssel für das Gelin-gen eines »Smart City«-Projektes im Prozess. Eine seiner Kernaussagen ist, dass zu Beginn des Prozesses der Raumbedarf für die gewünschte Infrastruktur zielorientiert reserviert werden muss, um räumliche Qualitäten in »Smart City«-Quartieren sicher-zustellen. Er hebt die Definierung der »Smart City«-Zielsetzung als ein wesentliches Merkmal guter »Smart City«-Entwicklungen hervor und beschreibt die Qualität einer ganzheitlichen Planung, die einen robusten Stadtraum erzeugt, sowie die Raum-qualität als wichtige Faktoren. Dazu müssen Forschung, Gesetzgebung und Politik zusammenwirken und die Rahmenbedingen schaffen, wie beispielsweise geeignete

Instrumente, damit »Smart City«-Quartiere gelingen können. Hoffer ist zurückhaltend mit Beispielen der räumlichen Auswirkung von Technologien. Er beschreibt jedoch am Beispiel von Graz, dass durch den motorisierten Individualverkehr ein Großteil der Fläche im öffentlichen Raum beansprucht wird und nur etwa ein Fünftel durch die aktive Mobilität. Hier besteht ein großes Umverteilungspotenzial, das sukzessive implementiert werden muss. Dazu können technologische Innovationen helfen, um diese Umverteilung zu bewerkstelligen (Hoffer, 2020).

Dabei werden nun aus Expert*innen-Sicht Potenziale, Chancen, aber auch Risiken von Technologien in Bezug auf den Stadtraum beschrieben. Die Grazer Experten sind weitgehend reserviert bezüglich der Raumwirksamkeit von Technologien. Sie äußern teilweise Bedenken, nennen jedoch auch wenige Beispiele für direkte und indirekte räumliche Effekte von Technologien.

# Fotoessay

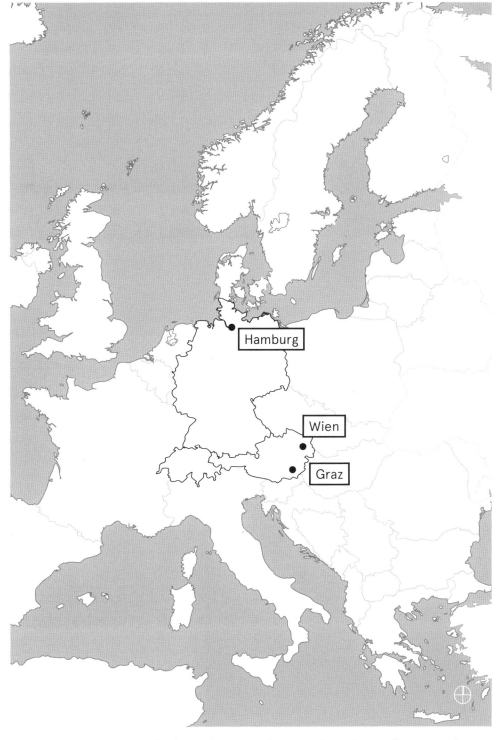

▶9    Untersuchte Quartiere: Hafencity Hamburg, Seestadt Aspern Wien und Smart City Waagner Biro
Graz. *Quelle: Eigene Darstellung*

# Hamburg

▶10    Dichte zurückgestufte Bebauung an der Wasserkante mit öffentlicher Promenade am Wasser. *Quelle: Eigene Aufnahme*

▶11    Begrünter Trennstreifen, straßenbegleitende Baumreihen und Fahrradstreifen. *Quelle: Eigene Aufnahme*

▶12 Robuste Hafenpromenade mit hoher Aufenthaltsqualität. *Quelle: Eigene Aufnahme*

▶13 E-Fahrzeuge haben Sonderrechte. *Quelle: Eigene Aufnahme*

▶14 Aktive Erdgeschosse und attraktiver öffentlicher Raum. *Quelle: Eigene Aufnahme*

▶15 Autonomer Logistik-Roboter mit Elektroantrieb für eine dezentrale Paketverteilung. *Quelle: Eigene Aufnahme*

▶16 Bikesharing-Station an Bushaltestelle vor der HCU. *Quelle: Eigene Aufnahme*

▶17 Big Belly Abfalleimer meldet sensorbasiert den Füllstand. *Quelle: Eigene Aufnahme*

▶18 Terrassierung des öffentlichen Raums zum Wasser. *Quelle: Eigene Aufnahme*

▶19   Spielplatz im Innenhof. *Quelle: Eigene Aufnahme*

▶21   Parkanlage öffnet sich zum Elbufer. *Quelle: Eigene Aufnahme*

▶20   Autofreier Öffentlicher Raum mit Aufenthaltsqualität. *Quelle: Eigene Aufnahme*

▶22   Wasserbus kann auf der Straße oder als Fähre im Wasser fahren. *Quelle: Eigene Aufnahme*

Wien

▶23  Autonomer Bus der Seestadt in der Testphase. *Quelle: Eigene Aufnahme*

▶24  Grünstreifen mit Sträuchervielfalt entlang des Rings. *Quelle: Eigene Aufnahme*

▶25  Nutzungsoffenheit und Aneignung im Straßenraum. *Quelle: Eigene Aufnahme*

▶26  Logistik Mikro-Hub zur Weiterverteilung per E-Lastenrad. *Quelle: Eigene Aufnahme*

▶27  Kontinuierliche Grünstreifen und punktuelle Hochbeete. *Quelle: Eigene Aufnahme*

▶28  Halböffentliche, gemeinschaftliche Innenhöfe und grüne Pergola auf Dachflächen. *Quelle: Eigene Aufnahme*

▶29  Großzügiger, robuster, nutzungsoffener Platz. *Quelle: Eigene Aufnahme*

▶30    Wasser und angelegter Naturraum für Freizeitaktivitäten. *Quelle: Eigene Aufnahme*

▶31    Individuelle Architektursprache der Gebäude ohne erkennbare gemeinschaftliche Grundsätze. *Quelle: Eigene Aufnahme*

▶32    Nachbarschaftliche Spielplätze in Hinterhöfe und keine Abgrenzung der privaten Gartenbereiche.
       *Quelle: Eigene Aufnahme*

▶33    Versickerungs- und Retentionsflächen im
       Straßenraum. *Quelle: Eigene Aufnahme*

▶34    Lastenradsharing-Station der Seestadt
       Aspern. *Quelle: Eigene Aufnahme*

▶35    Bikesharing-Station an der Metro, als Teil
       des multimodalen Knotens. *Quelle: Eigene
       Aufnahme*

▶36    Digital-basierte Regulierung der
       Durchfahrtmöglichkeit in Anliegerstraßen.
       *Quelle: Eigene Aufnahme*

# Graz

▶37 Photovoltaik-Zellen (Grätzelzellen) als Fassadengestaltung am Science Tower. *Quelle: Eigene Aufnahme*

▶38 ÖPNV-Haltestelle mit Echtzeitinformationen vor der Listhalle. *Quelle: Eigene Aufnahme*

▶39 Studentenwohnheim mit gastronomischem Angebot und Außenterrasse. *Quelle: Eigene Aufnahme*

▶40 Science Tower als Orientierungspunkt im Gebiet. *Quelle: Eigene Aufnahme*

▶41 Schulvorplatz und Zwischennutzung. *Quelle: Eigene Aufnahme*

▶42   Begrünte Durchwegung des Quartiers. *Quelle: Eigene Aufnahme*

▶43   Quartiersmanagement und Zwischennutzung. *Quelle: Eigene Aufnahme*

▶44    Querverbindungen und Vernetzung nach Westen. *Quelle: Eigene Aufnahme*

▶45    Großteile des Quartiers noch in Entwicklung. *Quelle: Eigene Aufnahme*

▶46    PV-Fassade der Helmut List Halle und am Science Tower. *Quelle: Eigene Aufnahme*

▶47    Schichtung und hoher Nutzungsmix mit Veranstaltungshalle, Schule und Gewerbeflächen in der Erdgeschosszone. *Quelle: Eigene Aufnahme*

# Typenbildung der Raumwirksamkeit

8. Komplexe Zusammenhänge zwischen Typen und andere Kategorien

7. Analyse der Zusammenhänge von Typen und sekundären Informationen

1. Bestimmen von Sinn, Zweck und Fokus der Typenbildung

6. Beschreibung der Typologie, der einzelnen Typen und vertiefende Fallinterpretationen

**Forschungsfrage**

2. Auswahl der relevanten Dimensionen, Bestimmung des Merkmalsraums

5. Zuordnung aller Fälle zu den gebildeten Typen

4. Bestimmung des Verfajrens der Typenbildung, Konstruktion der Typologie

3. Codieren bzw. Recodieren des ausgewählten Materials

▶48  Generelles Ablaufschema qualitativer Inhaltsanalysen. *Quelle: Eigene Darstellung basierend auf Kuckartz, U. (2016). Qualitative Inhaltsanalyse. Methoden, Praxis, Computerunterstützung (5. überarbeitete Auflage)*

Nachdem mit der Identifizierung von vier verschiedenen Raumeffekten gezeigt werden konnte, wie sich Technologien räumlich auswirken, wird in diesem Kapitel der weiterführenden Forschungsfrage nachgegangen, auf welche Art und Weise sich die Technologien im Raum auswirken. Die Typenbildung dient als Strategie, um die Datensätze der leitfadengestützten Expert*inneninterviews typologisch zu untersuchen, um in der qualitativen Untersuchung von Einzelfällen, die isoliert und singulär für sich stehen, Verallgemeinerungen zu finden und diese weiter strukturgebend ordnen zu können.

Bei der methodischen Typenbildung handelt es sich um *nomothetische Realtypen*. Die hier gebildeten nomothetischen oder künstlichen Typen beruhen auf Merkmalen, die mit Hilfe eines Merkmalsraums gefasst werden. Dadurch werden die Typen durch mindestens zwei Merkmale beschrieben. Für die sogenannte künstliche Typologie ist es charakteristisch, dass unterschiedliche Elemente, welche einem Typ angehören, alle die gleichen Merkmale aufweisen müssen. Die Typenbildung wird anhand eines Quadranten mit *dichotom* ausgeprägten Merkmalen vorgenommen (Kuckartz, 2006) (▶48).

Mit der ersten Typenbildung der Raumwirksamkeit wird zunächst untersucht, welche Technologien eine Raumwirksamkeit zeigen. Während mit der zweiten Typenbildung, der Wirkungsweise von Technologien, die Frage nach der Art und Weise geklärt werden soll, wie sich die Technologien im Stadtraum auswirken. Nach diesen Forschungsfragen richtet sich der Merkmalsraum, beziehungsweise Quadrant.

Die Zuordnung von Technologien zu Typen ist *probabilistisch*. Das bedeutet, dass die Merkmale jedes Typs mit einer gewissen Wahrscheinlichkeit vorliegen, jedoch nicht mit Sicherheit vorliegen müssen. Als Gütekriterien dienen Reflexion, Dokumentation und methodische Kontrolle der Typenbildung.

Zunächst wird die Raumwirksamkeit digitaler und analoger Technologien in einem Quadranten typisiert. Es entstehen die vier Technologie-Typen: a) Digitale Technologie mit Raumwirksamkeit, b) Digitale Technologie ohne Raumwirksamkeit, c) Analoge Technologie mit Raumwirksamkeit und d) Analoge Technologie ohne Raumwirksamkeit.

Nachdem durch die Expert*inneninterviews ermittelt wurde, dass die meisten Technologien raumwirksam sind, muss die Frage geklärt werden, auf welche Art und Weise sie räumlich wirken. Um dies zu untersuchen, dient eine zweite Typisierung der direkten und indirekten Raumwirksamkeit von Technologien im Quadranten. Hierbei werden die vier Typen gebildet: a) Direkte räumliche Auswirkung von Technologien, b) Direkte nicht-räumliche Auswirkung von Technologien, c) Indirekte räumliche Auswirkung von Technologien und d) Indirekte nicht-räumliche Auswirkung von Technologien.

Die hier aufgeführten Codes sind eine Auswahl und haben keinen Anspruch auf vollständige Wiedergabe aus der Analyse in der Software MaxQDA. Die umfassende Zusammenführung aller in der Untersuchung vergebenen Codes zu allen Interviews können im gesonderten Datenanhang angesehen werden.

Digitale Veränderungen im Raum – Es lässt sich feststellen, dass die Technologien im Bereich Mobilität im Vergleich zu den Technologien im Bereich Umwelt nahezu doppelt so häufig genannt werden. Das heißt durch Mobilität wird eine stärkere Veränderung des Stadtraums von den Expert*innen wahrgenommen. Dabei wird ein deutlicher Teil der räumlichen Veränderung im öffentlichen Raum durch den motorisierten Individualverkehr verursacht. Wie Degros und Bendiks in ihrem Buch *Traffic Space is public space* darstellen, ist heutzutage ein Großteil des öffentlichen Raums durch Verkehrsflächen und Stellflächen des motorisierten Individualverkehrs belegt (Bendiks und Degros, 2019). Diese Gegebenheit eröffnet das Potenzial der räumlichen Transformation des Stadtraums durch alternative, digital-gestützte Formen der Mobilität (Reicher, 2020). Darüber hinaus sind nahezu alle technologie-basierten Umwelt-Veränderungen im Raum ausschließlich positiv, während die Technologien im Bereich der Mobilität oft sowohl positive als auch negative Auswirkungen auf den Stadtraum haben können.

Qualitative Auswertung – Die quantitativen Auswertungsergebnisse der Typenbildung-Codierung zeigen, dass beide Typenbildungen, Raumwirksamkeit digitaler und analoger Technologien, sowie die Typenbildung direkte und indirekte Raumwirksamkeit, eine vergleichbare Nennungsdichte aufweisen, mit insgesamt 169 Codierungen für die Raumwirksamkeit und 146 Codierungen für die Wirkungsart. Innerhalb der Typenbildung Raumwirksamkeit hat sich gezeigt, dass die meisten digitalen Technologien eine Raumwirksamkeit aufweisen (85 zu 19 Nennungen). Auch die analogen Technologien haben eine deutliche Raumwirksamkeit (50 zu 15 Nennungen).

Bei der Typenbildung der Wirkungsart präsentiert sich ein ähnlich eindeutiges Bild. Hier dominieren die räumlichen Veränderungen, die durch die indirekte

Auswirkung von Technologie erzeugt werden. Bei der räumlichen Wirksamkeit ist festzustellen, dass sowohl die direkten Auswirkungen von Technologien (53 zu 14 Nennungen) als auch die indirekten Auswirkungen (69 zu 10) überwiegend raumwirksam sind. Mit diesem Bewusstsein der technologischen Raumfolgen muss die Gestaltung und Planung von Stadtraum umgehen oder sich diese bestenfalls zunutze machen.

Raumwirksamkeit digitaler und analoger Technologien – Die in den Interviews genannten digitalen Technologien, die keine Raumwirksamkeit haben, sind ausschließlich quantitativ. Sie dienen dazu, die Effizienz der Stadt als System zu erhöhen oder den Nutzungskomfort der Menschen zu steigern. Zudem werden fast alle dieser digitalen Technologien ohne Raumwirksamkeit positiv bewertet. Ausnahmen bilden die *Urban Data Platform* und die Sicherheitssysteme, welche im Sinne des Datenschutzes kritisch gesehen werden. Auffällig ist weiterhin, dass sich nahezu alle digitalen Technologien ohne Raumwirksamkeit im Bereich Umwelt eingliedern und nur eine der genannten Technologien, das *Sharing-Konzept* für Lastenräder, im Bereich Mobilität. Bei der Raumwirksamkeit von analogen Technologien überwiegen hingegen die Technologien im Bereich der Mobilität. Eine zentrale Rolle spielt der motorisierte Individualverkehr, unabhängig davon, ob er mit Verbrennungsmotor oder mit elektrischem Antrieb funktioniert. Im Bereich der Umwelt werden vermehrt analoge Technologien der Energieerzeugung geschildert, die sich alle zwar räumlich auswirken, jedoch nicht am Ort des Energieverbrauchs. Alle erwähnten analogen Technologien ohne Raumwirksamkeit beziehen sich auf Energie-Verarbeitung oder -Speicherung, Ressourcenverarbeitung und Daten-Infrastrukturen. Es wurden keine analogen Technologien im Bereich der Mobilität beschrieben.

Direkte und indirekte Raumwirksamkeit – Ein Schwerpunkt der direkten räumlichen Auswirkungen von Technologien auf den Stadtraum lässt sich im Bereich der Mobilität feststellen. Dabei stehen *Sharing-Konzepte* und E-Mobilität im Vordergrund der Betrachtung. Es werden überwiegend positive Auswirkungen auf den Raum beschrieben. Im Bereich Umwelt sind vorrangig Technologien der Energiegewinnung und des Abfallmanagements für die direkte Auswirkung auf den Stadtraum relevant. Fast alle Argumente für direkte Auswirkungen von Technologien, die jedoch nicht räumlich wirksam sind liegen im Potenzial Ressourceneinsparung, beispielsweise von Energie oder Wasser. Auch die Verringerung von $CO_2$-Emissionen kann durch den Einsatz von Technologien erzielt werden. Es ist zu bemerken, dass ausschließlich Technologien im Bereich Umwelt eine direkte, jedoch nicht räumliche, Auswirkung erzielen. Bei den indirekten Auswirkungen von Technologien im Raum überwiegen die räumlichen Veränderungen im Bereich Mobilität wieder deutlich in Vergleich zur Umwelt. Den größten indirekten Einfluss auf den Raum hat die Veränderung des Bewegungsverhaltens der Menschen erzielt. Eine deutliche physische Veränderung ist die Nutzungsverschiebung und die Nutzungsflexibilität im Stadtraum, welche durch Technologien begünstigt wird. Und die vierte dominante Raumwirkung ist die Entlastung des Verkehrs durch *smarte* Logistik. Im Bereich Umwelt wird die räumliche Veränderung mit der stärksten Ausprägung durch die Einflussnahme auf räumliche Entscheidungsprozesse ausgelöst. Ein zweites inhaltliches Cluster bildet die technologie-gestützte *Schwammstadt*, welche sich räumlich indirekt auf den Stadtraum auswirkt. Die Mehrzahl der aufgeführten Argumente für die indirekte Wirkung von

Technologien, die keine räumliche Veränderung im Stadtraum auslöst, könnten – abhängig vom Ziel und von der Art und Weise wie die Technologie eingesetzt wird – potenziell einen indirekten räumlichen Effekt haben.

Zusammenfassend konnte aus den Ergebnissen der Typenbildung Raumwirksamkeit gezeigt werden, dass sowohl digitale als auch analoge Technologien im Bereich Mobilität eine deutlich höhere Raumwirksamkeit haben als die Technologien im Bereich Umwelt. Das größte Potenzial zur räumlichen Veränderung wird in der Flächenrückgewinnung durch alternative digital-gestützte Mobilitätsangebote gesehen. Digital-basierte räumliche Veränderungen im Bereich Mobilität können sowohl negative als auch positive Ausprägungen haben. Im Bereich Umwelt konnten hingegen in dieser Untersuchung ausnahmslos positive räumliche Auswirkungen festgestellt werden. Digitale Technologien ohne Raumwirksamkeit betreffen nur den Bereich Umwelt und sind quantitativer Art. Sie dienen der Optimierung des Systems Stadt. Die Ergebnisse der Typenbildung Wirkungsart haben gezeigt, dass die größte direkte räumliche Veränderung im Bereich Mobilität liegt. Technologien in *Sharing-Konzepten* und E-Mobilität bilden den Schwerpunkt. Ein nachrangiges räumliches Veränderungspotenzial liegt im Bereich Umwelt durch Technologien zur Energiegewinnung und des Abfallmanagements. Indirekte räumliche Veränderungen im Stadtraum stellen Potenziale oder Risiken dar. Die größte indirekte räumliche Veränderung liegt im Bereich Mobilität und geht auf ein verändertes Bewegungsverhalten der Menschen im Stadtraum zurück. Die markanteste indirekte, aber physische Veränderung ist die Nutzungsverschiebung im öffentlichen Raum. Die indirekte Auswirkung von Technologie kann potenziell langfristig räumlich wirksam werden.

# Raumwirksamkeit von digitalen und analogen Technologien

In beiden Teilbereichen, Mobilität und Umwelt, lassen sich sowohl quantitative als auch qualitative Veränderungen im Stadtraum durch Technologien nachweisen. Diese Raumwirksamkeiten können Quartiere jeweils positiv aber auch negativ verändern. Sowohl digitale als auch analoge Technologien haben einen Einfluss auf Mobilität und Umwelt in der Stadt. Technologien haben einen »Einfluss auf die Programmierung von Nutzungen, auf die Dimensionierung von Bewegungsräumen, von Verkehrsräumen«, sagt Reicher (2020, pos. 42–43).

Definition und Abgrenzung Raumwirksamkeit von digitalen und analogen Technologien – Als raumwirksam wird eine Technologie verstanden, die eine temporäre oder dauerhafte für Menschen sichtbare, räumliche Veränderung im physischen Stadtraum (nicht in Innenräumen) verursacht. Dies gilt unabhängig davon, ob es in der Stadt oder im ländlichen Raum passiert. Beispielsweise können durch ein breites *Carsharing*-Angebot Menschen vom Eigentum eines Personenkraftwagens absehen, sodass der Stellplatzbedarf in der Straße verringert wird und die freigewordenen Flächen anders genutzt werden können.

Eine Technologie ist nicht raumwirksam, wenn sie nach ihrer Installation die oben beschriebene Veränderung im Raum nicht aufzeigt und dadurch nicht sichtbar wirksam ist. Als Beispiel kann ein Elektrokabel dienen, das zwar eine physische Komponente hat und bei der Montage sichtbar ist, aber unterirdisch verlegt wird und damit nicht mehr im Stadtraum sichtbar ist. Dazu zählt auch eine Überwachungskamera, die zwar im Stadtraum sichtbar ist, aber keine räumliche Veränderung bewirkt.

## Digitale Technologie – raumwirksam[12]

Flächenbedarf erhöhen und verringern

Technologien wie das automatisierte Fahren könnten sich auf negative Art und Weise räumlich auswirken, indem sie zusätzliche Flächen im öffentlichen Raum beanspruchen, statt den Flächenbedarf für motorisierte Mobilität zu reduzieren, erklärt Reicher (2020). Auch das *E-Carsharing*, wie beispielsweise in Hamburg mit einer großen *free-floating* Autoflotte, kann sich räumlich negativ auswirken und zu einer deutlichen Steigerung des motorisierten Individualverkehrs auf den Strecken unter fünf Kilometer führen, beschreibt Strüver (2019). In dichten innerstädtischen Bereichen kann es durch E-Mobilität zu einem erhöhten Mobilitätsaufkommen kommen, dies würde räumliche Probleme verstärken. Dadurch könnte der Flächenbedarf für den motorisierten Individualverkehr und für den ruhenden Verkehr wachsen, so betont auch Hinterkörner die negative Auswirkung auf den Stadtraum, sagt Strüver weiter. Auf der anderen Seite kann die E-Mobilität partiell positive räumliche Auswirkungen haben. Im ländlichen Raum kann mit E-Mobilität die erste und *Letzte Meile* an *Hochleistungs-ÖV-Strecken* angeschlossen werden, erklärt Hinterkörner (2019). Auch automatisierte Busse können zur Erreichung der ersten und *letzten Meile* genutzt werden, beschreibt Grabner (2019). Das schafft ein alternatives Mobilitätsangebot zum motorisierten Individualverkehr und kann dazu beitragen, Stellflächen zu reduzieren und sie für die qualitative Nutzung zurückzugewinnen, sagt er.

Nutzungsverdichtung[13]

Es bleibt schwierig, die räumlichen Auswirkungen des automatisierten Fahrens einzuschätzen, da es nicht isoliert betrachtet werden kann, erklärt Hinterkörner (2019). Das automatisierte Fahren wird mit *Carsharing-Konzepten* erweitert werden. Das könnte zu einer Effizienzsteigerung führen, weil mehr Fahrzeuge auf den gleichen Flächen, in Garagen oder im öffentlichen Raum, parken können, erklärt er. Auch Pernthaler (2019) ist der Meinung, dass das automatisierte Fahren den Stadtraum verändern kann, indem die Fahrzeuge nicht im öffentlichen Raum abgestellt, sondern über eine digitale App gerufen werden. Er beschreibt weiterhin, wie eine Nachbarschaftsapp dazu dienen soll, einen Personenkraftwagen-Stellplatz vielfach zu nutzen, indem er vermietet wird. So kann der Wohnungseigentümer*in über Nacht den Stellplatz nutzen und tagsüber an eine*n Arbeitnehmer*in vermieten.

Dadurch entstehen eine Nutzungsverdichtung und Effizienzsteigerung in der Ausnutzung der Flächen. Weiter kann die Nachbarschaftsapp dazu verwendet werden, um Raumressourcen im Quartier, sowohl im Innenraum als auch im Außenraum zu bespielen, erläutert Pernthaler.

Mehrfachnutzung[14]

Die digital-basierten *Sharing-Konzepte*, wie *E-Car-Sharing*, E-Räder oder E-Skooter, jeweils mit der notwendigen Ladeinfrastruktur, reduzieren den motorisierten Individualverkehr, intensivieren aber gleichzeitig die Nutzung des öffentlichen Raums in der Nachbarschaft (Pernthaler, 2019; Hoffer, 2020; Ranegger, 2019). Pernthaler (2019) erklärt weiter, dass mit dem *Carsharing-Konzept* acht Personenkraftwagen durch nur ein *Sharing-Fahrzeug* ersetzt werden können, da die Personenkraftwagen zu 97% der Zeit abgestellt bleiben und nur für kurze Zeit in Verwendung sind. *Sharing-Konzepte* in der Mobilität könnten folglich dazu führen, dass in Großstädten Eigentum von Fahrzeugen, wie Autos, Fahrrädern oder Skootern, massiv zurückgeht und dadurch deutliche räumliche Ressourcen, wie Parkplätze und Kellerräume entstehen, erklärt Knieling (2020). Die Fokussierung auf inter- und *multimodale* Mobilität, wie der *multimodale* Knoten *Täglich Intelligent Mobil* in Graz, der *Carsharing* und *E-Lastenrad-Sharing* beinhaltet, ist in einigen Ländern bei »Smart City«-Entwicklungen zu beobachten (Hoffer, 2020; Grabner, 2019). Durch die gemeinschaftliche Nutzung des Mobilitätsangebotes kann die Anzahl der Personenkraftwagen im öffentlichen Raum verringert werden, stellen beide fest. *Intermodalität* führt zu einer passgenauen und bedarfsgerechten, sowohl räumlich als auch zeitlich effizienten Fortbewegung, sagt Christiaanse (2020). Durch das stationsbasierte *Bikesharing* entstehen an den Stationen *intermodale* Schlüsselpunkte für einen Verkehrsmittelwechsel, erklärt er weiter.

Gleichzeitig kann die Technologie negative räumliche Folgen haben. Technologie-basierte Verkehrsmaßnahmen, wie Gleichschaltung von Ampeln oder Pendler*innen-Informationen, können den Verkehrsfluss in der Stadt verbessern, sagt Ranegger (2019). Auch Bruns-Berentelg und Gilliard (2020) führen die *smarten* Ampelsysteme auf, die wartende Personenkraftwagen registrieren und die Schaltung bedarfsgerecht optimieren. Jedoch kann sich dies räumlich negativ auswirken, wenn die Technologie dazu beiträgt, Verkehrsstaus zu reduzieren und den motorisierten Individualverkehr zu begünstigen, sodass wiederum ein erhöhter Stellplatzbedarf nötig wird, erklären sie.

Wahrnehmung und Orientierung im Stadtraum

Durch die dauerhafte Nutzung von Navigationsapps auf mobilen Endgeräten – anstatt sich mithilfe von Stadtplänen, anhand von wesentlichen räumlichen Merkmalen und Identitätsträgern im Raum zu orientieren – verschlechtert sich die räumliche Orientierungsfähigkeit, sagt Nutz (2019). Das führt dazu, dass sich die Menschen auf die Navigation konzentrieren und dadurch den Stadtraum nicht bewusst wahrnehmen, sagt sie weiter. Strüver (2019) beschreibt, wie das *Bikesharing* in Hamburg niederschwellig mit einer *Sharingapp* funktioniert. Durch die kostenfreie Nutzung in der ersten halben Stunde würde eine kurzweilige Nutzung der Räder angeregt, sagt sie. Das führt zu einem halbstündigen Wechsel des Leihfahrrades bei längeren Distanzen. Dadurch werden einerseits die Räder gut organisiert an Stationen abgestellt und andererseits ändert das die Aufenthaltsdauer an den Stationen. Es reduziert insgesamt die Bewegungsgeschwindigkeit durch den Straßenraum und erhöht dadurch die Wahrnehmung der Stadt, beschreibt auch Ranegger (2019).

Soziale Sicherheit im Stadtraum (Begegnung, soziale Kontrolle)

In Mehrfamilienhäusern werden in den Treppenhäusern Info-Bildschirme mit den Fahrzeiten des öffentlichen Verkehrs angezeigt, beschreibt Grabner (2019). Dies kann dazu führen, dass sich Menschen weniger im öffentlichen Raum, beispielsweise an der Haltestelle, aufhalten und dadurch einerseits die persönlichen Begegnungen reduziert werden und andererseits die soziale Kontrolle im Stadtraum negativ beeinflusst wird. Verkehrsapps für mobile Endgeräte liefern ortsunabhängig Echtzeitinformationen über Abfahrtszeiten der öffentlichen Verkehrsmittel, sagt Strüver (2019). Das erhöht den Nutzungskomfort und bietet Alternativ-Verbindungen, wenn ein Anschluss nicht erreicht werden kann, beschreibt sie weiter. Allerdings führt diese digitale Technologie räumlich dazu, dass die Passagiere nur kurz an den Haltestellen warten. Wie bei den Info-Bildschirmen im Treppenhaus kann es dazu kommen, dass der Stadtraum an Lebendigkeit verliert und die Sicherheit im öffentlichen Raum verringert wird.

Klimasensible Stadt

Klimatologische Maßnahmen, wie intensive Begrünung und versickerungsoffene Oberflächen im öffentlichen Raum, können mithilfe von sensor-basiertem Wassermanagement in ihrer Wirkung verbessert werden, sagt Hoffer (2020). Auch Grabner (2019) beschreibt die sensor-gestützte Bewässerung der Grünflächen im Stadtraum. Durch sie kann die Austrocknung der Grünmasse an heißen Sommertagen vermieden werden und die Bewässerung kann bedarfsgerecht reguliert werden. Das trägt zu klimatischem Komfort im Stadtraum und zur Erhöhung der Aufenthaltsqualität für die Menschen bei. Ein sensor-basiertes Regenwasser-Monitoring misst die Versickerungsfähigkeit und ihre maximale Wasseraufnahmekapazität des Bodens, »um das Regenwassermanagement zu verbessern«, erklärt Christiaanse (2020, pos. 12). Begrünte Dächer sollen zur Regenwasseraufnahme beitragen und Sensoren den Wasserverlauf in Gebäuden erfassen, beschreibt er weiter.

Ferner können Sensoren dazu eingesetzt werden, den Wasserstand im Kanal bei Sturmfluten zu registrieren, erklärt Grabner (2019). Dadurch können rechtzeitig Hochwassermaßnahmen aktiviert werden, um einer Überflutung der Straße vorzubeugen. Ranegger (2019) beschreibt Digital-basierte Tunnelbohr-Roboter. Letztere können mithilfe von Sensoren fossile Rohstoffe einsparen, indem weniger Erdmasse bewegt werden muss, um unterirdische Infrastrukturen zu verlegen oder zu reparieren, sagt er. Bei der Bohrung wird mit geolokalisierten Daten ein *Urban Information Modelling* angelegt, sodass Reparaturen gezielt umgesetzt werden können, so Ranegger. Eine sichtbare räumliche Auswirkung ist, dass die Straße nur punktuell und nur kurzzeitig baustellenbedingt gesperrt werden muss, sagt er weiter.

Raumwahrnehmung

*Smart Lighting* kann über sensor-gestützte Lichtregulierung einer Lichtver-schmutzung in der Stadt entgegenwirken. Es kann jedoch auch zu negativen Effekten im Stadtraum führen, erklärt Pernthaler (2019), indem das Sicherheitsempfinden der Menschen durch die eingeschränkte Einsehbarkeit des Stadtraum beeinträchtigt wird.

Ästhetische Gestaltung

Integrierte Fassadengestaltung mit *Photovoltaik-Anlagen*, als Teil des architek-tonischen Konzeptes, wie bei der Listhalle in Graz, können den Stadtraum ästhetisch verändern, schildert Pernthaler (2019). *Photovoltaik-Anlagen* auf Dächern und Fassaden dienen zur Stromgewinnung. Werden sie als Fassadenelement integriert, können sie ästhetisch raumwirksam werden, sagt auch Hoffer (2020). Durch E-Partizipation kann das Wissen der Bürger*innen in Planungsprozessen einfließen, erklärt Grabner (2019). Dies kann sich indirekt auf die Gestaltung des öffentlichen Raums auswirken und zu räumlichen Veränderungen führen, sagt er.

Reduktion von Ver- und Entsorgungsfahrten

Die Nutzung lokaler Ressourcen, wie Baustoffe für Baustellen, und eine digi-tal-basierte, »smarte« Logistik können die $CO_2$-Emissionen der Baustelle und sowohl Anzahl als auch Entfernung von Ver- und Entsorgungsfahrten reduzieren, argumen-tiert Ranegger (2019). Er beschreibt weiterhin, wie sensor-gestütztes Abfallmanage-ment die Anzahl der Entsorgungsfahrten reduzieren kann. Diese Sichtweise führt auch Nutz (2019) auf. Auch Knieling (2020) sagt, dass der Völlegrad der Container durch Sensoren erfasst wird und der Abtransport »bedarfsgerecht« erfolgen kann. Das reduziert die Zahl der Abfall-Schwerlasttransporte, es reduziert die Emissionen und verbessert die Luftqualität in der Stadt, sagt er weiter.

Barrierefreiheit im öffentlichen Raum

Das sensor-gestützte Abfallmanagement, das Ranegger (2019) beschreibt, kann bei unterirdischen Mülltonnen die Barrierefreiheit im Straßenraum verbessern, indem nur die Einwurfsöffnung oberirdisch auf der Straße steht und der gesamte Inhalt des Abfall-Containers unterirdisch ist. Diesen Punkt schildern auch Bruns-Berentelg und Gilliard (2020) Zur Verbesserung der Barrierefreiheit im öffentlichen Raum kann das induktive Laden von E-Fahrzeugen beitragen, sagt Pernthaler (2019). Es befreit den Gehsteig von Ladesäulen und verbessert dadurch die Zugänglichkeit im öffentlichen Raum.

Digitale Technologie – nicht raumwirksam[15]

Ein *Sharing-Konzept* für Lastenräder in Mehrfamilienhäusern, welches über eine digitale App funktioniert, oder die kollektive Nutzung von Gemeinschaftsküchen oder Gemeinschaftsterrassen, die ebenso über eine App reserviert werden können, basieren zwar auf Digitalisierung, zeigen jedoch keine konkrete Veränderung im

Stadtraum, erklärt Strüver (2019). Sensor-gestütztes Regenwassermanagement oder Steuerung von Bewässerungsanlagen mithilfe von Sensoren zeigen keine direkte räumliche Veränderung, sagt Grabner (2019). Wasserrohrturbinen können in Wasserleitungen der Stadt zur Energieerzeugung eingesetzt werden, beschreibt Hofstetter (2020). Diese Technologie ist in der Versorgungsinfrastruktur verbaut und nicht sichtbar und somit nicht raumwirksam. Hofstetter spricht des Weiteren den Einsatz von sogenannten »smarten« Mircogrids bei der Energieversorgung an, welche Teil der unterirdischen Infrastruktur sind und keine Raumwirkung haben. Auch Vlay (2020) schildert, wie die Fließbewegung der Donau zur Energieversorgung eines ganzen Quartiers eingesetzt wird. Die in Passivhäusern eingesetzten digitalen Technologien, welche im Architektur-Maßstab auf der Gebäudeebene oder auf der Wohnungsebene im Sinne von Smart Home Verwendung finden, haben keine räumliche Wirksamkeit im Stadtraum, beschreiben Hofstetter (2020) und auch Hinterkörner (2019) Energieverbrauchs-Monitoring auf der Wohnungsebene kann zur Nutzungsveränderung der Bewohner*innen dienen, sagt Hinterkörner (2019).

Bürger*innenwissen kann durch E-Partizipation in Veränderungsprozesse einfließen. Dank digitaler Apps können Informationen über Instandsetzungsbedarfe übermittelt werden, sagen Bruns-Berentelg und Gilliard (2020). Ein digitaler Messenger-Dienst, genannt »Seestadt.Bot«, kann Echtzeitinformation über die Seestadt geben, beschreibt Hinterkörner (2019). Über das Internet oder über digitale Apps getätigte digitale Bestellungen für den Supermarkt können den Komfort steigern und Zeit einsparen, erklärt Hinterkörner weiter. Reicher (2020) beschreibt, dass die Nutzung von digitalen Konferenz-Tools durch die Pandemie-Krise stark zugenommen hat. Diese Tools können zur Vermeidung von Mobilitätsbedarfen beitragen, erklärt sie. Somit sind sie ressourcenschonend, ohne dass sie den Stadtraum direkt verändern.

*Urban Information Modelling* oder *Building Information Modelling*-Systeme werden eingesetzt, um die Infrastruktur der Stadt zu planen und zu verwalten, sagen Bruns-Berentelg und Gilliard (2020). Dieses digitale Abbild der Stadt, das durch *Urban Information Modelling* erzeugt wird, kann zur Effizienzsteigerung in Planung oder Instandhaltung beitragen. Es ist nicht physisch räumlich sichtbar und schafft keine reale Veränderung im Stadtraum. Weiterhin können *Urban Data Plattformen* Daten einer Stadt bündeln, um durch Echtzeit-Daten ein Monitoring zu machen, sagen Bruns-Berentelg und Gilliard (2020). Digitale Technologien welche im öffentlichen Raum in Sicherheitssystemen eingesetzt werden, wie Kameras, Licht-, oder Geräuschpegel-Sensoren, sind als Objekte im Stadtraum zwar sichtbar, bewirken jedoch keine direkte räumliche Veränderung, sagt auch Knieling (2020).

Analoge Technologie – raumwirksam[16]

Mobilität

Reicher (2020) erklärt, wie stark Personenkraftwagen den Stadtraum prägen und verändern. In der Covid-19-Pandemie wird deutlich welche Freiraumqualitäten entstehen, wenn der motorisierte Individualverkehr und damit auch der ruhende

Verkehr drastisch reduziert werden, beschreibt Reicher weiter. Sie erklärt, dass durch den technologischen Fortschritt die Personenkraftwagen weniger emittieren, jedoch bleibt der Flächenbedarf unverändert, sodass keine räumliche Lösung zur Reduktion des Flächenbedarfs erzielt werden kann. Sie sagt, dass analoge Technologien wie das Auto »einen Einfluss auf die Programmierung von Nutzungen, auf die Dimensionierung von Bewegungsräumen, oder von Verkehrsräumen beispielsweise haben« (Reicher, 2020, pos. 42–43). E-Ladestation können sowohl auf der Architekturebene in der Sockelzone intergiert werden als auch im öffentlichen Raum geplant werden, erklärt Hinterkörner (2019). Unabhängig von ihrer Lage, ob auf privatem oder auf öffentlichem Grund, ist die Ladestation ein zusätzliches Element im Stadtraum und verändert diesen räumlich, aber auch akustisch. *Carsharing* Systeme mit E-Antrieb für Autos, Räder, oder Skooter schaffen ein Alternativangebot zum motorisierten Individualverkehr. *Sharing-Konzepte* in der Mobilität tragen mit der entsprechenden Ladeinfrastruktur zur räumlichen Veränderung bei, erklärt Pernthaler (2019).

Strüver (2019) beschreibt die Verbindung des Bezahlsystems für den *Park&Ride*-Parkplatz mit dem Fahrschein des öffentlichen Nahverkehrs und des *Bikesharing*-Angebots. Diese kombinierte Zugänglichkeit ermöglicht eine veränderte Wahrnehmung und Nutzung des Stadtraums, sagt Strüver. Eine Zustellung der Online-Bestellung vom Supermarkt per E-Lastenrad kann zwar nicht die Nachbarschaftshilfe ersetzen, sagt Strüver, trägt jedoch zur Senkung der Emissionen im Quartier bei.

Umwelt

Reicher (2020) nennt auch »technologische Errungenschaften«, wie Atomkraft, Energieerzeugung, Braunkohlegewinnung, die zu Problemen geführt haben. Zu Teilen haben diese Technologien zu kritischen, räumlichen Veränderungen, wie »Löcher mit Grundwasserabsenkung und riesigen Umweltschäden«, geführt (Reicher, 2020, pos. 63). Andererseits kann mit Wasserstofftechnologie in kleinen dezentralen Kraftwerken durch Sonnen- und Windenergie Treibstoff für die Mobilität erzeugt werden. Vlay (2020) argumentiert, dass diese Kraftwerke zwar räumlich nichts verändern, aber indirekt sehr viel bewirken können. Vlay beschreibt weiter, dass manche Technologien, wie beispielsweise Windräder, die Stadt mit Energie beliefern können, jedoch entsteht diese Energie für das Quartier in der Landschaft dort, wo die Windräder aufgestellt sind. So kommt es zu einer räumlichen Veränderung, die jedoch eine geolokale Verschiebung aufweist, sagt er.

Analoge Technologie – nicht raumwirksam[17]

Technologische Lösungen, wie $CO_2$-arme Zementproduktion, $CO_2$-arme Produktion von Stahl oder Hochhäuser aus Holz, werden durch die Weiterentwicklung von Technologien ermöglicht, sagen Bruns-Berentelg und Gilliard, (2020). Eben diese Technologien sind wesentlich für eine resiliente Transformation der Stadt, sagen sie, obwohl sie nicht digital und in der Stadt nicht direkt räumlich wirksam sind. »Da spielen Technologien, traditionelle, moderne, zum Beispiel Elektrostahlöfen und vieles andere mehr, eine Kombinationsrolle bei der Produktion von Stadt.«, sagen Bruns-Berentelg und Gilliard (2020, pos. 36). Auch Nutz (2019) erwähnt Energieprojekte der »Smart City« Aspern Gesellschaft, zu denen Erdwärmespeicher gehören. Diese Technologie ist weder direkt digital, noch sichtbar. Energiekonsumierende und gleichzeitig -produzierende Gebäude benötigen lokale Transformatoren-Stationen, erklärt Hinterkörner (2019). Analoge Energiesysteme oder Wassertechnologien, so Knieling (2020), können die Effizienz in Quartieren erhöhen. Wenn die Infrastrukturen nicht offen liegen, sondern unterirdisch verlaufen oder in Gebäude intergiert sind, sind sie nicht raumwirksam. Die Art der Informationssysteme in Gebäuden, aber auch in der Stadt, verlagert sich von analogen Installationen – wie Kabel, die als »Fixierung in Gebäude« verlegt sind – hin zu einer digitalen Infrastruktur, mit der kontakt- und kabellos Informationen abgerufen werden können (Bruns-Berentelg und Gilliard, 2020; Christiaanse, 2020).

# Direkte und indirekte Raumwirksamkeit von Technologien

## Direkte Auswirkung – raumwirksam[18]

Sharing Konzepte

Stationsbasiertes *Bikesharing* im öffentlichen Raum beansprucht Flächen, welche ebenso den Fußgänger*innen gewidmet sein könnten. Das führt zu Konflikten, die moderiert werden müssen, erklärt Hoffer (2020). *Bikesharing* ist einerseits als Flotte im Stadtverkehr wahrnehmbar und andererseits durch die Stationen als Objekt im Straßenraum. Dementgegen gibt es die nicht stationsbasierten, free-floating Mobilitätsangebote mit dem *Sharing-Konzept*, wie E-Skooter. Damit diese nicht die Bewegungsabläufe im Straßenraum stören, greifen Metropolen regulativ ein, um die Skooter-Schwärme räumlich zu organisieren (Hinterkörner, 2019; Nutz, 2019; Pernthaler, 2019; Grabner, 2019; Strüver, 2019; Knieling, 2020).

Der *multimodale* Knoten (das *Täglich Intelligent Mobil* aus Graz) besteht aus *Sharing-Fahrzeugen*, Taxis, Tramhaltestellen, Radstellplätzen, *Lastenrad-Sharing* und *Transporter-Sharing*, sagen Hoffer (2020) und Grabner (2019). Auch Nutz (2019) und Knieling (2020) stützen inhaltlich diese Aussage. Abgesehen von den parkenden Leih-Fahrzeugen, wird die *intermodale* Haltestelle räumlich nur mit einer digitalen Infosäule markiert. In Europa ist das Ziel, über digitale *Sharing-Angebote* die Dominanz des motorisierten Individualverkehrs drastisch zu reduzieren und die zurückgewonnenen Flächen als zusätzliche Grünflächen mit klimatischen Effekten und hoher Gestaltungsqualität zu nutzen (Hoffer, 2020; Vlay, 2020; Grabner, 2019; Ranegger, 2019; Bruns-Berentelg und Gilliard, 2020; Knieling, 2020). Durch Sammelgaragen und *Carsharing* kann der Straßenraum frei von motorisiertem Individualverkehr gedacht und zu einer *Slow-Motion Straße* (mit 10km/h Begrenzung) werden, welche somit nicht nur zum Fahren oder Gehen genutzt werden kann, sondern ganz neue Programme aufnehmen kann, erklärt Vlay (2020). Jedoch kann *Carsharing* auch zu einer Zunahme des Verkehrsaufkommens führen, sagt Strüver (2019), weil E-Fahrzeuge ein nachhaltiges Image haben und innerstädtisch niederschwellig verfügbar sind. Die große Flotte im *free-floating* System hat dazu geführt, dass die Menschen aus Bequemlichkeit für unter fünf Kilometer-Distanzen das *Carsharing* anstelle anderer aktiver Mobilitätsformen gewählt haben, so Strüver. Chip-basierte digitale Zugangssysteme für Tiefgaragen wirken sich auf den Raum im Quartier aus, sagen Bruns- Berentelg und Gilliard (2020). So kann privates *Carsharing* mit Stellplätzen in Tiefgaragen funktionieren, aber auch die *Carsharing-Flotte* ist nicht auf Stellflächen im öffentlichen Raum angewiesen, erläutern sie weiter.

E-Mobilität (Erhöhung des Stellplatzbedarfs)
Hinterkörner (2019) beschreibt, wie die E-Mobilität in der Stadt zu einer Erhöhung des Mobilitätsaufkommens führen kann. Dadurch würden die räumlichen Probleme, wie Verkehrssicherheit oder Stellplatzbedarf im öffentlichen Raum verstärkt. (Hinterkörner, 2019; Knieling, 2020) Hinterkörner erklärt weiter, dass die Planungs-Instanz und -Kompetenz des Straßenraums aus Sicht des motorisierten Verkehrs gedacht und durch Richtlinien und Vorschriften den Stadtraum stark prägt wird. Der Stellplatzbedarf im öffentlichen Raum wird durch digital-gestützte Mobilitätskonzepte, mit Schwerpunkt auf alternative Mobilitätsformen, verringert, sagt Hinterkörner. Christiaanse (2020) erklärt, dass die E-Mobilität zur Verlegung von Leerkabeln in Gebäuden führt, um die Stellplätze nachträglich zu E-Ladestationen machen zu können. So wird die Infrastruktur vorbereitet und der Zuwachs an E-Mobilität antizipiert, sagt Christiaanse.

Automatisiertes Fahren (Flächenrückgewinnung)
Weiter schildern Hinterkörner (2019) und Nutz (2019), dass durch automatisiertes Fahren der Raum in Garagen beispielsweise effizienter ausgenutzt werden kann, so dass statt 300 Fahrzeuge dann 450 Platz hätten. Autonomes Fahren kann zu Flächenrückgewinnung führen, erklärt Knieling (2020). Autonome Busse sind aktuell (2020) im Testlauf. Sie bewegen sich auf einer bestimmten Route und halten an bestimmten Haltestellen, jedoch ohne Fahrplan, schildern Hinterkörner (2019) und Grabner (2019). Perspektivisch sollen sie jedoch ohne Haltepunkte funktionieren und die Fahrgäste individuell absetzen. Dadurch würden öffentliche Haltestellen als Sammelpunkte und als überdachte Wartebereiche obsolet. Das automatisierte Fahren und die induktiven Ladestationen werden die Straßenräume verändern (Pernthaler, 2019; Knieling, 2020).
Digital-gestützte Optimierung der Logistik – Die Warenlogistik wird die Stadt verändern, vor allem wenn »physisches Material« transportiert werden muss, weil sich die Prozesse der Bestellung, der Lieferung und der Handhabung stark wandeln, erklärt Christiaanse (2020).

Energieerzeugung

Windräder, die zur Stromerzeugung für die Stadt aufgestellt werden, sind als Objekte in der Landschaft sichtbar und prägen den Landschaftsraum in seinem Charakter langfristig (Vlay, 2020; Grabner, 2019). Nutz (2019) plädiert für mehr Sichtbarkeit der Energieproduktion, um den Energiebedarf räumlich wahrnehmbar und den Nutzer*innen ihr Konsumverhalten bewusst zu machen. Auch sie ist wie Vlay (2020) der Meinung, dass Energieproduktion die Stadt, aber vor allem den ländlichen Raum, verändern wird (Nutz, 2019). Hoffer (2020) sagt, dass *Photovoltaik-Anlagen*, zur lokalen Energiegewinnung als Fassadenelement eingesetzt werden. Die *Photovoltaik-Zellen* können die Wirkung der Gebäude im Stadtraum verändern (Vlay, 2020; Pernthaler, 2019). Die »Grätzelzelle« ist eine *Photovoltaik-Zelle*, die bedruckbar ist. Damit kann sie als Fassadengestaltungselement eingesetzt werden und die Erscheinung des Gebäudes im Stadtraum prägen, erklärt Pernthaler (2019). Auch Grabner (2019) unterstützt diese Sichtweise. Vlay (2020) erklärt, dass die städtebauliche Dichte im Falle von Nullenergie- oder Plusenergie-Quartieren in Abhängigkeit von der Technologie, in diesem Fall von der Solartechnologie, bestimmt wird. Hierbei wird der Zusammenhang zwischen Energiekonzept und städtebaulicher Dichte deutlich (Vlay, 2020; Hinterkörner). Um bestimmte Energieversorgungslösungen wirtschaftlich umsetzen zu können, wird beispielsweise in Paris die Abnehmerdichte durch eine Erhöhung der Bebauungsdichte nachjustiert, erklärt Hinterkörner (2019).

Abfallmanagement

Pneumatische Abfallsysteme auf Quartiersebene befreien den Stadtraum von Oberflächen-Müll-Containern und vermeiden den Schwertransport des Abholverkehrs (Hinterkörner, 2019; Grabner, 2019; Bruns-Berentelg und Gilliard, 2020). Durch sensor-gestützte Abfall-Anlagen im Unterflursystem wird der öffentliche Raum von großen Müll-Containern freigeräumt (Ranegger, 2019; Bruns-Berentelg und Gilliard, 2020; Knieling, 2020).

Digitale Simulation

Simulationen mit *Virtual Reality*-Brillen von Projektplanungen, mit welchen die Straßenräume virtuell erlebbar gemacht werden, dienen als digitales Werkzeug, um die räumliche Wirkung zu überprüfen (Nutz, 2019).

Direkte Auswirkung – nicht raumwirksam[19]

Energieautarkie

Energieversorgung mit *Mikro-Grids* ist eine technologische Innovation in der Seestadt, erklärt Hofstetter (2020). Durch die lokale Versorgung im Stromnetz wird ein räumlich begrenzter Stadtbereich gespeist, sodass kein direkter Anschluss zum allgemeinen Stromnetz nötig ist. Vlay (2020) beschreibt, wie ein Wasserkraftwerk an der Donau als Energielieferant für ein naheliegendes Quartier genutzt werden kann. Durch den Energietransfer kann das ganze Quartier mit Energie versorgt werden, ohne dass zusätzliche Energiequellen nötig sind, sagt er weiter. Hinterkörner (2019) schildert, dass die Bahnstadt Heidelberg als ganzer Stadtteil im Passivhaus-Standard gebaut ist. Die Gleichzeitigkeit der Energieproduktion und des Energieverbrauchs im Quartier hat Auswirkungen auf die Transformatoren-Stationen, erklärt Hinterkörner. Bruns-Berentelg und Gilliard (2020), sagen, dass die Vernetzung verschiedener Infrastruktur- und Versorgungsträger der Stadt Hamburg beispielsweise eine dezentrale Energieversorgung schaffen kann. Ebenso können dadurch die Flächen für Entsorgung verändert werden, erklären sie weiter. Vlay (2020) argumentiert, dass LED-Leuchten, die durch lokal erzeugten Strom mit *Photovoltaik-Anlagen* versorgt werden, zur Energieautarkie im Quartier beitragen können.

Veränderung im Verbraucherverhalten
Energieverbrauchs-Monitoring kann dazu beitragen, dass die Nutzer*innen ihr Energieverbrauchsverhalten ändern und bewusster mit dem Verbrauch umgehen, sagt Hinterkörner (2019). Die »Smart City« Seestadt Gesellschaft setzt technologische Energieprojekte wie Erdwärmespeicher oder Monitoring Systeme ein, erklärt auch Nutz (2019).

Auflösung der physischen Infrastruktur
Die Kabel für die Versorgung der Informationssysteme mit digitalen Daten werden immer kompakter und zunehmend *wireless*. Durch diesen kabellosen Informationsaustausch wird die »Fixierung« der Infrastruktur im Gebäude obsolet (Bruns-Berentelg und Gilliard, 2020; Christiaanse, 2020).

$CO_2$-Reduktion durch technologischen Fortschritt
Zu einer nachhaltigen Stadttransformation kann der technologische Fortschritt Lösungen beitragen, beispielsweise durch $CO_2$-arme Zementproduktion, $CO_2$-arme Produktion von Stahl oder durch die Herstellung von Hochhäusern aus Holz, sagen Bruns-Berentelg und Gilliard (2020).

Steigerung der Versorgungseffizienz
Energie kann dank technologischem Einsatz in der Versorgung eingespart werden. Auch im Bereich der Wasserversorgung können neuere Technologien zu einer Ressourceneinsparung führen, erklärt Knieling (2020).
Die Energieeffizienz kann durch Maßnahmen wie »die direkte Nutzung von Wind- und Solarenergie im Quartier, energieeffiziente Bauweisen bis hin zum Positiv Plus Energiehaus« erhöht werden (Knieling, 2020, pos. 21). Nicht zuletzt soll die Technologie *Smart Home* den Komfort und die Lebensqualität der Bewohner*innen durch den Einsatz von Bewegungsmeldern oder Sensoren steigern, sagt Knieling weiter.

Veränderung im Bewegungsverhalten

Knieling (2020) führt Technologien für das Betreiben von städtischen Überwachungssystemen auf. Sie können eine Verhaltensänderung der Menschen im Stadtraum bewirken, indem sie beispielsweise aus Datenschutzgründen Orte mit einem hohen Überwachungsgrad meiden.

Durch technologie-gestützte Klimaanpassungsmaßnahmen wird die Aufenthaltsqualität im Quartier erhöht und damit das Bewegungsverhalten der Menschen im Stadtraum beeinflusst, sagt Hofstetter (2020). Die Orientierungsfähigkeit im Stadtraum und die Wahrnehmung der Umgebung werden durch die intensive Nutzung von Navigationsapps verschlechtert, argumentiert Nutz (2019) Durch die zielgerichtete Wegeführung können prägende Stadträume und sichtige Informationen im Raum übersehen werden. Die Wegeführung richtet sich oft nach der Effizienz und nicht nach der Stadtraumqualität und Aufenthaltsqualität. Grabner (2019) beschreibt Info-Bildschirme mit Anfahrtszeiten des öffentlichen Personennahverkehrs, die in Treppenhäusern von Mehrfamilienhäusern eingesetzt werden. Sie können eine Auswirkung auf den Stadtraum haben, indem die Aufenthaltsdauer der Menschen im öffentlichen Raum verringert wird. Nachbarschaftsapps für lokales *Sharing*, wie für Lastenräder oder Werkzeug, manifestieren sich nicht räumlich, können jedoch die Raumnutzung in ihrer Intensität verändern, sagt Grabner (2019). Echtzeitinformationen in Verkehrsapps helfen bei der zeitlichen Optimierung der Mobilität, erklärt auch Strüver (2019). Dabei wird der Weg zur Haltestelle einberechnet und die Wartezeit an der Haltestelle im öffentlichen Raum verkürzt. Durch ein gelungenes Preissystem des stationsbasierten *Bikesharing* in Hamburg ist die Flotte im Straßenraum gut an die Stationen angegliedert, sagt Strüver. Die Zustellung von Online-Supermarkt-Bestellungen mit E-Lastenrad im Quartier kann eine Alternative zum E-Transporter sein, fährt Strüver fort. Ältere Generationen bewegen sich durch dieses Angebot weniger im Stadtraum, bauen soziale Kontakte ab und drohen eher zu vereinsamen.

Bestimmte Technologien, wie automatisierte Busse, erfordern eine hohe Sensordichte im Straßenraum. Die Menschen müssen aufgeklärt werden über die Art der Datensammlung und -verarbeitung, um sie als Voraussetzung für die Technologie zu akzeptieren und die Mobilitätsform zu nutzen, sagen Bruns-Berentelg und Gilliard (2020). Die Skepsis gegenüber der Datenerhebung in bestimmten Straßenzügen der Stadt kann zu einem veränderten, vermeidenden Bewegungsverhalten führen. *Urban Data Plattformen für Monitoring* und Optimierung von Echtzeit-Prozessen in der Stadt sind im Sinne des Datenschutzes unbeliebt und wenig akzeptiert (Bruns-Berentelg und Gilliard, 2020). Die systematische Bündelung und Vernetzung unterschiedlicher Datensätze kann zu einer Segregation von Personengruppen mit hohem Bewusstsein für Privatsphäre im Stadtraum führen, indem sie Orte der hohen Datenerfassung meiden.

Durch *Smart Lighting* kann die Lichtverschmutzung in der Stadt reduziert werden, erklärt Pernthaler (2019). Sensorgesteuerte Straßenlaternen mit LEDs sind ressourcensparend und klimafreundlich, können jedoch durch die schlechte

Ausleuchtung des Straßenraums in der Nacht zu einer Erhöhung der Kriminalitäts-rate führen, sagt Knieling (2020).

Nutzungsverschiebung im Straßenraum
*Sharing-Konzepte* und E-Mobilität im Quartier ermöglichen Straßenquer-schnitte mit wenig Oberflächenparken und viel öffentlichem Raum für die Menschen, wie beispielsweise Multifunktions-Mittelzonen im »Smart City«-Projekt Waagner Biro in Graz, argumentiert Pernthaler (2019). Hier organisiert auch eine Nachbarschafts-App das Park- und *Sharing-System*, sagt er. Durch dieses System wird eine deutliche Reduktion von Oberflächenstellplätzen erreicht. Diese Flächen können als Begeg-nungsflächen im Quartier zurückgewonnen werden. Digital-basierte Zugangssysteme für Tiefgaragen ermöglichen eine flexible Schaltung von Zugangsermächtigungen. So kann baufeld- und tiefgaragenübergreifendes *Carsharing* für Menschen im gesamten Quartier zugänglich gemacht werden, ohne dass die *Carsharing-Flotte* im öffentli-chen Raum parken muss (Bruns-Berentelg und Gilliard, 2020). Die Verlagerung des Privateigentums von Fahrzeugen hin zu *Sharing-Angeboten* kann räumliche Flächen befreien, wie Stellplätze im öffentlichen Raum oder Kellerräume in Privatgebäuden. Diese Flächen können einer anderen Nutzung zugeordnet werden, erklärt Knieling (2020). Der private Besitz von Fahrzeugen der Individualmobilität, wie Auto, Fahrrad und Skooter, wird auf Basis von digitaler Innovation zunehmend zum »Kollektivgut« durch Sharing-Angebote. Der Besitz eigener Fahrzeuge ist nicht mehr nötig. (Bruns-Berentelg und Gilliard, 2020; Knieling, 2020; Strüver 2020) Grabner (2019) beschreibt die Organisation des Individualverkehrs mit *intermodalen* Mobilitätssystemen. Das bietet das systemische Potenzial einer alltagstauglichen und effizienten Alternative zum motorisierten Individualverkehr. Das kann indirekt zur Umkehrung der Ver-kehrspyramide beitragen und eine gerechte Verteilung im Straßenraum fördern.

Der Beirat der Gesellschaft für nachhaltige Mobilität in der HafenCity Ham-burg – bestehend aus Bewohner*innen – kann gegenüber dem *Carsharing-Betreiber* Bedarfe kommunizieren und Leistungen aushandeln, erklären Bruns-Berentelg und Gilliard (2020).

Die digital-gestützte Organisation des Abfallsystems durch eine Ablösung der Abfall-Container vom öffentlichen Raum kann eine Steigerung der Qualität im öffentlichen Raum zur Folge haben (Knieling, 2020; Christiaanse, 2020). Dies kann man bei pneumatischen Abfallsystemen auf der Quartiersebene, wie in Kalasatama in Helsinki, sehen.

Nutzungsflexibilität und Barrierefreiheit
Durch den technologischen Fortschritt der modularen Konstruktion ist das Demontieren von Sammelgaragen möglich, erläutert Hinterkörner (2019) Das führt zu einer hohen Flexibilität, nicht nur in der Nutzung von Gebäudestrukturen, son-dern auch bezüglich der Ressource Boden, indem die Garagen bedarfsgerecht auf- und abgebaut werden können. Ranegger (2019) schildert, dass Tunnelbohr-Roboter ressourcenschonend sind, da wenig Erdmassen bewegt werden müssen. Durch die gleichzeitige Erstellung eines *Urban Information Modelling*-Modells kann die Reparatur punktuell erfolgen, sodass nur kleine und kurzweilige Baustellen im Straßenraum

notwendig sind. Das erhöht die Barrierefreiheit im Stadtraum und beugt Verkehrsproblemen vor, sagt er. Auch durch die Organisation des Abfalls in Pneumatischen Sammelmülltonnen wird der Straßenraum von privaten Mülltonnen zu Abholzeiten befreit (Ranegger, 2019; Grabner, 2019). Das erhöht die Barrierefreiheit und Nutzungsoffenheit im Straßenraum.

*Sharing-Konzepte* auf der Gebäudeebene, wie Gemeinschaftsterrassen, -küchen oder Lastenräder, so Strüver (2019), können in dem kollektiven Grünraum und auf den öffentlichen Raum im Quartier ausgeweitet werden, indem beispielsweise Bürger\*innenfeste oder Straßenflohmärkte veranstaltet werden.

Digitale Informationssysteme im öffentlichen Raum, wie *intelligente Litfaßsäulen*, werden obsolet, da die Informationen ortsunabhängig über App abgerufen werden können. Diese Apps werden bereits genutzt, um Bürger\*innenwissen über Instandhaltungsbedarfe im Straßenraum an die Verwaltung zu übertragen (Bruns-Berentelg und Gilliard, 2020).

Städtische Infrastruktur wird mithilfe von *Building Information Modelling* geplant und verwaltet, sagen Bruns-Berentelg und Gilliard (2020). Auf der Gebäudeebene wird zunehmend Ladeinfrastruktur für die E-Mobilität und *E-Carsharing* oder *E-Bikesharing* vorgehalten, um nachträglich bei Bedarf aufrüsten zu können. Die niederschwellige und barrierefreie Zugänglichkeit zu diesen *Sharing-Angeboten* bewirkt, nicht nur im Gebäude, sondern auch im Straßenraum, eine indirekte räumliche Veränderung, sagt Christiaanse (2020). Die Organisation der Informationstechnologie-Infrastruktur, wie Daten-Kabel in Unterflur-Medienkanälen, verbessert die Ressourceneffizienz und die Wartungseffizienz, erklären Bruns-Berentelg und Gilliard (2020).

Smarte Logistik entlastet Verkehr

Eine optimierte Baulogistik verbessert die Ressourcenschonung, nutzt lokale Baustoffe und steigert die Logistik- Effizienz (Nutz, 2019). Dadurch können unnötige Fahrten vermieden und die Zustellungsdistanzen optimiert werden, sodass möglichst wenig Emissionen entstehen und der innerstädtische Verkehr entlastet wird (Ranegger, 2019). Durch den Onlinehandel werden Mikro-Depots und dezentrale Distributionszentren immer wichtiger, erklärt Nutz (2019). Durch eine digital-optimierte Routenplanung und strategische Positionierung der Verteilerzentren im Quartier kann die E-Logistik den Stadtraum verändern. Die Mehrfachnutzung von Sammelgaragen als Verteilerzentren kann die Lebendigkeit im Quartier erhöhen (Nutz, 2019). Die Form der Logistik wird durch fortschreitende technologische Entwicklung die räumliche Organisation des Gütertransports in der Stadt umformen, erklärt Christiaanse (2020). Die Logistik des Gütertransports kann mit einer Hub-Lösung im Stadtteil organisiert werden und eine kleinteilige Verteilung im Quartier, beispielsweise mit E-Lastenrädern, bieten, beschreibt Knieling (2020). Durch digital-gestützte Routenoptimierung im Stadtteil und durch die Bereitstellung einer geeigneten Fahrradinfrastruktur kann der Straßenraum in seiner Gestaltung und Nutzung verändert werden.

Pneumatische Abfallsysteme können durch bedarfsgerechte Abholungsfahrten den Verkehr entlasten (Grabner, 2019; Ranegger, 2019). Abfallmanagement ist als Grundkonzept für städtische Infrastruktur zu betrachten und zu planen. Über

Anreizsysteme, wie digitalgestützte haushaltsspezifische Abfall-Abrechnungsformen kann die Abfallproduktion gesenkt werden. Das führt zu einer Reduktion der Anzahl der Entsorgungsfahrten und entlastet den Stadtverkehr, sagen auch Bruns-Berentelg und Gilliard (2020). Die Integration des produzierenden Gewerbes in die Stadt ist durch emissionsarme Produktionstechnologien möglich geworden. Auch das kann den innerstädtischen Verkehr entlasten. Schließlich wird die digitale Produktion günstiger, sodass sie lokal stattfinden kann und nicht mehr in Niedriglohnländer ausgelagert werden muss, erklärt Christiaanse (2020).

»Saubere« Technologien verschärfen räumliche Probleme (bedingt durch den motorisierten Individualverkehr)

Die Wasserstofftechnologie kann einen nachhaltigen Kraftstoff für die Mobilität liefern, sagt Vlay (2020). Das kann sich unterschiedlich räumlich ausprägen. Es könnte zur Erhöhung des motorisierten Individualverkehrs führen, ähnlich wie die E-Mobilität, da diese Technologie als nachhaltige Mobilitätsform verstanden wird.

Grabner (2019) beschreibt, dass in Manchester umfassende Daten (*Big Data*) von einem Informationstechnologie-Konzern erhoben, verarbeitet und zur zentralen Optimierung von Verkehrsflüssen, Straßenbeleuchtung oder der Sicherheit genutzt werden. Diese Überwachungsmechanismen können beispielsweise dazu beitragen, dass der motorisierte Individualverkehr erhöht wird, weil keine Staus auftreten. Räumliche Barrieren können, durch einen immer gleichmäßigeren Verkehrsfluss, in ihrer Trennwirkung konsolidiert werden. Digital optimierte Schaltungen von Ampelsystemen, die den Verkehrsfluss über sensor-gestützte Bedarfsermittlung regulieren (Bruns-Berentelg und Gilliard, 2020), können dazu beitragen, dass Staus vermieden werden und die Verkehrsflächen intensiver ausgenutzt werden können. Dies wiederum kann zu einer Steigerung des motorisierten Individualverkehrs führen.

Veränderung im Mobilitätsverhalten

Durch *Sharing-Konzepte* für die Mobilität im Quartier können Sammelgaragen als Push-Maßnahme an den Rändern des Quartiers errichtet werden. Die Nähe zum Fahrrad und die Entfernung zum Auto verändern das Mobilitätsverhalten der Bewohner*innen nachhaltig, sagt Vlay (2020). Nachbarschaftliches *Lastenrad-Sharing* im Mehrfamilienhaus muss niederschwellig verfügbar sein, erklärt Strüver (2019). Das Lastenrad steht dann allen Bewohner*innen als Alternative zum Personenkraftwagen für Besorgungsfahrten zur Verfügung.

Die Kombination mit digital-basierten Bezahlsystemen wie ein *Park&Ride-Parkschein*, der auch für den öffentlichen Personennahverkehr oder für *Bikesharing*-Angebote je nach Bedarf genutzt werden kann, verändert durch eine *intermodale* Fortbewegung die Wahrnehmung und Nutzung im Stadtraum, erläutert Strüver (2019). *Bikesharing*-Stationen werden zu potenziellen Mobilitätshubs für den *intermodalen* Wechsel der Mobilitätsform, argumentiert Christiaanse (2020).

E-Ladeinfrastruktur braucht Platz im Stadtraum

Die E-Mobilität muss zusammen mit der notwendigen Infrastruktur sowohl auf Stadt- als auch auf Architekturebene gedacht werden. Ladestationen müssen typologisch entweder in der Sockelzone einer urbanen Bebauung oder im öffentlichen Raum untergebracht werden, sagt Hinterkörner (2019). Bei der Planung der Infrastruktur für E-Mobilität, wie Ladestationen, kommt es auf die Besteller-Qualität[21] an. Dies gilt unabhängig davon, ob sie im öffentlichen Raum oder auf der »Baufeldebene« passiert, erklärt Hinterkörner weiter.

Einfluss auf räumliche Entscheidungsprozesse

Viele Technologien wie *Mikro-Grids* sind nicht räumlich wirksam. Dennoch kann der Einsatz solcher Technologien eine bestimmte Personengruppe, ein bestimmtes Milieu als Bewohnerschaft anziehen, das sich vernetzt und in Gestaltungsprozesse einbringt. Die Bewohner\*innen können auf Grundlage der implementierten Technologie eine räumliche Veränderung herbeiführen, beschreibt Hofstetter (2020). Virtual Reality-Simulationen dienen zur Überprüfung von Projektzielen und -wirkungen im Stadtraum, wie beispielsweise die Begrünung des Stadtraums im Projekt Biotop City am Wienerberg, erklärt Hinterkörner (2019). Durch Virtual Reality-Simulationen können Risiken und Schwachstellen im Raum aufgedeckt werden. Beispielsweise kann die Wahrnehmung eines Kindes simuliert werden, das durch die parkenden Autos nicht den Grünstreifen in der Straßenmitte wahrnehmen kann, sagt Nutz (2019). Diese Art von Simulation kann wichtige Projektentscheidungen beeinflussen und dadurch indirekt die Planung im Raum verändern.

Ferner sind *Governance-Strukturen* wesentlich für Entscheidungsfindungen in Entwicklungsprozessen. Die digital-gestützte Gestaltung des Prozesses hat einen indirekten Einfluss auf das Erscheinungsbild des Stadtraums, sagt Grabner (2019). Durch gezielte E-Partizipation können die Erfahrungen der Bürger\*innen in Planungsprozessen zum Tragen kommen. Diese Erfahrungen können somit indirekt die räumliche Gestalt des Quartiers prägen, argumentiert er weiter.

Technologie-gestützte Schwammstadt

Hinterkörner (2019) adressiert das Technologie-basierte Regenwassermanagement im Straßenraum. Letzteres hat im Sinne des *Schwammstadt-Prinzips* eine indirekte Auswirkung, indem bei Starkregenereignissen die Kanalisation entlastet werden kann und damit Überflutungen im Straßenraum verringert werden können. Gleichzeitig kann die sensor-regulierte Bewässerung, so Grabner (2019), im Sommer eine bedarfsgerechte Ressourcenaufwendung ermöglichen. Weiterhin beugt es eine Austrocknung der Grünmasse vor und sorgt durch großflächige Verdunstung für positive klimatische Auswirkungen, die der Entstehung von Hitzeinseln in der Stadt entgegenwirken (Hinterkörner, 2019). Nicht zuletzt hat es einen Einfluss auf die Aufenthaltsqualität im Stadtraum. Dies kann das Bewegungsverhalten der Menschen im Raum beeinflussen. Christiaanse (2020) erklärt, dass durch ein Regenwassermanagement-Monitoring die maximale Wasseraufnahmekapazität des Bodens ermittelt wird, um durch zusätzliche Maßnahmen wie Dachbegrünung eine Systemoptimierung im Regenwassermanagement zu erreichen.

Fassadengestaltung prägt Quartiersmilieu

Energieversorgung durch *Photovoltaik-Anlagen* auf Dächern oder Fassaden im Quartier hat eine indirekte Auswirkung, da diese Flächen nicht für intensive Begrünung der Dächer und Fassaden genutzt werden können, erklärt Hoffer (2020). Begrünte Fassaden können im Vergleich zu Fassadenelementen mit *Photovoltaik-Anlagen* den Straßenraum sehr unterschiedlich prägen.

Vielfältiger technologischer Einsatz

Durch eine Nachbarschafts-App kann eine Fläche im Tagesverlauf von unterschiedlichen Nutzer*innen bespielt werden. Dadurch entsteht eine intensivere Ausnutzung der Raumressourcen, sagt Pernthaler (2019). Bruns-Berentelg und Gilliard (2020) sagen, dass die Produktionstechnologien und ihre technologische Weiterentwicklung wie beispielsweise Elektrostahlöfen eine indirekte Auswirkung auf die Stadt haben. Die indirekten Folgen von technologischem Einsatz im Quartier sind nicht in jedem Fall unmittelbar im Stadtraum sichtbar, vielmehr können sie mit Kenntnis der Prozessentwicklung im Hintergrund verständlich sein, sagen sie.

»Also man, um zu verstehen welche Veränderung das im Raum bedeutet wird man nicht einfach nur irgendwo eine Kamera hängen sehen, sondern man wird verstehen müssen warum gibt es vielleicht bestimmte Flächen die für die Entsorgung jetzt mitten in der Stadt stehen und warum gibt es nicht andere, bzw. sind die nicht an anderer Stelle. Das wird man natürlich als absoluter Laie jetzt nicht sozusagen sehen. Also insofern, ich würde Ihnen Recht geben, man sieht sozusagen die Technologie nicht unbedingt im Raum stehen.« (Bruns-Berentelg und Gilliard, 2020, pos. 23)

Indirekte Auswirkung – nicht raumwirksam[22]

---

Technologische Nachrüstung ermöglichen – Dachflächen in der Seestadt Aspern wurden für eine Nachrüstung mit *Photovoltaik* vorbereitet, ohne dass die Energiegewinnung momentan aus erneuerbaren Energiequellen wie Solarenergie stattfindet, sagt Hinterkörner (2019). Diese Vorbereitende Maßnahme ermöglicht und erleichtert die Nachrüstung.

Sharing-Plattformen

Es gibt Digitale *Sharing-Plattformen* für die Nachbarschaft, für Lastenräder oder Werkzeug, sowie nachbarschaftliches *E-Bikesharing* für Besorgungsfahrten (Grabner, 2019; Strüver, 2019).

Big Data zur Systemoptimierung

In einer *Urban Data Plattform* werden stadtrelevante Daten in einer »stadteigenen Cloud erfasst« und verwaltet, um durch Monitoring und Echtzeit-Prozesse die Stadt als System zu optimieren, erklären Bruns-Berentelg und Gilliard (2020). Erhobene Datensätze über die Stadtprozesse können für Bürger*innen zur freien

Nutzung bereitgestellt werden, sagen sie weiter. Durch Monitoring-Daten im Wassermanagement kann das Versickerungsverhalten von Regenwasser im Boden, und damit die Wasseraufnahmekapazität, verbessert werden, erklärt Christiaanse (2020). Mit der Technologie des Messenger-Dienstes Seestadt-Bot können Echtzeit-Informationen über die Seestadt an die Bewohner*innen übermittelt werden, um somit die Funktionalität und Effizienz in der Stadtnutzung zu erhöhen (Hinterkörner, 2019).

E-Partizipation

Bürger*innenwissen kann über *Service-Apps* in Planungsprozesse einfließen (Bruns-Berentelg und Gilliard, 2020).

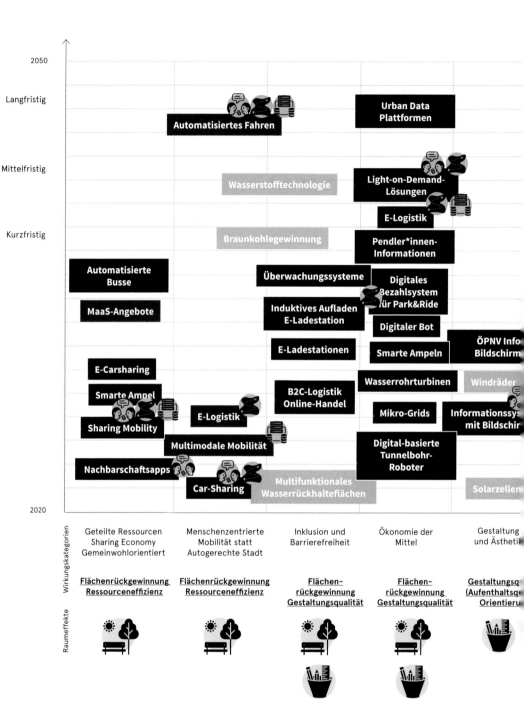

Typenbildung der Raumwirksamkeit

2050

Langfristig

Automatisiertes Fahren

Urban Data Plattformen

Mittelfristig

Wasserstofftechnologie

Light-on-Demand-Lösungen

E-Logistik

Kurzfristig

Braunkohlegewinnung

Pendler*innen-Informationen

Automatisierte Busse

Überwachungssysteme

Digitales Bezahlsystem für Park&Ride

MaaS-Angebote

Induktives Aufladen E-Ladestation

Digitaler Bot

ÖPNV Info Bildschirm

E-Ladestationen

Smarte Ampeln

E-Carsharing

Wasserrohrturbinen

Windräder

Smarte Ampel

B2C-Logistik Online-Handel

Mikro-Grids

Informationssys mit Bildschir

Sharing Mobility

E-Logistik

Multimodale Mobilität

Digital-basierte Tunnelbohr-Roboter

Nachbarschaftsapps

Car-Sharing

Multifunktionales Wasserrückhalteflächen

Solarzellen

2020

Wirkungskategorien

Geteilte Ressourcen Sharing Economy Gemeinwohlorientiert

Menschenzentrierte Mobilität statt Autogerechte Stadt

Inklusion und Barrierefreiheit

Ökonomie der Mittel

Gestaltung und Ästheti

Raumeffekte

Flächenrückgewinnung Ressourceneffizienz

Flächenrückgewinnung Ressourceneffizienz

Flächen-rückgewinnung Gestaltungsqualität

Flächen-rückgewinnung Gestaltungsqualität

Gestaltungsq (Aufenthaltsq Orientieru

108

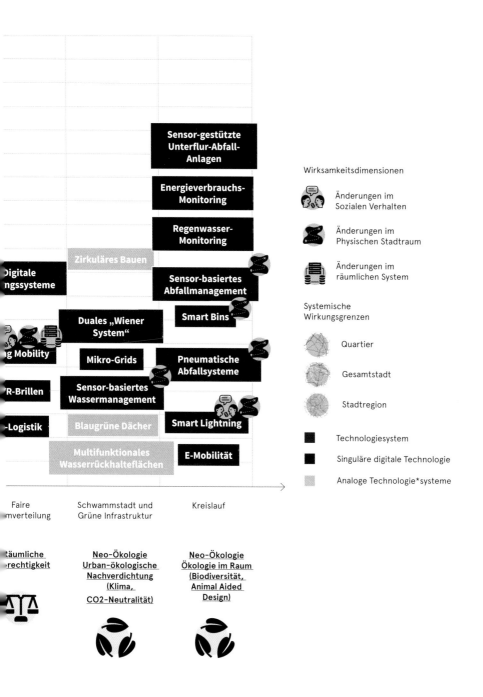

▶49  Überblick und Zusammenführung der Raumwirksamkeit einzelner Technologien aus den Expert*inneninterviews (Wirksamkeitsdimensionen wurden nur beispielhaft zu einigen Technologien zugewiesen). *Quelle: Eigene Darstellung*

# Räumliche Auswirkungen –
# Codierung Expert*inneninterviews

Im vorherigen Kapitel wurde durch die Datenanalyse der Expert*inneninterviews dargelegt, wodurch sich Technologien räumlich auswirken und in welchen Systemgrenzen das erfolgt. In diesem Kapitel wird die Fragestellung weiter präzisiert und gefragt, wie sich die Technologien räumlich auswirken. Durch eine weitere, explorative Analyse des Datenmaterials in Form einer induktiven Codierung der Interviews wird dieser weiterführenden Forschungsfrage nachgegangen. Dadurch sollen weitere inhaltliche Ebenen erschlossen und mögliche Muster gefunden werden, um das Grundgerüst zu detaillieren und zu systematisieren.

Die Ergebnisse der explorativen Codierung haben zwei weitere Inhaltsebenen der räumlichen Wirksamkeit von Technologien erschlossen. Es konnten einerseits drei inhaltliche Cluster und andererseits vier Raumeffekte identifiziert werden.

Die explorative Untersuchung richtet sich nach dem Ablauf einer inhaltlich strukturierten Inhaltsanalyse nach Kuckartz und ist in sieben Schritten aufgebaut (Kuckartz, 2016).

# Wirkungsdimensionen

Des Weiteren konnten drei Wirkungsdimensionen identifiziert werden. Die technologische Wirksamkeit auf den Raum lässt sich unterscheiden in a) Veränderungen im menschlichen Verhalten, b) Veränderungen im physischen Stadtraum und c) Veränderungen im räumlichen System.

Veränderungen im menschlichen Verhalten

Technologien wie Verkehrs-Apps mit Echtzeitinformationen, Apps für *multimodale* Mobilität, Online-Konferenz-Tools oder weit verbreitete Navigationsapps verändern das menschliche Verhalten, Bewegungsintensität, Aufenthalt und allgemein die Bewegungsmuster im Raum. Durch die Konsolidierung bestimmter Technologien kann die Veränderung der Bewegungsmuster im Raum langfristig, indirekt, in Folge in eine stadträumliche Adaptation an die Bewegungsbedürfnisse der Menschen angepasst werden. Die Veränderungen können auf allen drei Wirkungsbereichen erfolgen, im Maßstab des Quartiers, der Stadt oder der Region.

Veränderungen im physischen Stadtraum

Einige digitale Technologien verändern unmittelbar den physischen Stadtraum. So kann durch ein digital gestütztes Parkraummanagement in Quartiers- oder

Sammelgaragen oder durch eine intensive Nutzung von *Carsharing*-Angebote der Öffentliche Raum vom ruhenden Verkehr befreit werden. Solche Mobilitätskonzepte finden in neuen Quartiersentwicklungen häufig Anwendung. Durch *multimodale* Mobilitätslösungen und neue *Mobility as a Service*-Angebote wird zunehmend die Umkehrung der Mobilitätspyramide unterstützt, wodurch Nutzungsverschiebungen im Stadtraum folgen. Unmittelbare Veränderungen im Stadtraum sind im Zuge des Online-Handel-Booms durch die Covid-19-Krise sichtbar geworden. Einerseits hat dieser Aufschwung zu vermehrten Leerständen von Einzelhandelsflächen in Subzentren geführt und die Einzelhandelsvielfalt durch zahlreiche Insolvenzen – vor allem von inhaber*innengeführten Läden – stark eingeschränkt. Und andererseits hat es ebenso deutliche räumliche Auswirkungen in der Logistik gezeigt. So können digitale Technologien durch Disruption oder Krisenrahmenbedingungen kurzfristig weitreichende räumliche Folgen mit sich bringen. Die Veränderungen des physischen Raums betreffen vor allem die systemischen Wirkungsbereiche des Quartiers und der Stadt.

Veränderungen im räumlichen System

Digitale Technologien, vor allem aber ganze digitale Technologiesysteme, wie *Mobility as a Service*, digital-gestützte erneuerbare Energiegewinnung, digital-gestützte Nahrungsmittelproduktion oder automatisiertes Fahren, verändern nicht nur den physischen Stadtraum lokal, sondern sie bewirken über unterschiedliche Raumkategorien hinweg raumgebundene Veränderungen ganzer räumlicher Systeme. Diese großmaßstäblich raumwirksamen, digitalen Technologien haben potenziell das größte Transformationsausmaß. Sie können sowohl direkt als auch indirekt, sowohl kurzfristig als auch langfristig räumliche Veränderungen bewirken. Durch ihre hohe Komplexität sind sie schwer konkret zu erfassen. Umso deutlicher wird ihre Bedeutung für die räumliche Transformation der Digitalisierung für die Zukunft. Die Veränderungen räumlicher Systeme betreffen überwiegend den regionalen systemischen Wirkungsbereich und dringen über die Stadt- bis auf die Quartiersebene hervor.

Die explorative Untersuchung der Daten aus den Expert*inneninterviews in diesem Kapitel haben aufgezeigt, dass Technologien im Stadtraum physische Veränderungen hervorbringen können und dass diese Veränderungen nicht vordergründig direkt durch die Technologie ausgelöst werden, sondern überwiegend indirekt auf den Stadtraum wirken. Anhand der Typenbildung konnten in diesem Kapitel einerseits die Raumwirksamkeit digitaler und analoger Technologien aufgeschlüsselt werden und andererseits die Wirkungsart der Technologien in direkte und indirekte Wirkung auf den Raum unterschieden werden. Zudem konnten drei verschieden Wirkungsdimensionen – a) Veränderungen im menschlichen Verhalten, b) Veränderungen im physischen Stadtraum und c) Veränderungen im räumlichen System – identifiziert werden. So konnte aufgezeigt werden, auf welche Art und Weise sich die Technologien im Raum auswirken.

# Inhaltliche Cluster

Durch die explorative Codierung des Datenmaterials der Expert*inneninterviews wurden drei übergeordnete Kategorien identifiziert. Diese beschreiben 1) begriffsgebundene, 2) raumgebundene und 3) prozessgebundene Inhalte. Es lässt sich quantitativ erkennen, dass mit 129 Codierungen die meisten Nennungen den begriffsgebundenen Inhalten zugeordnet sind und damit den Schwerpunkt ausmachen. Die prozessgebundenen Inhalte umfassen 73 Codierungen und die raumgebundenen Inhalte 39 Codierungen. Im Folgenden werden die Überkategorien und deren Inhalte zusammengefasst.

## Begriffsgebundene Inhalte

Im Cluster der begriffsgebundenen Inhalte lässt sich eine deutliche Haltung der Expert*innen feststellen: Für das Quartier ist eine gute, intelligente sowie konventionelle Planung in der Stadtentwicklung wirkungsvoller als der Einsatz von Technologien (Bruns-Berentelg und Gilliard, 2020; Christiaanse, 2020; Hinterkörner, 2019; Hofstetter, 2020; Knieling, 2020; Pernthaler, 2019; Ranegger, 2019; Strüver, 2019; Vlay, 2020). Es überwiegt weiterhin die Ansicht, dass Technologie nur ein Werkzeug für die Stadtentwicklung sein kann (Bruns-Berentelg und Gilliard, 2020; Christiaanse, 2020; Grabner, 2019; Hoffer, 2020; Hofstetter, 2020; Knieling, 2020; Pernthaler, 2019; Ranegger, 2019; Reicher, 2020; Vlay, 2020). Ein drittes, deutliches Cluster bilden Inhalte, die beschreiben, dass »smart« als Begriff nicht tauglich ist, weil die Digitalisierung in der Stadt fortgeschritten ist und in allen Neubauquartieren Technologien eingesetzt werden – unabhängig davon, ob diese als »Smart City« gelabelt werden oder nicht (Christiaanse, 2020; Grabner, 2019; Hinterkörner, 2019; Hofstetter, 2020; Knieling, 2020; Ranegger, 2019; Vlay, 2020).

## Raumgebundene Inhalte

Unter den raumgebundenen Erkenntnissen lässt sich ein Schwerpunkt in dem Potenzial von Technologien feststellen, Verkehrsflächen zurückzugewinnen (Bruns-Berentelg und Gilliard, 2020; Hinterkörner, 2019; Knieling, 2020; Ranegger, 2019; Reicher, 2020). Ein zweiter inhaltlicher Schwerpunkt bildet die Forderung Qualität vor Effizienz (Hinterkörner, 2019; Hoffer, 2020; Hofstetter, 2020; Reicher, 2020).

Diese zwei Erkenntnisse, einerseits, dass Technologie alleine keine räumlichen Probleme lösen kann (Knieling, 2020; Reicher, 2020), und andererseits, dass die erzeugte Raumwirksamkeit durch Technologie nicht zwingend am selben Ort sichtbar wird, an dem die Technologie eingesetzt wird (Vlay, 2020), sind zwar nur von wenigen Expert*innen aufgezeigt worden, liefern jedoch einen wesentlichen Erkenntnisgewinn.

Die prozessgebundenen Inhalte heben deutlich hervor, dass der Mensch und nicht die Technologie im Vordergrund stehen soll (Bruns-Berentelg und Gilliard, 2020; Christiaanse, 2020; Hofstetter, 2020; Knieling, 2020; Nutz, 2019; Pernthaler, 2019; Reicher, 2020; Vlay, 2020). Weiter wird die Wichtigkeit der Transdisziplinarität betont (Bruns-Berentelg und Gilliard, 2020; Grabner, 2019; Hinterkörner, 2019; Hoffer, 2020; Nutz, 2019; Pernthaler, 2019; Reicher, 2020; Strüver, 2019; Vlay, 2020). Nicht zuletzt wird der Aspekt der schnellen Entwicklungsgeschwindigkeit von Technologie im Verhältnis zur langsamen Entwicklungsgeschwindigkeit der Stadt hervorgehoben (Bruns-Berentelg und Gilliard, 2020; Christiaanse, 2020; Knieling, 2020; Pernthaler, 2019; Ranegger, 2019; Reicher, 2020). Ein gutes Gelingen der Quartiersentwicklung hängt auch im digitalen Zeitalter von persönlichem Engagement und Kontinuität ab. Die Evaluierung von »Smart City«-Projekten kann iterativ fortgeführt werden und ist auch aufgrund der ständigen Weiterentwicklung von Technologien ein offener Prozess.

# Raumeffekte

Die vier identifizierten Raumeffekte 1) Flächenrückgewinnung, 2) Gestaltungsqualität, 3) Räumliche Gerechtigkeit und 4) Neo-Ökologie werden im Folgenden detailliert beschrieben.

## Flächenrückgewinnung

Die Transformationskategorie Flächenrückgewinnung greift Aspekte wie Veränderungen im Flächenbedarf, Ressourceneffizienz unterschiedlicher Infrastrukturen, Flächennutzungskonflikte oder neue Mobilitätsangebote auf. Eigenarten dieser Transformationskategorie sind unter anderem die Mobilitätswende und damit verbunden die Umkehrung der Mobilitätspyramide, die intensive Nutzung vorhandener Infrastrukturnetzwerke und -ressourcen, menschen-orientierte, emissionsfreie, aktive und gesundheitsfördernde Mobilitätsformen, sowie eine entsprechende Flächenverteilung. Die Flächenrückgewinnung bewirkt die höchste durch Digitalisierung zu erwartende Veränderungsdynamik im Stadtraum und weist einen starken Mobilitätsbezug auf. Digitale Technologien wie *Mobility-Sharing*, *Multimodalität*, Echtzeitinformationen, induktives Laden oder automatisiertes Fahren bewirken räumliche Veränderungen in dieser Transformationskategorie. Darunter werden die Wirkungskategorien geteilte Ressourcen, menschenzentrierte Mobilität, Inklusion und Ökonomie der Mittel zugeordnet.

## Gestaltungsqualität

Die Transformationskategorie Gestaltungsqualität beinhaltet stadträumliche Qualitäten, wie Aufenthaltsqualität, Orientierungsqualität, saisonal-bezogene Nutzbarkeit, Identitätsstiftung, räumliche Sicherheit und soziale Kontrolle, sowie Qualität, Körnung und Durchmischung der Erdgeschosszone – um nur einige zu nennen. Eigenschaften von räumlicher Gestaltungsqualität sind unter anderem Anpassungsfähigkeit, Aneignungsfähigkeit, menschlicher Maßstab, visuelle Anker, Kleinteiligkeit der Bebauung oder eine hohe Robustheit und Materialisierungsqualität. Sie beschreibt die Langzeitveränderungen im Stadtraum, die durch veränderte Verhaltensweisen der Menschen im Zuge der Digitalisierung entstehen. Digitale Technologien wie *Photovoltaik-Anlagen*, solar-gespeiste Straßenlaternen oder digital-gestützte Logistik in der Stadt wirken besonders deutlich auf die Transformationskategorie Gestaltungsqualität. Vier Wirkungskategorien – Gestaltung und Ästhetik, Faire Raumverteilung, Inklusion und *Schwammstadt* – können dieser Transformationskategorie zugeordnet werden.

## Räumliche Gerechtigkeit

Mit dieser Transformationskategorie werden Zusammenhänge zwischen sozialer Gerechtigkeit, Inklusion, räumlicher Verteilungsgerechtigkeit, Umweltgerechtigkeit und damit die räumliche Verteilung von Ressourcen und Umweltbelastungen, aber auch Verfahrensgerechtigkeit in Bezug auf digitale Technologien thematisiert. Mögliche Aspekte räumlicher Gerechtigkeit sind beispielsweise Homogenität in Quantität und Qualität der Grünraumversorgung im Stadtgebiet, räumliche Zugänglichkeit, beziehungsweise Versorgung mit sozialen Infrastrukturen, die Betreuungs-, Bildungs- oder Gesundheitseinrichtungen, sowie eine Homogenität der Nahrungsmittel-Zugänglichkeit in unterschiedliche Stadtbereichen. Sie beschreibt eine digital-basierte, gemeinwohlorientierte, inklusive und faire Verteilung von Ressourcen im Raum. Digitale Technologien wie *E-Partizipation* oder Apps zur Lebensmittelresteverwertung wie Too-Good-To-Go werden unter dieser Transformationskategorie zusammengefasst und in ihrer räumlichen Veränderungskapazität erfasst. Die Wirkungskategorien Faire Raumverteilung und Inklusion werden der Transformationskategorie Räumliche Gerechtigkeit zugeordnet.

## Neo-Ökologie

Unter dem Begriff der *Neo-Ökologie* wird die räumliche Transformation der ökologischen Wende in Verbindung mit einer urban-ökologischen Nachverdichtung mit dem Ziel der $CO_2$- und Klimaneutralität verstanden. Mögliche Merkmale sind unter anderem *Animal-Aided-Design* und Biodiversität, Versickerungsoffenheit, ressourcenarme

Klimaanpassungsmaßnahmen, ökologische lokale Nahrungsmittelproduktion oder klimaneutrale Energieproduktion. Es beschreibt die ökosystemischen und mikro- und makro-klimatischen Folgen und Wechselwirkungen digitaler Technologien.

Digital-gestützte Technologien, wie digital-basiertes Wassermanagement, digital-gestützte Solarthermie und Windräder, digital-basiertes Abfallmanagement, oder ähnliche umweltbezogene Technologien haben einen ausgeprägten räumlichen Veränderungsgrad in Bereich der *Neo-Ökologie*. Die zwei Wirkungskategorien *Schwammstadt* und Kreislaufsysteme sind schwerpunktmäßig dieser Transformationskategorie zugeordnet.

Zusammenfassend konnten in diesem Kapitel anhand der Datenauswertung durch die explorative Codierung der Expert*inneninterviews die drei inhaltlichen Cluster 1) begriffsgebundene, 2) raumgebundene und 3) prozessgebundene Inhalte ermittelt werden. Weiterhin konnten vier unterschiedliche Raumeffekte ausgemacht werden: 1) Flächenrückgewinnung, 2) Gestaltungsqualität, 3) Räumliche Gerechtigkeit und 4) Neo-Ökologie. Diese beschreiben, wie sich digitale Technologien konkret im Stadtraum auswirken und erlauben eine weitere Differenzierung und Systematisierung des Grundgerüsts.

# Grundgerüst Wirkungskategorien und -grenzen

Anhand des Datenmaterials der Expert*inneninterviews konnten durch eine induktive Vorgehensweise und qualitative Codierung acht Wirkungskategorien von Technologien bestimmt und ein konzeptionelles Grundgerüst entwickelt werden. Die Wirkungskategorien sind Geteilte Ressourcen, Menschenzentrierte Mobilität, Inklusion, Ökonomie der Mittel, Gestaltung, Faire Raumverteilung, Schwammstadt und Kreislaufsysteme. Nachfolgend werden die identifizierten Wirkungskategorien der einzelnen Technologien beschrieben (▶ 50).

### Geteilte Ressourcen

Einige der in den Interviews genannten digitalen Technologien, wie beispielsweise Nachbarschafts-Apps, *Mobility as a Service*-Angebote oder *Sharing-Angebote,* werden durch eine gemeinschaftliche Nutzung von Ressourcen, im Sinne der *Sharing-Economy*, im Stadtraum abgebildet. Hierbei kann das Potenzial der Gemeinwohlorientierung weiter gestärkt werden. Das Teilen von Gütern, Produkten, Fahrzeugen und vor allem von Flächen verändert schrittweise die räumliche Konfiguration des Stadtraums.

| Kollaborativer Konsum | **Geteilte Ressourcen** | Individueller Konsum |
| Menschenzentrierte Mobilität | **Bewegung im Raum** | Autogerechte Stadt |
| Inklusion | **Gemeinwohl / Teilhabe** | Segregation |
| Sparsamkeit | **Ökonomie der Mittel** | Verschwendung |
| Gestaltung/ Lebendingkeit | **Qualität der gebauten Umwelt** | Zufall/ Meidung |
| Rücksicht | **Faire Raumverteilung** | Ignoranz |
| Porösität | **Schwammstadt** | Versiegelung |
| Zirkularität | **Kreislauf** | Linearität |

▶50    Ausprägungsmerkmale der räumlichen Wirkungskategorien von Technologie. *Quelle: Eigene Darstellung*

## Menschenzentrierte Mobilität

Andere Technologien, wie *Bike-Sharing*, Lastenradzustellung für die *Letzte Meile* oder digital-basierte Infodienste und Echtzeitinformationen und *GPS-Ortung* des öffentlichen Personennahverkehrs, die eine *multimodale* Mobilität ermöglichen, schaffen den Übergang von der autogerechten Stadt hin zu einer menschenzentrierten Mobilität im Sinne der Mobilitätswende, beziehungsweise der Umkehrung der *Mobilitätspyramide*. Nutzungskonflikte können mithilfe dieser digitalen Technologien wie *Mobility as a Service*, *Sharing-Angebote*, *Kurier-Express-Paketdienste* reduziert werden und Flächen für die aktive Mobilität gewonnen werden.

## Inklusion und Barrierefreiheit

Digitale Technologien wie induktives Laden von E-Autos kann dazu beitragen, den Stadtraum von Objekten mit Barrierewirkung zu befreien und damit die Gehsteige und den gesamten öffentlichen Raum für vulnerable Gruppen wie Personen im Rollstuhl oder Personen mit Kinderwagen gleichberechtigt zugänglich zu machen.

## Ökonomie der Mittel

Viele digitale Technologien tragen zur Verringerung des Ressourcenverbrauchs bei. Beispielsweise können Online-Konferenz-Tools Mobilitätsbedarfe und damit $CO_2$-Emmissionen vermeiden. Die Erhöhung der Nutzungsintensität von Infrastrukturen dient ebenso zur Ökonomisierung, im Sinne der Einsparung von stofflichen und systemischen Ressourcen und Kapazitäten.

## Gestaltung und Ästhetik

Die Gestaltung und Ästhetik im öffentlichen Raum bestimmt durch ihre Grundzüge und Merkmale die Bewegung und Nutzung im Stadtraum. Eine menschenorientierte Gestaltung des Stadtraums fördert die aktive Mobilität, erhöht die Sicherheit im Stadtraum und stärkt den lokalen Handel. Technologien wie Solarzellen, *Photovoltaik-Anlagen* oder Windräder können die Energieproduktion und damit den Energiebedarf und -verbrauch im Stadtraum sichtbar machen und zusätzlich als ästhetisches Gestaltungsmittel dienen.

## Faire Raumverteilung

Nutzungskonflikte unterschiedlicher Mobilitätsformen im öffentlichen Raum, vor allem in dichten Innenstadtlagen, können durch digitale Technologien wie *Mobility as a Service*, *Carsharing* oder Nachbarschaftsapps minimiert werden. Durch hohe Auslastung vorhandener Mobilitätsinfrastrukturen können beispielsweise Flächenressourcen frei werden, die als *Pocket-Grünflächen* gestaltet auch stark versiegelte Nachbarschaften mit zusätzlichem Grün- und Freiraum versorgen.

## Schwammstadt

Digitale Technologien, wie sensor-basiertes Wassermanagement, regulieren ressourcensparend die Wasserbedarfe im Unterhalt von öffentlichen und kollektiven Grünflächen. Zudem können auch Technologien, die allgemein zur Flächenrückgewinnung beitragen, die Schaffung und Erhaltung von Versicherungsoffenheit im öffentlichen Raum unterstützen. Sie können auch im Abwassermanagement bei Starkregenereignissen Pufferbereiche aktivieren und damit Überflutungen vorbeugen.

## Kreislaufsysteme

Stoffliche Kreisläufe können durch digital-gestützte Technologien geschlossen werden. Digital-basiertes Abfallmanagement oder pneumatische Abfallsysteme unterstützen die Mülltrennung und befreien den Stadtraum von großen Containern und damit verbunden von häufigem und emissionsintensivem Abtransport. Durch sensor-basierte Monitoring-Systeme können beispielsweise Wasserkreisläufe, aber auch Wärme- oder Energiekreisläufe im Stadtraum effektiv geschlossen werden.

## Systemische Wirkungsgrenzen

Zudem konnten drei systemische Wirkungsgrenzen der unterschiedlichen Technologien bestimmt werden. Während manche Technologien eine räumliche Wirkung und Veränderung im Maßstab des 1) Quartiers erzielen, können andere digitale Technologien über die Quartiersgrenzen hinweg 2) gesamtstädtisch räumliche Veränderungen herbeiführen. Und letztlich haben wieder andere digitale Technologien eine räumliche Transformationskraft auf der Ebene der ganzen 3) Stadtregion.

Anhand der Expert*inneninterviews konnten in diesem Kapitel acht Wirkungsmittel (Typen räumlicher Wirkungsweisen der Digitalisierung) identifiziert werden, die beschreiben, wodurch sich Technologien im physischen Stadtraum auswirken. Die Technologien betreffen die Handlungsfelder Mobilität und Umwelt, wobei einige der Technologien einen Querschnitt-Bereich aufspannen. Obwohl alle genannten Technologien auf das Quartier wirken, gehen die systemischen Grenzen teilweise weit über das Quartier hinaus. Es konnten drei räumliche Wirkungsdimensionen erkannt werden, Quartier, Stadt und Region.

# Kartografische Untersuchung

Die Typenbildungen Raumwirksamkeit und Auswirkungsart von Technologien haben ergeben, dass der technologische Einsatz im Stadtraum sowohl quantitative als auch qualitative Effekte mit sich bringt. Diese Effekte können für den Stadtraum Potenziale, aber auch Risiken darstellen. In diesem Kapitel wird der weiterführenden Frage nachgegangen, welche Potenziale und Risiken für den Stadtraum durch die räumlichen Auswirkungen von Technologien entstehen können. Es werden die konkreten räumlichen Wirkungsweisen von Technologien im Stadtraum untersucht, um die jeweilige Wirkung der Technologien in Ausmaß und Qualität zu beschreiben. Dazu dient eine Kartografie in Form einer axonometrischen Zeichnung, in der die Raumwirksamkeiten in den Bereichen Mobilität und Umwelt dargestellt wird. Somit wird explorativ die mögliche Wirkung von digitalen Technologien auf den Stadtraum aufgezeigt, um den Konnex zwischen Raum und Technologie und damit die Zusammenhänge und Wechselwirkungen zwischen Technologie und öffentlichen Raum sichtbar zu machen.

Als disziplinimmanentes Instrument wird die räumliche Zeichnung als Kartografie genutzt, um räumliche Wirkungen zu untersuchen, aber auch in ihren Zusammenhängen und Wechselwirkungen darzustellen und sichtbar zu machen.

Dabei werden räumliche Veränderungen von urbanen Technologien im Handlungsfeld Mobilität und Umwelt im Quartiersmaßstab dargestellt. Die sieben Technologien sind auf Grundlage der inhaltlichen Analyse der Expert*inneninterviews gewählt, um einerseits beide Bereiche, Mobilität und Umwelt abzubilden und sowohl positive als auch negative, direkte und indirekte Auswirkung aufzuzeigen. Als räumliche Grundlage für die Untersuchung dient eine generische, urbane Straßensituation im Bestand, die durch unterschiedliche Technologien an den Entwicklungsstand angepasst werden könnte. So wird die Vergleichbarkeit unter den Axonometrien gewährleistet.

Die Untersuchung erfolgt auf einer kartografischen, zeichnerischen Ebene und auf einer textlichen Ebene. Zunächst wird die jeweilige Technologie kurz in ihrer Funktionalität beschrieben. Anschließend wird die Ausgangssituation dargestellt und die jeweilige räumliche Problematik im Stadtraum geschildert. In einer ersten Zeichnung wird die Ausgangssituation mit ihren räumlichen Problemen kartografisch aufgezeigt und beschrieben. In einer zweiten Zeichnung werden die unmittelbaren, direkten räumlichen Veränderungen, sowie die potenziellen, indirekten räumlichen Effekte untersucht und vermittelt. Abschließend wird der räumliche Mehrwert durch die technologische Lösung untersucht und in seinen direkten räumlichen Auswirkungen, aber auch in den indirekten und potenziellen räumlichen Wirkungsdimensionen beschrieben und den Wirkungskategorien zugeordnet.

Wie bereits in der explorativen Codierung der qualitativen Datenanalyse herausgestellt, liegt das größte Veränderungspotenzial durch Technologien im Bereich der Mobilität, da der öffentliche Raum im deutschsprachigen Raum immer noch weitestgehend durch den dominanten motorisierten Individualverkehr geprägt ist. In der kartografischen Untersuchung werden *E-Logistik*, *Car-Sharing*, Airbnb und Nachbarschaftsapps räumlich analysiert. Die Raumwirksamkeit von Technologien spezifisch im Bereich Mobilität wird unter anderem anhand der Aspekte *Modal Share* im Straßenraum, Versiegelungsgrad und Flächenbedarf für den ruhenden Verkehr ermittelt.

Vernetztes und automatisiertes Fahren ist einer von mehreren aufkommenden Mobilitätstrends, die die Nutzung und Gestaltung des öffentlichen Raums durch das Aufkommen von Transportnetzwerkunternehmen, sogenannten *Transportation Network Companies* (TNCs), in den kommenden Jahrzehnten grundlegend verändern werden (Mitteregger et al., 2020).

# E-Logistik

## Technologie

Unter dem Begriff E-Logistik wird eine ganzheitliche, technologisch optimierte Managementlösung für Prozesse bei Gütertransporten verstanden. E-Logistik beinhaltet die Planung, Durchführung und Evaluierung von logistischen Tätigkeiten und Prozessen, die auf Informations- und Kommunikationstechnologien basieren. Die Logistikprozesse werden durch online-basierte Technologien weitestgehend automatisiert und in ihrer Effizienz verbessert. Die E-Logistik umfasst die Lagerung, Lieferung, Verteilung und Zustellung von materiellen Gütern.

Die dazu eingesetzte Technologie der E-Logistik umfasst die Informations- und Kommunikationstechnologien, beispielsweise in Form von Apps, Standortermittlung über GPS, eine E-Mobilitätsflotte, sowie ferngesteuerte und automatisierte Vehikel wie Lieferroboter oder Drohnen.

## Problemstellung

In der Ausgangssituation ist der Straßenraum wesentlich durch den beidseitigen Streifen des ruhenden Verkehrs geprägt. Durch die vollständige Auslastung der Personenkraftwagen-Stellplätze und der limitierten Straßenbreite kommt es bei der Zustellung von Gütern mit motorisierten Lastfahrzeugen mit Verbrennungsmotor zum Halten in zweiter Reihe, zur vermehrten Luftverschmutzung durch Feinpartikel und $CO_2$-Ausstoß, zur Entstehung von Stau und Verkehrsbehinderung im Allgemeinen. Des Weiteren kommt es zu Konfliktsituationen und das Gefahrenpotenzial für Fahrradverkehr und Fußgänger*innen wird erhöht, da die Straßensituation beengt und unübersichtlich wird.

Die unterschiedlichen Gastronomien und Einzelhandel-Flächen werden täglich unabhängig voneinander vom regionalen Verteilerzentrum beliefert, sodass jeweils ein Transporter für jedes Geschäft durchfahren muss und damit den innenstädtischen Verkehr stark belastet. Das erhöht die Feinstaubemissionen und Lärmbelastung in der Straße, was die Aufenthalts- und Wohnqualität mindert

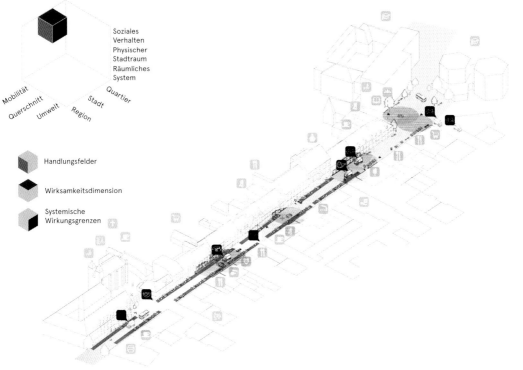

▶51    Bestandsprobleme in Innenstadtlagen aufgrund von B2C-Logistik. *Quelle: Yeretska, V. (2020). E-Logistik [Seminararbeit]. Seminar städtebauliche Forschung, R. Radulova-Stahmer, Institut für Städtebau, TU Graz*

Auch der Lieferverkehr durch den stark gestiegenen Online-Handel von Privathaushalten führt zu einer kleinteiligen, gebäudespezifischen Verteilung und Zustellung der Pakete und damit zum mehrfachen Halten unterschiedlicher Versanddienstleister in der Straße, was die Probleme und die Belastung weiter verschärft

Durch lange Anfahrtswege, vor allem aber durch hohe Frequenzen täglicher Fahrten, wird das innerstädtische Verkehrssystem, und insbesondere die für Innenstadtlagen typischen schmalen Straßenquerschnitte, stark belastet.

Bei erfolglosen Zustellversuchen müssen die Empfänger*innen ihr Paket von einer Poststelle abholen, welche meistens außerhalb des 5 min-Radius liegt, sodass erneut eine Fahrt zur Abholung (insbesondere bei schweren Paketen) notwendig wird. In Folge entsteht zusätzlicher Mobilitätsbedarf, der die Nutzungskonflikte unterschiedlicher Mobilitätsformen weiter erhöht, da der Flächenbedarf für motorisierten Individualverkehr und Lieferverkehr fast die ganze Straße für sich beansprucht und die aktive Mobilität verdrängt und gefährdet.

Außerdem wird der Straßenraum stark vom beidseitigen ruhenden Verkehr eingenommen, sodass die Transporter teilweise in der zweiten Reihe parken müssen. Die Fußgänger*innen und Radfahrer*innen werden auf sehr schmale und unattraktive Wege entlang der Fassaden oder der Parkplätze zurückgedrängt. Die Gastgärten der Lokale werden von diesen Wegen von den Lokalinnenräumen »abgetrennt«. Dieser Platzmangel sorgt für Konfliktsituationen bei der Entladung der Ware auf der Straße.

Es kommt zu Stau, wechselseitiger Verkehrsbehinderung zwischen Transport und Personenverkehr und zu erhöhtem Unfallpotenzial aufgrund von Platzmangel und Parkproblemen (Yeretska, 2020) (▸51).

Raumwirksamkeit

Durch die Umstellung der Flotten von unterschiedlichen Lieferdiensten weg vom Verbrennungsmotor hin zum E-Antrieb kann zwar die Umweltbelastung, wie Lärm- und Schadstoffemissionen verringern, das löst jedoch nicht die räumlichen Konflikte (Knieling, 2020; Reicher, 2020). Die digital-basierte Optimierung von Lieferrouten und der entsprechenden, abgestimmten Beladungsprozesse der Ware im Transporter führt zur Einsparung von Lieferfahrten. Da die unterschiedlichen Dienstleister jedoch isoliert die Optimierung durchführen und die Zustellung weiterhin von regionalen Logistikzentren die Haushalte beliefern, bleibt ein Großteil des Lieferverkehrs bestehen.

Indirekte räumliche Veränderungen im Straßenraum können durch die systemische Transformation und Adaptation der Lieferprozesse erreicht werden. Durch eine neue Organisation und ganzheitliche strategische Optimierung der urbanen Logistik, beispielsweise durch die geteilte Nutzung (Geteilte Nutzung) von Ladekapazitäten unterschiedlicher *Kurier-Express-Paketdienste* wie Post, DHL, oder DPD kann die Verkehrsbelastung im innerstädtischen Bereich deutlich reduziert werden und die Flächenverteilung im Straßenraum zugunsten der aktiven Mobilität verbessert werden (siehe Kap. »Faire Raumverteilung«, ▸S. 118). Mithilfe digitaler Technologien werden Zustellungen zu einem dezentralen, vernetzten System zusammengefasst, in dem optimierte Auslieferungen ermöglicht werden und auf diese Weise der Endkunde schneller und bequemer beliefert wird. Die Schaffung von dezentralen Mikro-Hubs im Quartier ermöglicht die kleinteilige Zustellung in der *letzten Meile* in der Nachbarschaft, an Stelle eines Transporters mit einem E-Lastenrad zu bewerkstelligen (Ökonomie der Mittel). Dazu wird die Fahrradinfrastruktur mit hoher Qualität zulasten der Parkstreifen des ruhenden Verkehrs ausgebaut. Das dient des Weiteren für die Bewohner*innen in der Stadt als *Pull-Maßnahme* für die private Nutzung, oder den Umstieg auf aktive Mobilität.

Die platzkonsumierenden, umweltbelastenden Transportfahrzeuge werden aus der Innenstadt möglichst herausgehalten, indem die Pakete zunächst in die Verteilerzentren – sogenannte *City Hubs* – gebracht werden, von denen sie mit E-Transportern oder E-Cargo Bikes weitertransportiert werden. Kleinere und leichte Pakete werden gleich an einem fußläufig erreichbaren Abholpunkt (Pick-Up Station) zur Selbstabholung bereitgestellt und können dort nach einer elektronischen Benachrichtigung des Kunden mittels einer App (QR-Code) rund um die Uhr entsperrt werden. Gleichzeitig gelangt die Ware wesentlich schneller zu Konsument*innen, wodurch der heutige Anspruch an die *Same Day Delivery* erfüllt werden kann. *Pick-Up Stationen* können die Selbstabholung ermöglichen und als Nachbarschaftstreffpunkt fungieren. Dadurch können neue Nutzungsergänzungen und Synergien entstehen,

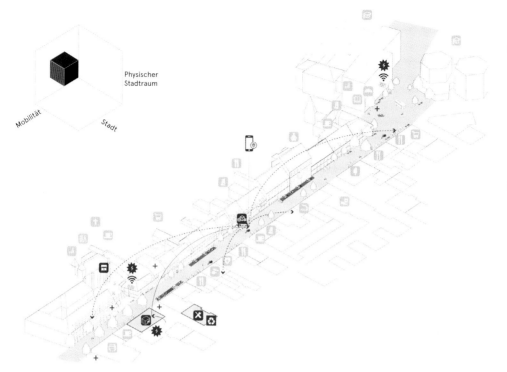

Physischer
Stadtraum

Mobilität

Stadt

▸52   Mögliche räumliche Transformationspotenziale durch Digitalisierung im Bereich der Logistik. *Quelle: Yeretska, V. (2020). E-Logistik [Seminararbeit]. Seminar städtebauliche Forschung, R. Radulova-Stahmer, Institut für Städtebau, TU Graz*

wie Fahrrad-*Repair-Shop*, Recyclingpunkt, Nachbarschaftshilfe, oder Flohmarktnut-zungen (Yeretska, 2020) (siehe Kap. »Geteilte Ressourcen«, ▷s. 116).

E-Ladestationen für E-Lastenrad-Flotten können erweitert werden, sodass die Flotte als *Sharing-Angebot* im Quartier genutzt werden kann, wenn die Räder nicht zur Lieferung benötigt werden, wie es beispielsweise in den Abendstunden der Fall ist (siehe Kap. »Geteilte Ressourcen«, ▷s. 116). Flächenrückgewinnung durch Reduktion von Park- und Verkehrsflächen können die gewonnenen Freiflächen zu kleinteiligen, öffentlichen Begegnungsorten und Grünräumen werden und gleichzeitig kann im Verhältnis mehr Fläche im Straßenquerschnitt der aktiven, umweltschonenden Mobilität gewidmet werden (siehe Kap. »Menschenzentrierte Mobilität«, ▷s. 117).

Durch die Flächenrückgewinnung der Parkflächen können sich konsumgebun-dene und konsumfreie Flächen entfalten. Die Gastronomienutzung mit Gastgärten kann sich in den öffentlichen Raum ausdehnen und andere Teile der freigewordenen Flächen können begrünt werden und Bäume können gepflanzt werden. Das erhöht einerseits die Aufenthaltsqualität im Straßenraum und andererseits entsteht eine kontinuierliche Beschattung der Geh- und Fahrradwege durch die Baumreihen, so dass die aktive Mobilität auch in heißen Sommertagen ermöglicht wird. Die zusätz-lichen Grünflächen leisten einen Beitrag zur Biodiversität in der Stadt, haben positive Effekte auf das Mikroklima, reduzieren Hitzeinseln und unterstützen zusätzlich die Erhöhung der Luftqualität in der Stadt (siehe Kap. »Schwammstadt«, ▷s. 119) (▸52).

# E-Carsharing[23]

## Technologie

Das *Carsharing* ist eine Form der organisierten, gemeinschaftlichen Nutzung eines oder mehrerer Personenkraftwagen. Das *Carsharing* kann als *Mobility as a Service* Dienstleistung angeboten werden oder als privates *Carsharing* unter Nachbarn betrieben werden. Bedingung dafür ist bei beiden Formen die Grundvereinbarung, die zwischen den Vertragspartner*innen getroffen wird. Zur Abgrenzung gegenüber der gewöhnlichen Autovermietung können *Carsharing-Fahrzeuge* minutenweise gemietet werden, und die Abrechnung der Nutzung wird über ein Zeit- und/oder Kilometertarif kalkuliert. Die *Carsharing-Flotten* können sich je nach Anbieter*innen in Klasse und Größe der Fahrzeug-Flotte unterscheiden. Die Organisation der Flotte ist entweder stationsbasiert oder *freefloating*. Bei einer stationsbasierten Flotte sind die Fahrzeuge standortgebunden an bestimmten Stationen verfügbar, während bei einer *freefloating* Flotte Fahrzeuge auf einem konventionellen Stellplatz in der Stadt oder in einem bestimmten Bereich der Stadt abgeholt und abgestellt werden können.

*E-Carsharing* bedeutet, dass die *Carsharing-Flotte* mit einem E-Antrieb versorgt wird und Strom als Kraftstoff benutzt. Beim *E-Carsharing* werden die Fahrzeuge stationsbasiert an Stellplätzen, die mit einer Ladesäule ausgestattet sind, angeboten, sodass beim Abstellen des Fahrzeugs der Ladevorgang gestartet werden kann. Alternativ dazu sind Induktionsladestationen. Das sind Stellplätze für kabelloses, induktives Laden von E-Fahrzeugen über eine Kontaktstelle. Die E-Fahrzeuge werden kontaktlos über zwei Spulen aufgeladen, eine am Boden in den Modulen, die andere an der Fahrzeugunterseite. Die beiden Spulen müssen sich annähern, denn je stärker das Magnetfeld zwischen den Spulen ist, umso leistungsstärker ist das Laden und umso kürzer dauert die Ladezeit (Ebenführer, 2020).

*Stationsbasiertes Carsharing* und *E-Carsharing* wird oft an *multimodalen* Verkehrsknoten angeboten, an denen der *intermodale* Wechsel unterschiedlicher Mobilitätsformen stattfindet. *Multimodale Hubs* bieten den Anschluss an den öffentlichen Personennahverkehr über U-Bahn-, Bus- oder Tramhaltestellen, E-Taxis, Fahrradabstellplätze, E-Ladestationen für Fahrräder, *Carsharing-Fahrzeuge* und Personenkraftwagen, und weitere Verkehrsmittel.

## Problemstellung

Stellplatzschlüssel von über eins in kompakten und durch den öffentlichen Personennahverkehr gut erschlossenen Städten ist keine Seltenheit. Durch die Vorhaltung eines Personenkraftwagens für jeden Haushalt entsteht ein hoher Stellplatzbedarf im öffentlichen Raum. Der Straßenquerschnitt wird stark vom ruhenden Verkehr

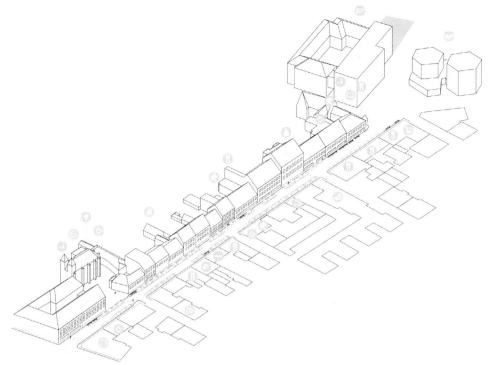

▶53 Bestandsprobleme durch dominanten MIV in Innenstadtlagen. *Quelle: Moser, B. (2020). Multimodale Knoten – TIM [Seminararbeit]. Seminar Städtebauliche Forschung R. Radulova-Stahmer, TU Graz*

dominiert, obwohl die Personenkraftwagen oft nur am Wochenende für Freizeitausflüge genutzt werden und die restliche Zeit abgestellt und ungenutzt bleiben. Der motorisierte Individualverkehr ist für hohe Schadstoff- und Lärm-Emissionen verantwortlich und benötigt versiegelte Flächen, die zur Entstehung von Hitzeinseln in der Stadt führen. Dadurch kann die allgemeine Aufenthaltsqualität im Straßenraum verringert werden.

Die E-Mobilität kann räumliche Probleme nicht lösen. *E-Tanksäulen* stellen Barrieren im Straßenraum dar und verengen den Gehsteig, was dazu führt, dass die durch den Straßenquerschnitt bedingt schmalen Gehsteige nicht von Kinderwagen, oder Rollstuhlfahrenden genutzt werden können, zudem wirken sich die Tanksäulen negativ auf die Gastronomie aus, da sie keine Gastgärten im Straßenraum anbieten können (Ebenführer, 2020) (▶53).

## Raumwirksamkeit

Eine strategische Lagebestimmung für das stationsbasierte *E-Carsharing* in der Nähe von *multimodalen Hubs* mit Haltestellen des öffentlichen Personennahverkehrs und Radstellplätzen, sowie eine unmittelbare Anbindung an übergeordnete

Verkehrsverbindungen für den motorisierten Individualverkehr, kann die Nutzungsintensität des *E-Carsharings* erhöhen. Die Größe der Flotte muss der Nutzung angepasst sein, so dass die Verfügbarkeit des *Carsharings* verlässlich gewährleistet werden kann (siehe Kap. »Menschenzentrierte Mobilität«, ▷s. 117). Freie, ungenutzte E-Ladestationen können durch private E-Fahrzeuge für einen Ladevorgang während der Besorgungsverrichtung vor Ort genutzt werden. So kann die Ladeinfrastruktur möglichst intensiv und effizient genutzt werden (siehe Kap. »Geteilte Ressourcen«, ▷s. 116).

Die Lagebestimmung der Ladestationen kann zudem in Abhängigkeit der Gebäudenutzungen konzipiert werden, so dass beispielsweise vor Bürogebäuden oder Supermärkten eine Lademöglichkeit für das E-Fahrzeug angeboten werden kann.

Das *Mobility as a Service*-Angebot des *E-Carsharings* kann um E-Fahrräder und E-Skooter erweitert werden, um kurze Distanzen im Quartier zurückzulegen. Eine niederschwellige *Mobility as a Service*-Lösung führt langfristig dazu, dass Haushalte auf ihren Personenkraftwagen verzichten und dadurch Stellplätze im öffentlichen Raum frei werden. Nahegelegene Haltestellen des öffentlichen Personennahverkehrs, welche die umweltfreundliche Mobilität unterstützen, können die Lärm- und Feinstaub-Emissionen reduzieren, was ebenfalls zur Qualitätssteigerung von öffentlichen Räumen und Wohnnutzung führt (Moser, 2020) (siehe Kap. »Menschenzentrierte Mobilität«, ▷s. 117).

Konventionelle Ladesäulen, die mit Kabel an das Fahrzeug angeschlossen werden müssen, können durch unterflur-integrierte, induktive Ladestationen ersetzt werden. Somit werden weitere Barrieren – wie Säulen und Ladekabel – im Straßenraum abgebaut und dieser wieder flexibel nutzbar. Die Fußgänger*innen können sich frei im Straßenraum bewegen. Auch für größere Gruppen, sowie Rollstuhlfahrer und Personen mit Kinderwagen stellen die Induktions-Module keine Barriere dar. Außerdem können sich die Gastgärten der Gastronomie frei im Straßenraum ausbreiten. Vor Gebäuden mit gastronomischer Nutzung werden keine Ladestationen angeboten, um den Straßenraum für den Gastgarten nutzen zu können (Ebenführer, 2020) (siehe Kap. »Inklusion und Barrierefreiheit«, ▷s. 118).

Eine kompakte Fläche für die Ladestationen des *E-Carsharings* mit Querparker-Stellplätzen ermöglicht die Nutzung einer Ladesäule für zwei Fahrzeuge und gleichzeitig können straßenbegleitend Flächen freigestellt werden, die einer anderen Nutzung zugeführt werden können. Diese können als Grünflächen oder Gastgärten für die Gastronomie genutzt werden. Die zurückgewonnenen Flächen können auch anderweitig genutzt werden, indem sie beispielsweise für die Schaffung von Grünflächen verwendet werden, wodurch mikroklimatische Verbesserung und eine bessere Luftqualität erreicht werden können (*Schwammstadt*). Solaranlagen auf den Dächern können darüber hinaus das Induktionslade-System lokal mit erneuerbarer Energie versorgen (▶54).

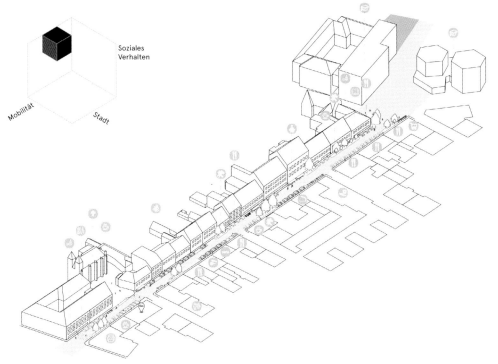

▶54 Möglische räumliche Transformationspotenziale durch Digitalisierung wie Flächenrückgewinnung durch geteilte Ressourcen in der Mobilität, *Carsharing. Quelle: Moser, B. (2020). Multimodale Knoten – TIM [Seminararbeit]. Seminar Städtebauliche Forschung R. Radulova-Stahmer, TU Graz*

# Peer-to-Peer-Accomodation[24]

Technologie

Plattformen wie Airbnb sind Online-Marktplätze zur Buchung und Vermietung von privaten sowie gewerblichen Ferienunterkünften und einzelnen Zimmern.

»Airbnb unterhält eine Plattform, auf der Verbraucher über die Website oder über eine App zugreifen können. Über den Dienst können Nutzer*innen Unterkünfte, vor allem Gastfamilien, touristische Erlebnisse vermitteln oder ihre Immobilien zur Vermietung anbieten. Airbnb besitzt keine der aufgelisteten Objekte, sondern profitiert von der Provision, die es für jede Buchung erhält.« (Wikipedia, 2020)

Durch die digitale App können vorhandene Raumressourcen in der Stadt aktiviert werden und dazu beitragen, dass diese effizienter genutzt werden. Beispielsweise können ältere Menschen, die in großen Wohnungen leben und nur wenige Zimmer täglich nutzen, ein Zimmer über die Plattform vermieten und damit ihr Renteneinkommen

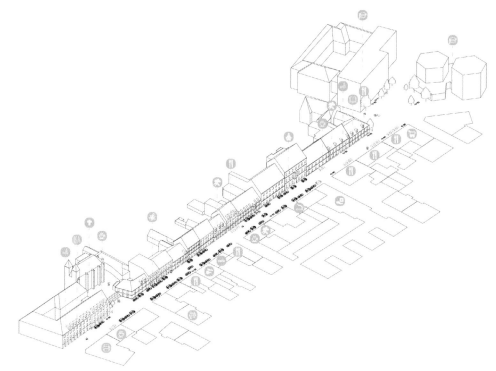

▸55   Durchmischte Bestandsstraße mit überwiegender Wohnnutzung im aktuellen Zustand. *Quelle: Darnhofer-Klamminger, B. (2020). Airbnb [Seminararbeit]. Seminar Städtebauliche Forschung R. Radulova-Stahmer, TU Graz*

aufstocken. Es kann dazu genutzt werden, dass, wenn eine Familie über mehrere Wochen in den Urlaub fährt, ihre Wohnung zur Untermiete angeboten und dadurch der wochenlange Leerstand als ungenutzte Raumressource vermieden werden kann. Gleichzeitig besteht jedoch die Gefahr, dass dies zu steigenden Mietpreisen in den Städten führt und es zu innerstädtischer Segregation kommt, da zentrale Wohnungen teuer untervermietet werden und weniger zahlungskräftige Gruppen an den Stadtrand verdrängt werden (*Zentrifugaleffekt*). Eine weitere negative Auswirkung ist die Belästigung, die durch die touristische Nutzung der Wohnungen für Nachbar*innen von Mietobjekten entstehen kann.

   Durch die Nutzung der digitalen App Airbnb kann ein innerstädtisches Quartier mittelfristig oder langfristig unkontrolliert durch viele einzelne Privatinitiativen und -vermietungen zu einem »Touristenviertel« werden. Die Dienstleistung von Airbnb, Privatwohnungen für touristische Unterkünfte zu nutzen, verändert den Hotelmarkt und die Planbarkeit der Art, Entwicklungsgeschwindigkeit, des Bedarfs und der Lagebestimmung von Tourist*innenvierteln. Die Entwicklung und Angebotsdichte von touristischen Airbnb-Unterkünften in konventionellen, innerstädtischen Wohnvierteln ist oft für die Initiierung eines Transformationsprozesses der Wohnquartiere verantwortlich, der einige Risiken birgt. So können die beschrieben Verdrängungseffekte durch den *Gentrifizierungsprozess* oder eine starke Kommerzialisierung und Verteuerung der Versorgungsinfrastruktur daraus resultieren. Die steigenden

Mietpreise in der Umgebung verursachen Probleme, wie *Milieu-Verdrängung*, die mit Gentrifizierung in Verbindung gebracht werden.

## Problemstellung

In der Ausgangssituation ist die Bestandsstraße durch zwei Spuren von parkenden Personenkraftwagen und den motorisierten Individualverkehr im schmalen Straßenraum bestimmt. Es entstehen Barrierewirkungen durch den Parkstreifen, durch Mülltonnen im Straßenraum oder sonstige Hindernisse wie Werbetafeln und Gastronomiemöbel. Durch die hohe Versiegelung, den intensiven motorisierten Individualverkehr auf der Straße und die räumliche Enge der Gehwege ist die Aufenthaltsqualität niedrig. Im starken Kontrast zum belebten Straßenraum stehen die rückseitigen, ruhigen Innenhöfe der Bebauung. Sie beherbergen private Gärten und Grünflächen, die zum Sport oder zur Erholung genutzt werden (▶ 55).

## Raumwirksamkeit

Digitale Apps der *Peer-to-Peer-Accomodation* besitzen anders als die meisten urbanen Technologien keine physische Form, mit der sie direkt in den Stadtraum eingreifen. Die Veränderungen im urbanen Raum ergeben sich anhand der neuen Nutzer*innen- und Bewohner*innenstruktur und geschehen indirekt und meist mittel- bis langfristig.

Um die Attraktivität im Stadtraum in der Umgebung zu erhöhen und weiterhin touristische Nutzungen zu erweitern, wird großer Wert auf die Aufenthaltsqualität und Gestaltung im Straßenraum gelegt. Es werden Änderungen initiiert, die zuvor, als die »unprofitable« Lokalbevölkerung noch Hauptnutzer*in war, unmöglich erschienen. Der gesamte Bereich, nicht nur die Straße, sondern auch der Stadtraum in der Umgebung, wird zur Fußgänger*innen- oder Begegnungszone. Stellplätze für Personenkraftwagen und Abfallsammelplätze im öffentlichen Raum werden von Grünflächen abgelöst (siehe Kap. »Schwammstadt«, ▷s. 119). Gehwege werden verbreitert und eine bessere Anbindung an den öffentlichen Personennahverkehr, sowie eine bessere Versorgung mit *Mobility as a Service* und E-Mobilität impliziert (siehe Kap. »Menschenzentrierte Mobilität«, ▷s. 117). Die Personenkraftwagen, Fahrräder und Abfallcontainer werden in den privaten Bereich der Innenhöfe verlagert. Die zuvor der Erholung und Selbstversorgung dienenden grünen Hinterhöfe verkommen auf Grund der hohen Fluktuation der touristischen Vermietung und der fehlenden Pflege durch die kurzzeitigen Bewohner*innen.

Des Weiteren entstehen durch die neue Dichte an Arbeitsplätzen neue Subzentren, die einer guten Verkehrsanbindung ins Stadtzentrum und in die Randbezirke bedürfen. Dadurch kann sich die Transformation des Wohnquartiers zu einem Tourist*innenviertel auf das Verkehrsnetz der gesamten Stadt auswirken und den Ausbau des öffentlichen Personennahverkehrs, sowie der E-Mobilität fördern. Der Ausbau und

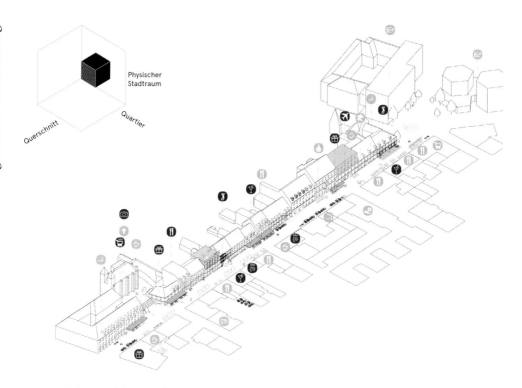

▶56  Mögliche räumliche Transformationseffekte und Risiken durch P2P-Accomodation. *Quelle: Darnhofer-Klamminger, B. (2020). Airbnb [Seminararbeit]. Seminar Städtebauliche Forschung R. Radulova-Stahmer, TU Graz*

die Vernetzung von qualitativ hochwertigen Fahrradverbindungen in der Innenstadt werden gefördert und die Bewohner*innen werden zur aktiven Mobilität motiviert. Ladestationen für die E-Mobilität werden angeboten und mit regenerativen Energiequellen gespeist (siehe Kap. »Menschenzentrierte Mobilität«, ▷s. 117). Der Verkehr unterliegt, wie viele der neuen Funktionen und Nutzungen des »Tourist*innenviertels«, den starken Schwankungen der Saisonalität. Der in den Sommermonaten überfüllte öffentliche Personennahverkehr ist im Winter weitestgehend leer unterwegs, im Sommer rentable Wohnungen stehen im Winter leer, und der lebendige Stadtraum im Sommer gleicht im Winter einer Geisterstadt. Diese negativen Auswirkungen durch die *Peer-to-Peer-Accomodation*-Nutzung müssen von der lokalen Bevölkerung getragen werden. Die Stadt verliert konstant an Lebensqualität, Identität und Authentizität (Darnhofer-Klamminger, 2020).

Für das Milieu bedeutet das eine Verdrängung der derzeitigen Bewohner*innen durch die touristischen Gäste, die eine höhere Kaufkraft haben und den Konsum erhöhen. Das preiswerte gastronomische Angebot, das Dienstleistungsangebot, sowie kleinteilige Produktionsformen wie Handwerksbetriebe werden durch teurere Lokale, Bars, Clubs und Souvenirgeschäfte ersetzt. Eine erhöhte Dichte der neuen Nutzungen entsteht in der Nähe von Sehenswürdigkeiten und atmosphärischen, zentralen Begegnungsorten. Die neuen Nutzungen führen oft zu Konflikten zwischen touristischen Nutzungen und Wohnnutzung durch die lokale Bevölkerung. Durch die Bars und Clubs, die längeren Öffnungszeiten haben, und andere neu angesiedelte Nutzungen im öffentlichen Raum, wie Straßenmusiker*innen, Verkaufsstände, oder Besucher*innenzentren, kommt es zu einer Steigerung des Lärmpegels im Stadtraum, was sich negativ auf die Lebensqualität dauerhafter Bewohner*innen auswirkt (Darnhofer-Klamminger, 2020).

Durch die digitale Technologie *Peer-to-Peer-Accomodation* entsteht eine Nutzungsverdichtung in Form von einer höheren Auslastung des Wohnraums, sowie anderer kommerzieller Nutzungen (siehe Kap. »Ökonomie der Mittel«, ▷s. 118). Wohnungen werden weiter unterteilt und verkleinert, Dachgeschosse ausgebaut und Gebäude aufgestockt. Jede Möglichkeit profitable Fläche zu generieren wird wahrgenommen. Die Erdgeschosszone wird durch gastronomische und Freizeitnutzungen belebt und zur Straße hin geöffnet. Das passiert oft auf Kosten der Substanzerhaltung des Wohnraums und der Qualität des Straßenraumes. Durch die ungesättigte Nachfrage können Mietwohnungen auch im schlechten Zustand profitabel vermietet werden und bergen häufig Probleme bei Hygiene und Brandschutz. Zudem wirken sich renovierungsbedürftige Fassaden und Aufstockungen negativ auf die Atmosphäre und Aufenthaltsqualität im Straßenraum aus (Darnhofer-Klamminger, 2020) (▶56).

# Nachbarschaftsapps

## Technologie

Nachbarschaftsapps sind Online-Plattformen, die digitale Netzwerke in der Nachbarschaft schaffen. Dadurch sollen der Aufbau und die Förderung von Nachbarschaften erleichtert werden. Ziel des Netzwerkes ist es, in der Umgebung des eigenen Wohnumfeldes Kontakte zu Nachbarn aufzubauen und zu vertiefen und sich gegenseitig zu unterstützen. Durch gemeinsame Interessen können Veranstaltungen und Aktivitäten in der Nachbarschaft angekündigt, kommuniziert und organisiert werden. Das private *Sharing* von Werkzeug und anderen Gegenständen kann über die Nachbarschaftsapp ablaufen. Zudem kann jegliche Form von gemeinschaftlichen Nutzungen in Innen- und Außenräumen organisiert werden. Die Nachbarschaftsapps werden vielfach für die Bildung und das Betreiben von *Urban-Gardening-Projekten* in der Nachbarschaft genutzt.

## Problemstellung

In der Ausgangssituation ist jede*r Bewohner*in im Besitz von zahlreichen Privatgegenständen wie Werkzeugen, Fahrzeugen, Räumen, Gebäuden oder Gärten, die jeweils nur von dem Eigentümer*in genutzt werden. Dadurch werden viel Wohnraum

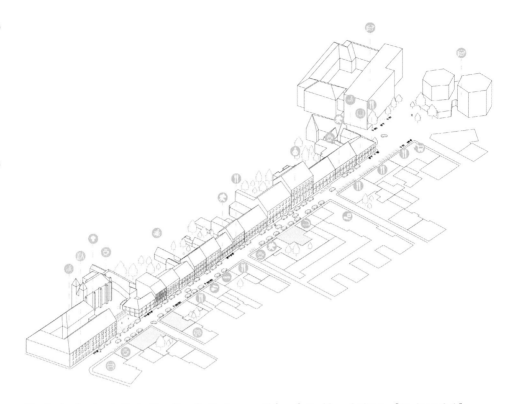

▶57  Bestandwohnstraße im Quartier. *Quelle: Ivanova, P. (2020). Nachbarschaftsapps [Seminararbeit].*
*Seminar Städtebauliche Forschung R. Radulova-Stahmer, TU Graz*

und öffentlicher Raum für die Lagerung dieser Gegenstände und Fahrzeuge benötigt. Besonders viel Flächenbedarf haben die Personenkraftwagen auf den beidseitigen Parkstreifen, die etwa ein Drittel der gesamten Straßenbreite einnehmen (▶57).

## Raumwirksamkeit

Die Nutzung von Nachbarschaftsapps hat keine unmittelbare Auswirkung auf den Stadtraum. Diese räumliche Veränderung kann zunächst entweder temporär und informell, oder permanent und formalisiert sein. Oft werden Maßnahmen eigeninitiativ und informell temporär eingeführt und getestet. Manche erfolgreichen Maßnahmen gehen in Folge in den dauerhaften Zustand über und werden formalisiert. Zunächst bilden sich Interessensgruppen und Initiativen, um beispielsweise Gemeinschaftsgarten-Projekte zu entwickeln, die sich anschließend im Stadtraum manifestieren. Entscheidend für die Umsetzung und damit für die Materialisierung der unterschiedlichen Initiativen und Projekte im Raum ist das Maß an Aktivität und Eigeninitiative der Menschen in den Quartieren und Nachbarschaften.

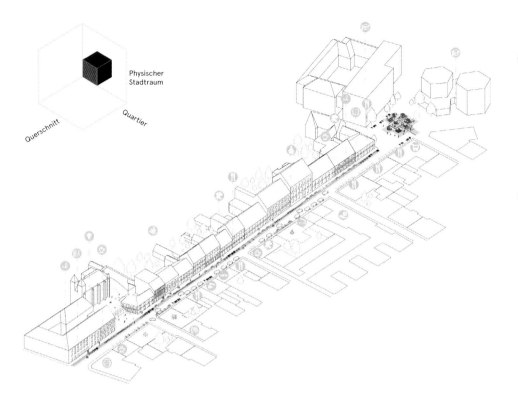

Physischer
Stadtraum

Querschnitt

Quartier

▶58 Mögliche räumliche Transformationspotenziale durch intensive Nutzung von Nachbarschaftsapps.
*Quelle: Ivanova, P. (2020). Nachbarschaftsapps [Seminararbeit]. Seminar Städtebauliche Forschung R.*
*Radulova-Stahmer, TU Graz*

Mit der App kann ein nachbarschaftliches, privates *Carsharing-System* entstehen,
sodass langfristig ein Teil der Personenkraftwagen-Stellplätze reduziert werden kann
(siehe Kap. »Geteilte Ressourcen«, ▷s. 116 und Kap. »Ökonomie der Mittel«, ▷s. 118).
Diese Flächen können für die aktive Mobilität genutzt werden. So kann der Gehweg
stellenweise verbreitert werden und es kann zusätzliche Fahrradinfrastruktur, wie
ein Fahrradweg in der Straße, geschaffen werden. Die Verbesserung der Fahrradinfrastruktur führt als *Pull-Maßnahme* zur Steigerung der Radmobilität, so dass
weitere Personenkraftwagen Stellplätze durch Fahrradstellplätze ersetzt werden
können (siehe Kap. »Menschenzentrierte Mobilität«, ▷s. 117). Durch niederschwellige, kosteneffektive Gestaltungsmaßnahmen, wie das Einfärben des Straßenbelags,
oder die Aktivierung des Stadtraums mit mobilen Stadtmöbeln, können temporäre
und informelle Initiativen genutzt werden, um den Straßenraum zu aktivieren, zu
beruhigen und durch eine mögliche Formalisierung der Maßnahmen den Straßenraum nachhaltig zu verbessern. Der Straßenraum kann nach Bedarf flexibel in seiner
Nutzung angepasst werden. Durch die App und die Nutzungsoffenheit im Stadtraum werden kurzfristige räumliche Nutzungsänderungen wie die Organisation von
Nachbarschaftsfesten, *Give-Away-Festen*, oder Flohmärkten ermöglicht (siehe Kap.
»Inklusion und Barrierefreiheit«).

Die freigewordenen Stellflächen durch das private *Carsharing-Angebot* können von den Menschen mithilfe der Nachbarschaftsapp im Quartier für Gemeinschaftsgarten-Projekte – *Urban-Gardening* – im Straßenraum genutzt werden. Die Initiative ermöglicht weitere Begrünungsprojekte im Straßenraum, wie beispielsweise eine intensive Fassadenbegrünung (siehe Kap. »Schwammstadt«, ▷s. 119). Diese Begrünungsinitiativen schaffen nicht nur eine höhere Aufenthaltsqualität im Stadtraum, sondern haben auch einen positiven, mikroklimatischen Effekt der sonst stark versiegelten Straße. Mögliche Leerstände im Erdgeschoss der Straße können mithilfe der App von den Bewohner\*innen für gemeinschaftliche Aktivitäten wie Workshops, Sport oder als Besprechungsräume um- oder zwischengenutzt werden (siehe Kap. »Ökonomie der Mittel«, ▷s. 118). Diese Umnutzung aktiviert nicht nur die Fassaden im Erdgeschoss, sondern auch die Nutzung im Straßenraum. So wird der Schwellenraum zwischen privat und öffentlich vor den Eingängen der Erdgeschosse mit Sitzmöglichkeiten und Grünelementen ausgestattet (siehe Kap. »Gestaltung und Ästhetik«, ▷s. 118).

Die Nachbarschaftsapps können zur Vernetzung in der Nachbarschaft dienen. Durch das Zusammentragen von Vorschlägen und Initiativen aus der lokalen Bevölkerung, kann diese aktiv an Planungsprozessen im Quartier teilnehmen und sie mitgestalten. So kann durch die digitale Vernetzung ein Transformationsprozess in der Straße angestoßen werden. Die Umgestaltung der Straße als verkehrsberuhigte Zone oder *Shared Space* Zone mit intensiver Begrünung kann einen attraktiven und lebendigen Stadtraum mit positiven Effekten für das Klima schaffen (siehe Kap. »Schwammstadt«, ▷s. 119). Die Priorisierung der aktiven Mobilität und die Aktivierung des Straßenraums mit konsumfreien Aufenthaltsbereichen und Stadtmöbeln erhöht die Lebensqualität im Stadtraum (Ivanova, 2020) (▷ 58).

# Smarte Stadtmöbel

### Technologie
────────────

*Smart Street Lighting* und *Smart Furniture* sind – als *smarte* Stadtmöbel zusammengefasst – Technologien, die auf Grundlage von vernetzten Daten im Stadtraum einerseits die Effizienz und andererseits die Qualität im öffentlichen Raum für die Menschen erhöhen. Als *Smart Lighting* werden zentrale Lichtmanagement-Anwendungen bezeichnet, die bedarfsorientiert auf Veränderungen der Umgebung reagieren. Das Licht kann durch LEDs gespendet werden, oder es werden komplexere Lichtmanagementsysteme eingesetzt. Die digitale Anwendung über App ermöglicht eine zentrale Fernsteuerung. Diese Technologie soll die Energieeffizienz erhöhen und mehr Komfort für die Nutzer\*innen bieten.

Das Kernkonzept von *Smart Furniture* ist, dass Objekte mit informationstechnischen Fähigkeiten ausgestattet werden, die es ihnen ermöglichen, mit den Geräten

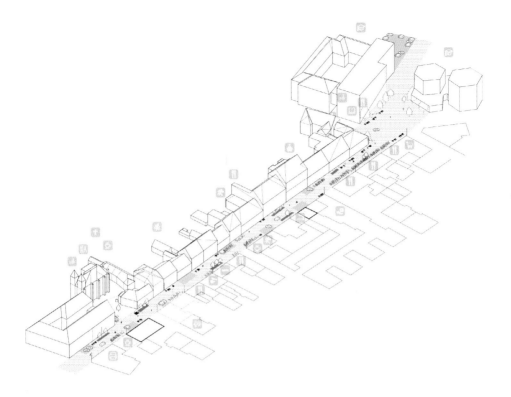

▶59  Straßenraumgestaltung und -frequentierung im Bestand. *Quelle: Müller, P. (2020). Smart Furniture [Seminararbeit]. Seminar Städtebauliche Forschung R. Radulova-Stahmer, TU Graz*

durch den Einsatz von Sensoren und Computernetzwerken über das Internet zu kommunizieren. *Smart Furniture* ist demnach ein Produkt, das die Fähigkeit hat, den Stadtraum durch den Einsatz von Informations- und Kommunikationstechnologien in einen intelligenten Raum zu verwandeln (Krejcar et al., 2019). Durch den Einsatz von *Smart Furniture* soll der Komfort für die Menschen in der Umgebung verbessert werden. Der Begriff beinhaltet sowohl eine intelligente und hoch-technologische Lösung, als auch *low-tech* Straßenmöbel, die mehrere analoge Funktionen beinhalten können.

Die Funktionen von *Smart Furniture* gehen über die Sitzbanknutzung hinaus. *Smart Furniture* erzeugen digitale Hot-Spots, als Treffpunkte für Menschen zur Erholung oder zum Arbeiten im Stadtraum. *Smart Furniture* verbindet die wichtigsten technologisch erforderlichen Elemente für die zunehmende Digitalisierung der Stadt. Sie erfordert dauerhaft schnelle und kostenlose WLAN-Verbindung, sowie die Verfügbarkeit von mobilen Stadtmöbeln im öffentlichen Raum.

## Problemstellung

Ein Großteil der Straßenlaternen im öffentlichen Raum funktionieren auf Natriumbasis und sind sehr ineffizient. Sie sind mitverantwortlich für urbane Lichtverschmutzung und damit für den Rückgang von Biodiversität in der Stadt und das Artensterben. Des Weiteren verursachen sie hohe Betriebs- und Erhaltungskosten. Die Straßenbeleuchtung ist auf den motorisierten Verkehr ausgerichtet und belichtet den Straßenraum großflächig mit hohen Straßenleuchten. Sie erzeugt Lichtsmog und emittiert in die straßenseitigen Schlafräume der Privatwohnungen, was zu Schlafproblemen führen kann. Die Straße ist stark versiegelt und durch den dominanten motorisierten Individualverkehr und ruhenden Verkehr geprägt. Durch die geringe Aufenthaltsqualität in der Straße gibt es keine konsumfreien Aufenthaltsbereiche und Sitzgelegenheiten im öffentlichen Raum (▶59).

## Raumwirksamkeit

Das Bedürfnis der Menschen nach Austausch, nach persönlicher Begegnung und Vernetzung macht den Bedarf an qualitativen Aufenthaltsflächen in der Stadt deutlich. Der Einsatz von *Smart Street Lighting* mit *Light-on-Demand*-Lösungen kann nicht nur die $CO_2$-Emissionen senken, ihr Einsatz kann zusätzlich auch eine positive Auswirkung auf urbane Biodiversität haben, indem nachtaktive Flora und Fauna vor unnötigen Lichtemissionen geschützt werden. Bedarfsorientierte sensor-gestützte Straßenbeleuchtung durch *Smart Lighting* kann dazu dienen, den Energieverbrauch zu reduzieren und die allgemeine Umweltbelastung nachhaltig zu senken. Weiterhin können sensor-gestützte Laternenmasten bei der Parkplatzsuche unterstützen, als WLAN-Router fungieren, oder als E-Tankstellen der E-Mobilität dienen (siehe Kap. »Ökonomie der Mittel«, ▷s. 118).

Mit der Technologie des *Smart Lighting* wird die Lichtenergie auf die erforderlichen Straßenbereiche konzentriert und die Lichter werden sensor-basiert nach Bedarf hoch- und runtergedimmt, wodurch Lichtemissionen reduziert werden und die Umwelt durch die Reduzierung des Verbrauchs geschützt wird. *Smart Lighting* wird mit langlebigen LEDs ausgestattet, wodurch der Wartungsbedarf gesenkt wird. Straßensperrungen aufgrund von Instandhaltungsarbeiten und allgemeine Anfahrten zur Wartung können damit vermieden werden (siehe Kap. »Ökonomie der Mittel«, ▷s. 118) (▶ 60).

Die *Smart Furniture* im Stadtraum kombinieren ein Sitzmöbel mit WLAN-Verbindung, digitale Info- und Werbetafeln, USB- und Laptop-Ladestationen und ermöglichen damit die multifunktionale Nutzung der Objekte im öffentlichen Raum. Die *Smart Furniture* Module werden wie *Parklets* zulasten von Personenkraftwagen Stellflächen im Straßenraum aufgestellt. Durch die Nutzungsänderung kann die Fläche und das *Smart Furniture* selbst zusätzlich mit integrierten Grünelementen versehen werden. Zudem verfügen die *smarten Stadtmöbel* über innovative und nachhaltige Energiesysteme. Sie können mit integrierten *Photovoltaikmodulen* im Mobiliar

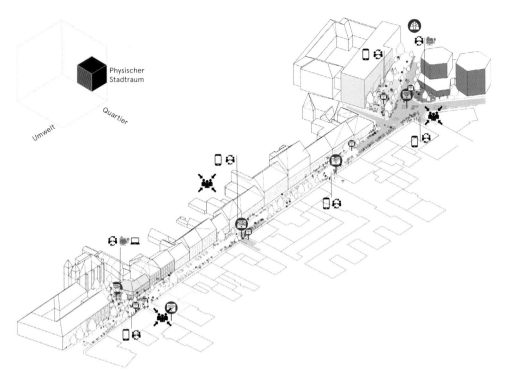

▶60 Mögliche räumliche Transformationspotenziale durch Smart Furniture. *Quelle: Müller, P. (2020). Smart Furniture [Seminararbeit]. Seminar Städtebauliche Forschung R. Radulova-Stahmer, TU Graz*

eigenständig erneuerbare Energie erzeugen. Das macht den Straßenraum digital, grün, lebendig und offen für Austausch und Kommunikation (siehe Kap. »Ökonomie der Mittel«, ▷s. 118).

Smart Furniture Module können durch ihre Multifunktionalität die Nutzungsvielfalt und die Qualität des öffentlichen Raumes steigern. Durch die Aktivierung des Stadtraums mit *Smart Furniture* werden die Erdgeschossflächen attraktiv. So entsteht eine Nutzungsverschiebung und -änderung nicht nur im Straßenraum, sondern auch in den Erdgeschossen. Die *smarten* Stadtmöbel unterteilen den Straßenraum und erweitern die Nutzfläche für die Fußgänger*innen, was die Aufenthaltsqualität erhöht. Durch die WLAN-Hotspots verbringen mehr Menschen mehr Zeit im öffentlichen Raum und persönliche Begegnungen werden stimuliert. Das *Smart Furniture* Modul besteht aus einem Tisch mit zwei Sitzbänken, einem Verschattungselement mit *Photovoltaik-Anlage*, einem Infoscreen und bieten eine WLAN-Verbindung sowie eine Lademöglichkeit für elektronische Geräte (siehe Kap. »Gestaltung und Ästhetik«, ▷s. 118). Der öffentliche Raum verändert sich und wird zunehmend zum digitalen Wohnzimmer, in dem sich Menschen unterhalten, zusammenarbeiten oder ihre Freizeit verbringen. Durch das digitale Angebot und die soziale Vernetzung in der Nachbarschaft kann der ruhende Verkehr zunehmend verdrängt werden und weicht zugunsten von Grünflächen, was den Stadtraum zusätzlich aufwertet (Müller, 2020).

*Smart Street Lighting* verfügt über zusätzliche Akzentbeleuchtung, die den menschlichen Maßstab im Straßenraum berücksichtigt. Die smarten Laternen erkennen die Wetterbedingungen und passen die Leuchtkraft und -qualität automatisch daran an, indem sie verschiedene Beleuchtungsprofile abhängig von Ort, Zeit und Wetter aufrufen. Diese Beleuchtungsprofile unterscheiden sich in der Farbtemperatur, die sensor-basiert automatisch je nach Temperatur und Luftfeuchtigkeit reguliert wird. Bei Nebel wird beispielsweise gelbes und helles Straßenlicht benötigt. Die *Smart Street Lighting* Laternen können weiterhin durch die zusätzliche Audiofunktion wichtige Nachrichten für die öffentliche Sicherheit vermitteln. Das *Smart Street Lighting* basiert auf Informations- und Kommunikationstechnologien und *Internet of Things*, sodass ihre Fernsteuerung in einer Entfernung von bis zu 50 km möglich ist. Die Servicemitarbeiter können die einzelnen Leuchten von einem Kontrollzentrum oder über eine Kontroll-App aus regulieren. Bei Instandsetzungsbedarf meldet ein Sender über die Cloud eine genau lokalisierte Fehlermeldung, so dass die Reparatur zielgerichtet und punktuell erfolgen kann. Die *smarten* Straßenlaternen können mit Infoscreens ausgestattet werden, um alle nötigen Informationen im Straßenraum zu bündeln und zu vereinheitlichen und damit den visuellen Smog beispielsweise durch Werbung in der Straße zu reduzieren. So können digitale Anzeigen oder Umleitungsinformationen eingeblendet werden und es müssen keine zusätzlichen Umleitungsschilder aufgestellt werden, was Mobilitätsbedarfe von Servicewagen verringert und die Barrierefreiheit im Straßenraum verbessert. Durch die *WLAN* Funktion kann die *smarte* Laterne beim Parken unterstützen und den Verkehr regulieren, indem es freie Parkplätze erkennt und den motorisierten Individualverkehr dort hinleitet (Lesnikova, 2020) (siehe Kap. »Ökonomie der Mittel«, ▷S. 118).

# Photovoltaik (gebäudeintegriert)

Technologie

*Photovoltaik* beschreibt die elektrische Energieerzeugung durch Solareinträge mittels Solarzellen. Dabei wird Lichtenergie direkt in Strom umgewandelt. Die *Photovoltaik-Technik* wird hauptsächlich dazu eingesetzt, um durch netzgebundene Stromgewinnung auf Gebäude oder Freiflächen konventionelle Kraftwerke zu ersetzen (Wikipedia 2020). Die Anwendungsgebiete unterscheiden sich stark. Hier wird die gebäudeintegrierte *Photovoltaik* näher beschrieben. Durch die Integrierung von bedruckter gebäudeintegrierter *Photovoltaik* in die Gebäudehülle, auf dem Dach oder an den Fassaden kann die Gestaltung der Gebäude wesentlich geprägt werden (Pernthaler, 2019).

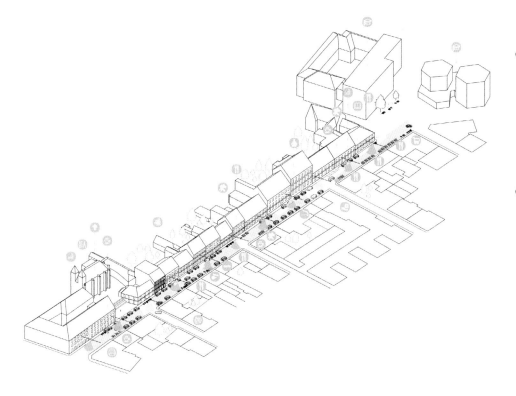

▶61    Beleuchtung einer Quartiersstraße im Straßenraum im Bestand. *Quelle: Moser, B. (2020). Multimodale Knoten – TIM [Seminararbeit]. Seminar Städtebauliche Forschung R. Radulova-Stahmer, TU Graz*

## Problemstellung

Mischstrom aus erneuerbarer Energie und fossilen Energieträgern ist im Stromnetz im Quartier verfügbar. Dabei findet die Stromerzeugung zentral in einem entfernten Kraftwerk – oft am Stadtrand gelegen – statt und muss unter Energieverlust an den Ort des Energiekonsums gebracht werden. Für Strom – sowohl für den privaten Gebrauch als auch für den öffentlichen Bedarf – wird Energie aus erneuerbaren Quellen benötigt. In der Ausgangssituation der Straße wird die Versorgung der Straßenbeleuchtung mit Strom aus fossilen Energien bewerkstelligt. Es dominieren Werbetafeln als Informationsträger im Straßenraum, verengen jedoch die Gehsteige und bilden Barrieren im Straßenraum (▶ 61).

## Raumwirksamkeit

Um diesem Problem entgegenzuwirken, werden die digitalen Infoscreens in die *Photovoltaik-Anlage* auf der Fassade integriert, worauf zusätzliche Informationen

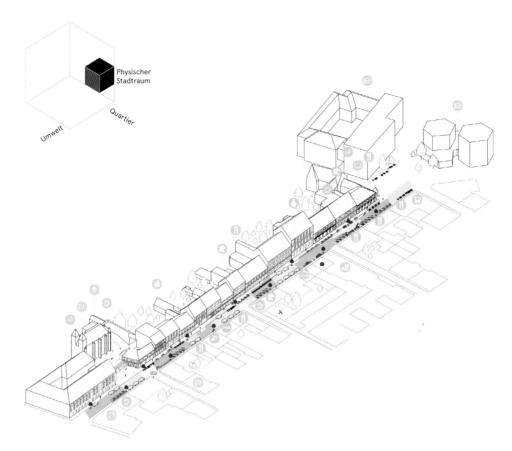

▶62  Mögliche räumliche Transformationspotenziale durch IKT-gestützte Photovoltaiksysteme und Heliostate. *Quelle: Moser, B. (2020). Multimodale Knoten – TIM [Seminararbeit]. Seminar Städtebauliche Forschung R. Radulova-Stahmer, TU Graz*

und Werbung dargestellt werden können. Dadurch kann der Barrierewirkung von Aufstellern und anderen Objekten auf dem Gehweg entgegengewirkt werden. Der Straßenraum wird offen für unterschiedliche Nutzungen (siehe Kap. »Inklusion und Barrierefreiheit«, ▶S. 118).

Die *Photovoltaik-Paneele* werden zur Energiegewinnung einsetzt. Um eine flächendeckende räumliche Wirkung zu erzielen, werden die bedruckten Solarpanels auf allen Fassaden angebracht. Um die größtmögliche Solareinstrahlung zu bekommen, wird im Straßenraum auf hohe Vegetationselemente, wie Sträucher oder Bäume verzichtet. Alternativ müssen diese in Höhe und Abstand zur Fassade mit dem Einfallswinkel der Sonne geplant und eingesetzt werden, um die *Photovoltaik-Anlage* nicht zu verschatten. Dadurch können Bäume nicht als kontinuierliche Verschattungsfläche eingesetzt werden, was in den Sommermonaten zu verstärkter Entstehung von Hitzeinseln führt und die Aufenthaltsqualität im öffentlichen Raum an heißen Sommertagen verringert. Schattenspender wie Markisen vor gastronomischen Nutzungen im Endgeschoß oder Sonnenschirme für den Gastronomiebereich müssen je nach Sonnenstand angepasst werden. Die Energieversorgung durch *Photovoltaik-Anlagen* auf Dächern oder Fassaden im Quartier hat eine indirekte Auswirkung, indem diese

Flächen nicht für intensive Begrünung der Dächer und Fassaden genutzt werden können (Hoffer, 2020). Begrünte Fassaden können im Vergleich zu Fassadenelementen mit *Photovoltaik-Anlagen* den Straßenraum sehr unterschiedlich prägen. Die dunklen Paneele der *Photovoltaik-Anlage* heizen sich schnell auf und erwärmen den Straßenraum zusätzlich. Dadurch entsteht zusätzlicher Kühlbedarf in den Privaträumen der straßenseitigen Wohnungen. Womöglich werden Klimaanlagen vor die Fassaden gehängt, die einerseits das Ortsbild stören und andererseits einen zusätzlichen Erwärmungseffekt im Außenraum erzeugen.

Um die *Photovoltaik-Anlage* nicht zu verschatten, muss die Umgebungsbebauung eine niedrige Dichte haben und beide Streifen des ruhenden Verkehrs müssen aus dem Straßenraum weichen, um Freiflächen für Freizeitaktivitäten, Wasser- oder Grünflächen zu schaffen (Vlay, 2020). Mit einem höheren Wasser- und Grünflächenanteil in der Straße erhöhen sich die mikroklimatische Kühlwirkung und die Luftfeuchtigkeit. Die Aufenthaltsqualität wird auch an heißen Sommertagen verbessert und der Stadtraum belebt (*Schwammstadt*). Die Erdgeschosszonen werden durch die Umgestaltung und klimatische Verbesserung attraktiv, sodass kleinteilige Nutzungen die Erdgeschosszone aktivieren, was sich wiederum positiv auf die Lebendigkeit des Stadtraums auswirkt. Durch die Aktivierung und Belebung des Straßenraums steigt die Frequentierung durch Fußgänger*innen und Fahrradfahrende. Der motorisierte Individualverkehr umfährt den Bereich, und so wird die Straße attraktiver für die aktive Mobilität (siehe Kap. »Menschenzentrierte Mobilität«, ▷s. 117).

Der lokal erzeugte erneuerbare Strom kann für die Straßenbeleuchtung oder für die Stromversorgung der Infoscreens genutzt werden, sowie Ladestationen für *E-Bikesharing* oder *E-Skooter-Sharing* Angebote versorgen und damit eine *Pull-Maßnahme* für die Umkehrung der Mobilitätspyramide schaffen (siehe Kap. »Menschenzentrierte Mobilität«, ▷s. 117). Die *Photovoltaik-Paneele* erzeugen Solarstrom und können stellenweise als Lichtquelle eingesetzt werden, um die Straße fußgängerfreundlich zu beleuchten. Etwaige Beleuchtungssysteme, wie Straßenlaternen, werden nicht benötigt und die Flächen können freigeräumt werden, was die Barrierefreiheit erhöht (Orhan, 2020) (siehe Kap. »Ökonomie der Mittel«, ▷s. 118) (▶62).

# Smarte Wasserwirtschaft

## Technologie

*Smarte Wasserwirtschaft* wird im englischsprachigen Raum mit *Water 4.0* bezeichnet und beschreibt die komplexen Anforderungen der Wasserwirtschaft und die damit verbundenen integrierten Lösungsansätze (Sedlak 2014). Die Digitalisierung und Automatisierung ermöglichten eine Erhöhung der Ressourceneffizienz, sowie der Flexibilität der Wasserwirtschaft. *Wasser 4.0* stellt einen systemischen, wasserwirtschaftlichen

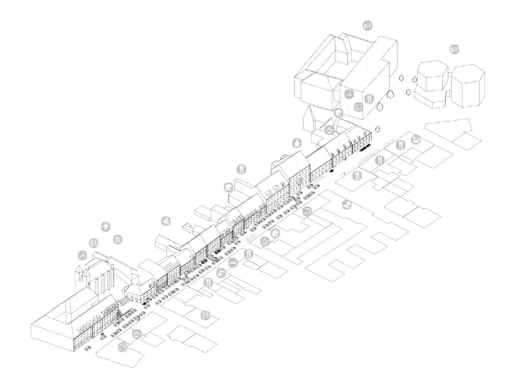

▶63 Lineare Wassersysteme und Überlastung des Kanalsystems im Bestand. *Quelle: Prüfling, K. (2020). Smarte Wasserwirtschaft [Seminararbeit]. Seminar Städtebauliche Forschung R. Radulova-Stahmer, TU Graz*

Zusammenhang der vierten industriellen Revolution dar und bietet Verbesserungen in der Vernetzung von Maschinen, Prozessen oder Lagersystemen durch *Smart-Grids* und *Internet der Dinge* (Wimmer, 2017).

So wird in Deutschland der Begriff *Wasserwirtschaft 4.0* genutzt, um die Anwendungsmöglichkeiten der Digitalisierung für die Wasserwirtschaft zu beschreiben. Dabei stellt sich die Frage, wie die Potenziale der Digitalisierung für den Wassersektor genutzt werden können, um eine nachhaltige Bereitstellung von Wasser und wasserwirtschaftlicher Dienstleistungen zu sichern (Umweltbundesamt, 2020).

Die Digitalisierung soll zur Sicherung einer nachhaltigen Ressourcennutzung von Wasser in Verwaltung, Planung und allen physikalisch-chemischen Prozessen der Wasserwirtschaft genutzt werden. So soll der technische Fortschritt zum Schutz nicht nur von wasser-, sondern auch von gewässerbedingten Risiken beitragen und Privathaushalte, Industrie und Landwirtschaft versorgen (BMU, 2018).

»Digitalisierung, Modellierung, Automatisierung und Visualisierung ermöglichen in Ver- und Entsorgung sowie im Hochwasserschutz über die Kopplung von Sektoren und die Integration verschiedener Prozesse eine Erhöhung von Kosteneffizienz, Servicequalität, Sicherheit und Zuverlässigkeit und damit eine deutliche Verbesserung in der Daseinsvorsorge.« (Umwelt Bundesamt, 2020, S. 14)

## Problemstellung

In einer konventionellen Straße wird das Regenwasser über die Dächer der Häuser und über Dachrinnen abgeführt und direkt in die Kanalisation eingespeist. Auch das Regenwasser auf versiegelten Flächen im öffentlichen Raum wird über Gefälleneigung des Straßenbelags in die Straßengullys abgeführt und in das Kanalnetz eingeleitet. Auch das Abwasser privater Haushalte wird direkt in die Kanalisation abgeführt. Nur das Regenwasser auf privaten Hinterhöfen, Gärten, in Stadtparks oder auf öffentlichen Grünflächen kann im Boden versickern. Durch den zunehmenden Klimawandel kommt es vermehrt zu Starkregenereignissen. Die städtische Kanalisation kann dadurch überlastet werden und es kann zu Überflutungen kommen. Gleichzeitig gibt es Dürreperioden und große Trockenheit in den Sommermonaten, so dass große Mengen Trinkwasser für die Bewässerung von öffentlichen und privaten Grünflächen aufgewendet werden müssen (▸ 63).

## Raumwirksamkeit

Der Einsatz digitaler Lösungen im Wassermanagement kann einen Beitrag leisten zum Schutz vor Wasser und damit ein verbessertes Hochwasserrisikomanagement. Durch Informations- und Kommunikationstechnologien kann das allgemeine Wasserressourcenmanagement, wie die Bereitstellung von Wasser oder die Wasserwiederverwendung verbessert werden. Des Weiteren kann sensor-basierte Technologie Stoffeinträge in Gewässer vermeiden oder verringern. Systemisch kann digitale Technologie einen Beitrag zur Nachhaltigkeit der Bereitstellung wasserwirtschaftlicher Dienstleistungen sowie deren Anpassungsfähigkeit an veränderte Rahmenbedingungen, wie beispielsweise Klimawandel und demographischer oder struktureller Wandel beitragen (Umwelt Bundesamt, 2020). Denn mehr als 50% des städtischen Wasserbedarfs für öffentliche Grünflächen kann mit Regenwasser abgedeckt werden (siehe Kap. »Ökonomie der Mittel und Kreislaufsysteme«). Nach dem *Schwammstadtprinzip* werden möglichst viele versiegelte Flächen versickerungsoffen gemacht (Hinterkörner, 2019). Sickerpflasterung ermöglicht beispielsweise ein rasches Versickern dieses Regenwassers und verhindert dadurch ein ausschließliches Abfließen über die Kanalisation. Durch diese natürliche Versickerung wird nicht nur die Kanalisation bei Starkregenereignissen entlastet, sie hilft durch Verdunstung und Transpiration außerdem das Mikroklima in der Stadt zu verbessern. Das erhöht die Aufenthaltsqualität im öffentlichen Raum an heißen Sommertagen. Gleichzeitig spendet die Begrünung durch Baumalleen Schatten im Straßenraum, trägt somit zur Kühlung des Stadtraums bei und verhindert auch eine rasche Verdunstung im Sommer (siehe Kap. »Schwammstadt und Kreislaufsysteme«, ▸S. 119).

Begrünte Flächen im Straßenraum, welche durch den besonderen Aufbau der einzelnen Erdschichten das Versickern begünstigen, fungieren als offenen Kanäle und Retentionsflächen. Sie sind zugänglich und können für Freizeitaktivitäten genützt werden. Durch die Begrünung von Dachflächen wird mehr Wasser gesammelt. Das

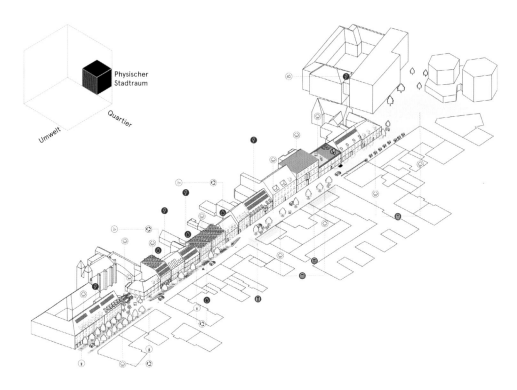

Physischer
Stadtraum

Quartier

Umwelt

▶64    Mögliche räumliche Transformationspotenziale durch IKT-gestützte Monitoring- und
        Regulationssysteme in einer smarten Wasserwirtschaft. *Quelle: Prüfling, K. (2020). Smarte
        Wasserwirtschaft [Seminararbeit]. Seminar Städtebauliche Forschung R. Radulova-Stahmer, TU Graz*

Regenwasser kann langsam versickern, am Dach temporär gespeichert werden und
zeitlich verzögert abrinnen, was wieder die Kanalisation entlastet und Überflutungen
vorbeugt. Begrünte Dächer tragen maßgebend zur Kühlung des innerstädtischen
Raums bei. Regenwasser kann ober- und unterirdisch gespeichert werden. Bei der
unterirdischen Speicherung kann durch den Aufbau des Erdreiches die Versickerung
natürlich begünstigt werden. Der Boden speichert das Wasser länger, so dass weniger
Ressourcen für die Bewässerung der Bepflanzung nötig sind. Bei der mechanischen
Wasserspeicherung werden große Kunststoffreservoirs – Zisternen – in die Erde
eigelassenen. Das Wasser wird dann für die weitere Nutzung, wie beispielsweise für
Bewässerung, Nebelkühlung oder Toilettenspülung, zur Verfügung gestellt (siehe
Kap. »Ökonomie der Mittel«, ▷S. 118 und Kap. »Kreislaufsysteme«, ▷S. 119).

Oberirdische Speicherung kann in Form von Retentionsbecken an der Oberfläche sichtbar werden. Retentionsflächen dienen als Gestaltungselement, als lineares
Element können sie Straßen gliedern und können multifunktional beispielsweise
als Spielfläche genutzt werden (siehe Kap. »Gestaltung und Ästhetik«, ▷S. 118). Dabei
können auch hier die mikroklimatischen Effekte, wie Verdunstung und Kühlung,
ausgenutzt werden. Das gesammelte Wasser kann auch bei der oberirdischen Speicherung vielseitig eingesetzt werden, wie zur Bewässerung der öffentlichen Grünflächen
und Fassadenbegrünungen oder zur Kühlung des Straßenraums durch Nebelkühlung.
Mit der Nutzung der Wasserspeicher- und Sammelflächen als Gestaltungselemente

im Stadtraum können der Kühlungseffekt und das Wiederverwerten der Wasserressourcen zur Bewässerung der Grünräume maßgeblich zur Belebung des städtischen Raumes beitragen. Wasserflächen können als Aufenthaltszonen dienen, Grünräume können die Überhitzung des Stadtraums verringern und gleichzeitig kann dadurch ein begrüntes Straßenbild mit hoher Aufenthaltsqualität geschaffen werden, in dem Menschen gerne verweilen (Prüfling, 2020) (siehe Kap. »Ökonomie der Mittel«, ▷s. 118, Kap. »Kreislaufsysteme«, ▷s. 119 und Kap. »Gestaltung und Ästhetik«, ▷s. 118) (▸64).

Zwischenfazit – Die kartografisch untersuchten Technologien im Bereich Mobilität zeigen, dass das größte Transformationspotenzial in der Nutzungsverschiebung durch Flächenrückgewinnung liegt. Dies lässt sich besonders gut für die *Technologien E-Logistik* und *E-Carsharing* nachweisen. Bei den digitalen Anwendungen *Peer-to-Peer-Accomodation* und Nachbarschaftsapps handelt es sich um isolierte technologische Lösungen, die keine oder nur geringe systemische Veränderungen ermöglichen. Die direkten Auswirkungen der einzelnen Technologien sind geringfügig sichtbar. Der Schwerpunkt der potenziellen räumlichen Veränderung liegt in den indirekten und langfristigen räumlichen Auswirkungen. Mit diesen digitalen Technologien kann die Umkehrung der Verkehrspyramide in den Städten vorangetrieben werden. Um der Flächenknappheit in Innenstadtlagen entgegenzuwirken, ist eine Neuverteilung der Flächenanteile zugunsten der aktiven Modalitäten erforderlich.

Die im Bereich der Umwelt analysierten Kartografien zeigen, dass die Technologien, die für die *smarte* Wasserwirtschaft eingesetzt werden, die deutlichste Veränderung des Stadtraums bewirken können. *Smart Street Lighting* und *Gebäudeintegrierte Photovoltaik* lassen einen geringeren räumlichen Mehrwert erwarten. Bei den umwelt-bezogenen Technologien lassen sich im Vergleich zur Mobilität direkte Auswirkungen erkennen. Durch die einzelnen Technologien *Smart Lighting* und Photovoltaik sind keine wesentlichen Systemänderungen zu erwarten, da es sich um singuläre Anwendungen handelt. Allgemein stellt sich heraus, dass die sieben untersuchten Technologien einen Schwerpunkt in den Wirkungskategorien menschenzentrierte Mobilität, Schwammstadt und Ökonomie der Mittel aufweisen.

Anhand der zeichnerischen Analyse der Raumwirksamkeiten von Technologien, konnten die Aussagen der Expert*innen aus den Interviews teilweise bestätigt werden. Allgemein lässt sich festhalten, dass auf der einen Seite direkte und im Raum sichtbare Wirkungen von Technologien geringfügig sind, jedoch dass auf der anderen Seite indirekte Folgen durch den technologischen Einsatz zu weitreichenden Veränderungen im Straßenraum führen können. Weiterhin wurden Inhalte aus den Expert*inneninterviews bestätigt, beispielsweise dass Transformationsprozesse im Straßenraum, wie Nutzungsverschiebungen, für Laien nicht sichtbar sind, da Letztere die Zusammenhänge in der Entwicklung nicht kennen. Die kartografisch untersuchten Technologien haben nicht nur positive Auswirkungen gezeigt, sondern auch negative. Des Weiteren kann festgehalten werden, dass singuläre Technologien selten direkte und kurzfristige räumliche Auswirkungen haben. Werden jedoch singuläre Technologien zu einem technologischen System verknüpft, entstehen dadurch zusätzliche Systeminnovationen, und das Potenzial der räumlichen Transformation im Stadtraum wird deutlich erhöht.

# Szenarien – Räumliche Potenziale digitaler Technologien

Nachdem mögliche räumliche Potenziale und Risiken für den Stadtraum durch digitale Technologien aufgezeigt wurden, soll in diesem Kapitel die Frage adressiert werden, welche Folgen durch die Digitalisierung zu erwarten sind und welche Ausrichtung der Disziplin dadurch notwendig wird. Es werden dazu drei Szenarien als mögliche Entwicklungen für die Zukunft erarbeitet, um die potenziellen Auswirkungen von digitalen Technologien auf die Stadt und ihre Bedeutung für die Disziplin aufzuzeigen.

Die *Szenario-Technik* ist ein universelles Instrument, das komplexe Zukunftsfragen systematisch behandeln kann. Um in der unsicheren Entwicklung der Digitalisierung eine Orientierung zu bekommen, welche möglichen räumlichen Auswirkungen in der Zukunft zu erwarten sind, wird die *Szenario-Technik* angewendet. Die unterschiedlichen Entwicklungsrichtungen, die anhand der Szenarien aufgezeigt werden, sollen dazu dienen, sowohl Ziele als auch Maßnahmen auszurichten. Daran können strategische Zielformulierungen überprüft werden.

Die Vorarbeit für die Problemanalyse und Herausarbeitung der wichtigen Einflussfelder erfolgte mittels Literaturanalyse und einer Diskussion mit Master-Studierenden. Dazu wurde das digitale Whiteboard Padlet genutzt, um gemeinsame Ideen zu entwickeln, zu bewerten und zu organisieren. In einer moderierten Diskussion wurden mit den Master-Studierenden der TU Graz im Rahmen des Seminars »Städtebauliche Forschung« Einflussfelder und relevante Deskriptoren ermittelt. Mithilfe einer Literaturanalyse wurden mehrere Alternativen für Deskriptoren im Ist-Zustand beschrieben und mögliche Ausprägungen abgeleitet. Abschließend erfolgte die Auswertung der gegenseitigen Beeinflussung einzelner Ausprägungen (Vollmar et al., 2011).

Problemanalyse und Identifikation der relevanten Einflussfelder mit ihren Deskriptoren – Digitale Technologien werden aus verschiedenen Gründen und mit unterschiedlichen Zielen von vielfältigen Akteuren und Institutionen im Stadtraum eingesetzt. Die Technologien im Bereich der Mobilität, wie automatisiertes Fahren oder *Mobility as a Service*, sowie im Bereich der Umwelt, wie pneumatische Abfallentsorgung oder sensor-basiertes Regenwassermanagement, haben das Potenzial, den Stadtraum zu qualifizieren. Dennoch findet bei den meisten Technologien die räumliche Veränderung indirekt statt. Diese kann zudem sowohl positive, als auch negative Ausprägungen haben. Es wurden folgende Einflussfelder eruiert: Technologie und Forschung, politischer und juristischer Rahmen, Gesellschaft und Ethik, sowie Planung und Gestaltung von Stadt.

Zu den Einflussfeldern wurden wichtige Deskriptoren bestimmt. Hier seien beispielsweise Deskriptoren im Feld Planung und Gestaltung von Stadt aufgezählt: Versorgung mit sozialer Infrastruktur (beispielsweise Spielplätze, Betreuungseinrichtungen, Gesundheitszentren), Qualität der Mobilitätsangebote (beispielsweise öffentliche Personennahverkehrsanbindung, Fahrradinfrastruktur, *Sharing-Dienste*), Qualität der Umwelt (beispielsweise Lärm, Schadstoffemissionen in der Luft, Bodenverunreinigungen), Angebote der Nahversorgung und Dienstleistung (beispielsweise Einkaufsmöglichkeiten, Apotheke, Bank), Freiraumversorgung und -vielfalt (beispielsweise Quartierspark, Spielwiese, Alleen), Qualität von Planungsprozessen (beispielsweise *Stakeholdermix*, Prozessgestaltung), Bebauungsform (beispielsweise Kleinteiligkeit, Vielfalt, Mix, Dichte), Wohnraumsituation, Nutzungsmix, öffentlicher

Raum, räumliche Gestaltungsqualität, Raum-Technologie-Konnex oder das Maß an Technologieeinsatz.

Bildung und Auswertung alternativer Ausprägungen – Anschließend wurden die alternativen Ausprägungen erarbeitet. Am Beispiel des *Deskriptors* Freiraumversorgung etwa seien hier die alternativen Ausprägungen erwähnt: vielfältige Freiräume in ausreichender Anzahl, vielfältige Freiräume in unzureichender Anzahl und variationsarme Freiräume. Ein weiteres Beispiel sind die alternativen Ausprägungen auf den *Deskriptor* Mobilitätsangebote: gute Verfügbarkeit an vielfältigen aktiven Mobilitätsformen, aktive Mobilitätsformen verfügbar aber nicht hinreichend vielfältig, Mangel an aktiven Mobilitätsformen.

Bildung konsistenter Ausprägungsbündel mittels paarweiser Konsistenzbewertung – Im weiteren Schritt wurden die alternativen Ausprägungen paarweise in einer Matrix zusammengeführt und auf ihre Konsistenz hin in fünf Stufen bewertet.

Szenarienbildung – Schließlich werden drei Zukunftsbilder als Szenarien entwickelt, die sich alle auf die Zeitspanne zwischen den Jahren 2020 und 2050 beziehen. Die Szenarien weisen auf mögliche Entwicklungen hin und verdeutlichen die Bandbreite an Entwicklungsrichtungen, in die sich der Stadtraum unter Einfluss digitaler Technologien entwickeln kann. Die Szenarien sind: 1) *Back to the Roots*, 2) *Shared City* und 3) *Technikwüste*.

In dem ersten und dem letzten Szenario werden Extremszenarien entworfen, bei denen das Ausmaß des digitalen Technologieeinsatzes charakteristisch ist. Im mittleren Szenario wird als *Best-Case-Szenario* eine hybride Form beschrieben, welche jeweils die Vorteile verbindet.

Die Szenarien werden zunächst in axonometrischen Darstellungen räumlich aufgezeigt und als Zukunftsbild skizziert. Anschließend werden die Szenarien in ihrer räumlichen Wirkung beschrieben. Dabei werden Potenziale und Mehrwert, aber auch Risiken für den Stadtraum, in den zwei Bereichen Mobilität und Umwelt, herausgearbeitet.

# *Back to the Roots* – bewusstes Leben in der analogen Nachbarschaft

## Ausgangslage

Das Wirtschaftswachstum nimmt ab und Technologieunternehmen werden als Treiber der Digitalisierung gebremst. Es gibt keine Bemühung zur Umkehrung der Verkehrspyramide. Flächen im öffentlichen Raum in innerstädtischen Quartieren werden großflächig für Parkplätze vorgesehen und genutzt. Es findet eine ungebremste Liberalisierung des Parkraummanagements statt. Die öffentliche Hand und die Politik

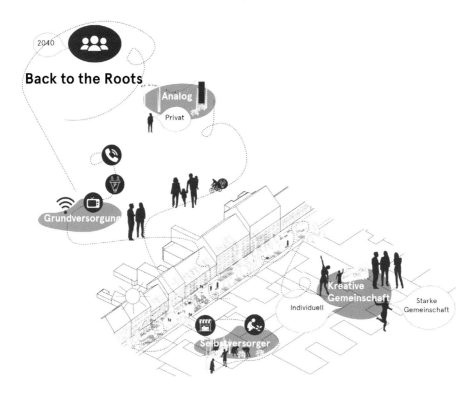

▶65  *Back to the Roots. Quelle: Müller, P. et al. (2020). Smart Furniture [Seminararbeit]. Seminar Städtebauliche Forschung R. Radulova-Stahmer, TU Graz*

priorisieren wirtschaftliches Wachstum. Eine ökologische Berücksichtigung durch die öffentliche Hand findet nicht statt. Nachhaltigkeit ist eine *Bottom-up*-Bewegung.

Zukunftsbild und Veränderungsprozess

Im Szenario *Back to the Roots* ist Technologie vorhanden, jedoch nicht von großer Bedeutung. Nur die notwendigen Technologien für eine zeitgenössische Lebensart werden genutzt. Dabei haben die Menschen im Quartier in einem Partizipationsprozess für sich entschieden, weitestgehend auf digitale Technologien im Alltag zu verzichten, da ihnen die Privatsphäre und der Datenschutz am Herzen liegen. Digitale Kommunikationsmedien sind nicht in Verwendung, sondern der physische Kontakt und sozialer Austausch wird gelebt. Hier wohnen überwiegend Sozialökologische, sowie Liberal-Intellektuelle, die das gute Leben schätzen und digitalen Technologien gegenüber skeptisch sind. Sie führen einen nachhaltigen, urbanen Lebensstil und mögen keine Veränderungen. Die älteren Generationen überwiegen. Es wird großer Wert auf lokalen und regionalen Konsum gelegt. Das Viertel ist zwar weitestgehend analog, aber dennoch produktiv und kreativ.

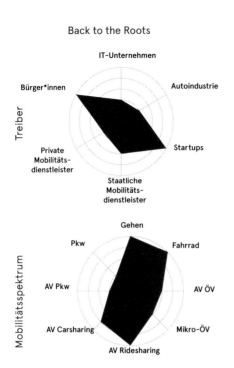

Back to the Roots

▶66
Ausprägungen Szenario Back to the Roots:
Treiber, Mobilitätsangebot, Wirkungskategorien.
*Quelle: Eigene Darstellung; Verteilung Treiber und
Mobilitätsspektrum auf Grundlage von Mitteregger, M.
et al. (2020)*

Das Szenario 1 beschreibt einen Zustand, in dem die marktwirtschaftlichen Treiber der Digitalisierung, beispielsweise durch eine Krise in der Entwicklung verhindert sind und die Zivilgesellschaft sich zum Schutz ihrer Privatsphäre gegen die Nutzung von digitalen Technologien entschieden hat. Im Quartiersraum werden keine digitalen Technologien eingesetzt und genutzt, Kommunikation und Organisation verlaufen analog. Die Flächenverteilung im öffentlichen Raum bleibt zugunsten des motorisierten Individualverkehrs bestehen und die Anzahl der parkenden Fahrzeuge steigt weiterhin langsam an. Es findet eine Intensivierung der persönlichen sozialen Kontakte statt, jedoch fehlt es dafür an Flächen für qualitative Freiräume im Quartier, wodurch der Druck auf öffentlich zugängliche Grün- und Freiflächen weiter steigt.

Der perspektivische Transformationsprozess bringt umfangreiche räumliche Probleme mit sich. Die Verkehrspyramide entwickelt sich zugunsten des motorisierten Individualverkehrs und die Flächenressourcen im öffentlichen Raum verknappen zunehmend. Die Nachfrage nach Verkehrsflächen wird mono-sektoral, mit einem

Ausbau des Verkehrssystems zugunsten des motorisierten Individualverkehrs, gelöst. Die Regelungen des Parkraums in der Stadt sind liberal und demokratisch, Parkraum ist für jeden verfügbar und zugänglich. Push-Maßnahmen, um vom motorisierten Individualverkehr wegzukommen, bleiben aus. So verdichtet sich der motorisierte Individualverkehr in zentralen Innenstadtlagen kritisch, und räumliche Probleme verschärfen sich (▶ 65 UND 66).

## Bedeutung für Mobilität und Umwelt im Stadtraum

Die Entwicklung im Szenario bringt wesentliche ökologische und gesundheitliche Folgen mit sich. Durch den höheren Bedarf an Stellflächen für den motorisierten Individualverkehr steigt die Versiegelung der Flächen weiterhin an, dies führt im Sommer zur Verstärkung des Hitze-Insel-Effekts. Die ältere Generation erleidet dadurch gehäuft gesundheitliche Probleme in den Sommermonaten. Aufgrund der hohen Versiegelung wird zudem bei Starkregenereignissen der öffentliche Raum überflutet. Die Luftverschmutzung steigt an und die Artenvielfalt in der Stadt geht stark zurück. Die Ausgangsbedingungen für ökologische Vielfalt verschlechtern sich. Der hohe Grad an Personenkraftwagen-Stellflächen im Straßenraum verursacht vermehrt verkehrsbedingte Gefahrensituationen. Spielende Kinder werden leicht übersehen und Fußgänger müssen auf die Straße ausweichen, wenn Lieferfahrzeuge auf dem Gehweg halten. Die komfortable Verfügbarkeit und räumliche Nähe der Personenkraftwagen vor der eigenen Haustür verleitet zur Nutzung des Fahrzeugs auch für kurze Strecken im Stadtraum, was die Öko-Bilanz ganzstädtisch verschlechtert. Der öffentliche Raum wird zunehmend mono-funktional genutzt und als Verkehrsraum gesehen. Dadurch verschärft sich der Druck auf Grün- und Freiräume in dichten Innenstadtlagen.

Als Regenwasserpuffer dienen ausschließlich wenige große Grünflächen. Obwohl die Stadt als Ressource begriffen wird und Selbstversorgung angestrebt wird, stehen dafür nur vereinzelte und isolierte Flächen in der Stadt zur Verfügung, sodass sich diese Aktivitäten ausschließlich auf Privatflächen beschränken. Urbane Kreisläufe können nur sehr kleinmaßstäblich geschlossen werden. Gemeinschaftsgärten werden auf Dachflächen kultiviert und können teilweise den Lieferverkehr und Mobilitätsbedarfe zur Nahrungsmittelbesorgung durch die lokale Versorgung reduzieren. Doch dringend notwendige Klimaanpassungsmaßnahmen zur Sicherung der Qualität im Stadtraum und zur Erhöhung der Lebensqualität der Bürger*innen finden nicht statt.

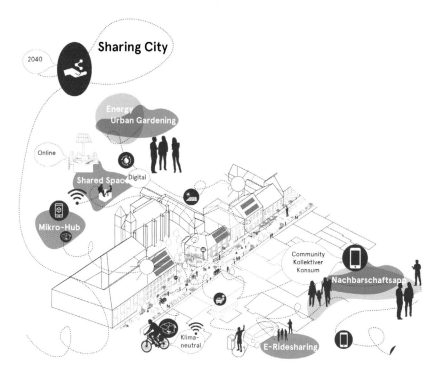

▶67  *Shared City. Quelle: Müller, P. et al. (2020). Smart Furniture [Seminararbeit]. Seminar Städtebauliche Forschung R. Radulova-Stahmer, TU Graz*

# *Shared City*–digital vernetzt mit hoher urbaner (Lebens-)Qualität

## Ausgangslage

Durch planungsrechtliche Instrumente wird die Ökologisierung der Stadt durchgesetzt. Die Umkehrung der Verkehrspyramide bekommt politische Priorität bei der Verwaltung. Die Sicherung und Schaffung neuer Grünflächen in der Stadt wird vorangetrieben. Es wird ein Versiegelungsstopp ausgerufen und Klimaanpassungsmaßnahmen zielorientiert verfolgt. Digitalisierungsstrategien werden transdisziplinär geschärft und greifen räumliche Veränderungsaspekte zugunsten der Stadtraumqualität auf.

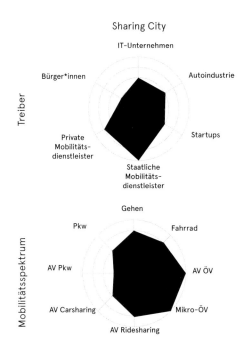

**Sharing City**

Treiber

IT-Unternehmen

Bürger*innen                    Autoindustrie

Private
Mobilitäts-                        Startups
dienstleister

Staatliche
Mobilitäts-
dienstleister

Mobilitätsspektrum

Gehen

Pkw              Fahrrad

AV Pkw              AV ÖV

AV Carsharing        Mikro-ÖV

AV Ridesharing

Wirkungskategorien

Geteilte Ressourcen

Kreislauf         Menschenzentrierte
Mobilität

Schwammstadt              Inklusion

Faire              Ökonomie
Raumverteilung      der Mittel
Gestaltung

▶68
Ausprägungen Szenario Shared City: Treiber, Mobilitätsangebot, Wirkungskategorien.
*Quelle: Eigene Darstellung, Verteilung Treiber und Mobilitätsspektrum auf Grundlage von Mitteregger, M. et al. (2020)*

## Zukunftsbild und Veränderungsprozess

Im Szenario *Sharing City* besteht ein hoher Technologisierungsgrad. Gemeinschaft und Gemeinwohl sind wichtig. Die eingesetzten digitalen und analogen Technologien werden als »Kollektivgut« genutzt, um gemeinschaftliche Ziele zu erreichen. Dabei steht der Mensch im Zentrum. Die Nutzer*innen werden in Planungsprozesse einbezogen, so dass ihre Erfahrung und ihr Wissen in die Planung und Gestaltung einfließen können. Dabei werden nur solche Technologien im Quartier eingesetzt, welche einen konkreten Mehrwert für die Bewohnerschaft bieten. Die Menschen sind unterschiedlichen Technologien gegenüber aufgeschlossen. So kann die im Quartier benötige Energie unmittelbar vor Ort, beispielsweise durch *Photovoltaik-Anlagen* auf den Dächern, erzeugt werden. Dieser Strom dient zur Versorgung der E-Mobilität im Quartier. Mit Einsatz von Nachbarschaft-Apps können viele Ressourcen im Quartier gemeinschaftliche genutzt werden, wie das *E-Carsharing* oder Gemeinschaftsgärten. Dieser enge digitale Austausch fördert die Gemeinschaft und gegenseitige Unterstützung.

Durch die engmaschige Einbringung des Quartiers in die vorhandenen Infrastrukturen, Verkehrsinfrastruktur, Versorgungsinfrastruktur oder soziale Infrastruktur sind die Besorgungen des täglichen Gebrauchs fußläufig gut zu erreichen, so dass weitestgehend auf motorisierte Mobilität verzichtet werden kann. Angebote wie dezentrale *Pick-Up-Stores* in der Nachbarschaft oder Lebensmittel-Lieferdienste in Kombination mit einem *E-Lastenrad-Sharing*-System reduzieren die Nutzung des gemeinschaftlichen *E-Car-Sharings* für Zeitausflüge oder für große Besorgungen.

Im zweiten Szenario werden die Technologien ausschließlich im Sinne des Gemeinwohls, unter strenger Einhaltung der Privatsphäre im Stadtraum, eingesetzt. Durch Digitalisierungsstrategien, weitere bindende Rechtsinstrumente sowie durch eine aktive Fachplaner*innenschaft gelingt es, Potenziale der Digitalisierung für den Stadtraum zu nutzen. Es entstehen Synergien zwischen digitalen Technologien und räumlichen Qualitäten.

Der Transformationsprozess beginnt, indem Städte standortspezifische Digitalisierungsstrategien mit Schwerpunkt auf direkte und indirekte räumliche Auswirkungen und Gemeinwohl erarbeiten. Der Einsatz von Technologien wird im technologisch-räumlichen Konnex kritisch transdisziplinär geplant und gestaltet. Bauvorhaben, bei welchen Technologien zum Einsatz kommen, werden im Baugenehmigungsprozess spezifisch auf die räumliche Wirkung der Technologie hin überprüft. Bei größeren Vorhaben wird ein Gestaltungsbeirat eingebunden, ein Stadtteilbüro begleitet den Prozess kontinuierlich. Partizipation wird möglich gemacht. *Smarte Urbane Räume*-Konzepte, die den technologisch-räumlichen Konnex und dessen räumlichen Mehrwert konkretisieren und festschreiben, werden bei Wettbewerbsverfahren eingefordert und bei den Begutachtungen berücksichtigt. Der Druck auf die Freiflächen in den städtischen Innenlagen geht langsam zurück, weil die räumliche Veränderung durch Technologien in der Mobilität zu Flächenrückgewinnung und Gestaltungsqualität geführt hat. Ehemals als Personenkraftwagen-Stellplätze genutzte Flächen werden in Grünflächen umgewandelt. Letztlich wird die Stadt für den motorisierten Individualverkehr zunehmend schwer und unkomfortabel erreichbar. Durch diese *Push-Maßnahmen* gelingt die Umkehrung der Verkehrspyramide (▸ 67 UND 68).

Bedeutung für Mobilität und Umwelt im Stadtraum
_____

Die stadtrelevanten Disziplinen steuern und gestalten die Flächenressourcen in Stadträumen und ihre Veränderungsdynamiken durch digitale Technologien flexibel und inkrementell. Die Aufenthaltsqualität im öffentlichen Raum wird in allen Phasen des Prozesses der räumlichen Transformation durch die Digitalisierung gesichert und erhöht. *Mobility as a Service* sorgt für eine Erhöhung der Besetzungsdichte in Fahrzeugen, und *multimodale* Mobilität sichert eine ressourceneffiziente Mobilität für Menschen. Der Stadtraum wird im Sinne des Gemeinwohls qualifiziert und für die aktive Nutzung nicht nur für Menschen, sondern auch mithilfe *Animal-Aided-Design* auch für Tiere gestaltet. Nicht zuletzt ermöglichen die Reduktion des Versiegelungsgrades und die Gestaltung nach dem *Schwammstadt-Prinzip* erhebliche Energieressourcen zur

Kühlung einzusparen. Durch digitales Wassermanagement kann urbane Nahrungs-mittelproduktion, auch *Argiponics* oder *Aquaponics*, auf Dächern und als Oberflächen-Gemeinschaftsgärten ermöglicht werden. Das erhöht die Wasserspeicherkapazität des Straßenraums, verbessert die Luftqualität, erhöht die Biodiversität und vermeidet die Radiation von Dachflächen und die Entstehung von Hitzeinseln.

Retentionsflächen fangen Regenwasser bei Starkregenereignissen auf und entlasten somit die Kanalisation. Möglichst großzügige versickerungsoffene Ober-flächen im Straßenraum unterstützen die Versickerung und langfristige Verdunstung von Regenwasser, was im Sommer einen Kühlungseffekt erzeugt und Hitzeinseln vorbeugt. Regenwasserzisternen liefern Wasser für ein Sprühnebelsystem an den Straßenlaternen.

Die Multicodierung des Stadtraums wird dadurch erreicht, dass er mit einem hohen Grad an Nutzungsoffenheit gestaltet ist, um sehr unterschiedliche Aktivitäten aufnehmen zu können. Mobile Stadtmöbel in der Nachbarschaft fördern die Gemein-schaftsbildung und sind nebenbei so flexibel, dass der Stadtraum bedarfsorientiert von den Bürger*innen umgestaltet und genutzt werden kann. Die Verfügbarkeit von *E-Carsharing* mit niederschwelliger Nutzungsmöglichkeit trägt dazu, bei den Ressour-cenverbrauch zu verringern, das Oberflächenparken im Quartier zu reduzieren und gleichzeitig den Versiegelungsgrad zu minimieren.

In der Nachbarschaft ist das Teilen von urbanen Ressourcen, Infrastrukturen und Räumen energieeffizient und sozial organisiert. Alle tragen dazu bei, graue Ener-gie einzusparen und möglichst ressourceneffizient zu wohnen, zu arbeiten oder zu produzieren. Unter dem Begriff des *Sharings* sind nicht nur Gemeingüter zwischen einzelnen Privatpersonen zusammengefasst, sondern auch Institutionen, der öffent-liche Sektor oder Unternehmen können durch die Einbindung von Privatpersonen in Form unterschiedlicher *Sharing-Modelle* einen Beitrag zur Effizienzsteigerung und Res-sourceneinsparung leisten. Die gemeinsame Nutzung von Kollektivgütern kann durch kurzzeitige Nutzung von Gegenständen, wie Werkzeug oder Fahrzeuge, organisiert sein, es können aber auch Wohnraum, Arbeitsstätten oder Räume für Freizeitaktivi-täten geteilt werden. Besonders wirksam sind digital-gestützte *Sharing-Modelle*, welche im Stadtraum Anwendung finden und so eine multifunktionale Nutzung erzeugen. Digitale Technologien ermöglichen ein weites Angebot an urbanen Gemeingütern und *Sharing-Modellen* – sowohl privater als auch gewerblicher Anbieter. Durch die digitale Vernetzung kann die Gemeinschaft gestärkt werden und gleichzeitig ressour-censchonend eine hohe Qualität und Lebendigkeit im Stadtraum geschaffen werden.

Im Quartier besteht ein hohes Bewusstsein für Nachhaltigkeit. Analoge Tech-nologien zur lokalen Energiegewinnung kommen zum Einsatz. Solaraktive Fassaden an Gebäuden, Windrädern auf Dächern oder solarbetriebene Straßenbeleuchtung versorgen das Quartier mit Energie. Die Menschen bemühen sich, Kreisläufe zu schließen und möglichst autark zu leben. Dazu werden energetische und stoffliche Abläufe und Ströme gemeinsam reguliert. So können Ressourcen effizient genutzt werden und produktive Abläufe integriert stattfinden. Der vormals lineare Prozess der Ver- und Entsorgungsflüsse wird nun im Zyklus gedacht. Vorhandene Ressourcen werden weiter oder wiederverwertet.

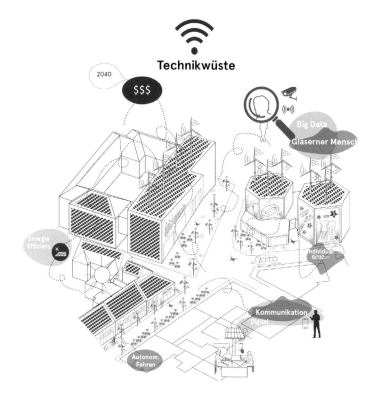

▶69 *Worst Case Scenario* Technikwüste. *Quelle: Müller, P. et al. (2020). Smart Furniture [Seminararbeit]. Seminar Städtebauliche Forschung R. Radulova-Stahmer, TU Graz*

# Die Technikwüste – digital vernetzt ohne urbane (Lebens-) Qualität

## Ausgangslage

Marktwirtschaftliche Kräfte bestimmen nicht nur die technologische Entwicklung, sondern auch die räumliche Implementierung. Planung wird überwiegend *top-down* betrieben. Prozesse der Bürger*innen-Partizipation finden nicht statt. Internationale Informationstechnologie-Unternehmen regeln und steuern städtische Prozesse und Systeme. Die öffentliche Hand ist in ihrer Planungshoheit geschwächt. Der wirtschaftliche Aufschwung führt zur weiteren Bevölkerungsverdichtung in der Stadt. Der öffentliche Raum verliert aufgrund der technologischen Überwachung seine Attraktivität und Gemeinwohl-Orientierung. Technologien zur Energieerzeugung aus regenerativen Quellen werden genutzt und Ressourcen sparsam eingesetzt, doch ökologische Aspekte werden nicht berücksichtigt. Überflutungen werden bei Starkregenereignissen technologie-basiert vermieden und der Stadtraum ist stark versiegelt.

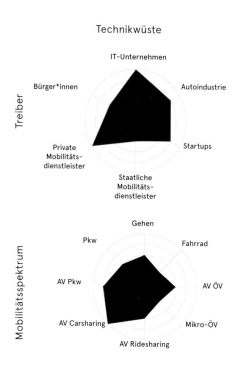

Technikwüste

▶70

Ausprägungen Szenario Technikwüste: Treiber, Mobilitätsangebot, Wirkungskategorien.
*Quelle: Eigene Darstellung, Verteilung Treiber und Mobilitätsspektrum auf Grundlage von Mitteregger, M. et al. (2020)*

## Zukunftsbild und Veränderungsprozess

Die Technikoase wird von internationalen Informationstechnologie-Unternehmen organisiert und systemisch optimiert. Hier wird das Ziel verfolgt, mit einem hohen technologischen Aufwand die Funktionsweise der Stadt möglichst zu verbessern und ihre Effizienz zu erhöhen, ohne Rücksicht auf das Befinden der Menschen zu nehmen. In der Technikoase werden Prozesse *top-down* durchgeführt und die Bürger*innen akzeptieren das. Überwachungssysteme versprechen eine hohe Sicherheit im Stadtraum. Mit unzähligen Sensoren im Stadtraum werden die Handlungen und Bewegungen der Menschen erfasst, verarbeitet, ausgewertet und gespeichert. Durch die Vernetzung digitaler Personendaten wie *Smartphone-Daten* kann gezielte Werbung digital im Stadtraum geschaltet werden. WLAN und Internet mit 5G sind überall im Stadtraum verfügbar und damit auch der Zugang zu Informationen, wie Fahrplänen des öffentlichen Personennahverkehrs. Die Kommunikation der Menschen im Quartier ist zu großen Teilen digital und auch die medizinische Versorgung findet online statt. Handel und Konsum finden größtenteils online statt, und Drohnen liefern die Bestellungen komfortabel über die Luft. In der Technikoase bewegen sich Menschen ausschließlich elektrisch mit E-Autos, E-Rädern, E-Skooter, *Hoverboards* oder *Hovershoes*. Der öffentliche Personennahverkehr ist autonom im Stadtraum unterwegs.

Die Ziele der Stadt der kurzen Wege, in der Wohnen und Arbeiten in fußläufiger Erreichbarkeit zueinander stattfinden, sind obsolet, da die Lebensbereiche Arbeiten und Einkaufen digital ablaufen. Die damit verbundenen Prinzipien und Mehrwerte zur Erhöhung der Lebensqualität, der ökonomischen Nachhaltigkeit und der ökologisch-nachhaltigen Effizienz im Stadtquartier können nicht genutzt werden. Durch die Digitalisierung der Produktionsbedingungen in Form einer sauberen, emissionsfreien innerstädtischen Produktion können Lieferwege zu den Endkonsument*innen verkürzt werden, jedoch erfolgt keine Differenzierung der Nutzungsmischung im Quartier, da nahezu alle Dienstleistungen digital abgewickelt werden.

Das dritte Szenario stellt ein Zukunftsbild dar, in dem Sicherheit und Wirtschaftswachstum die urbane Realität prägen. Technologien sind omnipräsent und sorgen für systemoptimierte Ressourcenschonung und Energieeffizienz. Technologien ermöglichen einen fließenden Verkehr, massive Reduzierung des Oberflächenparkens im Stadtraum und beugen Schäden bei Naturereignissen vor. Die Biodiversität ist wegen der Versiegelung und störenden Technologien weiter zurückgegangen. Im Sommer ist der Stadtraum durch harte Oberflächen und Wärmespeichermassen kaum nutzbar. Die Menschen kommunizieren digital, nutzen Online-Shopping, breite Lieferangebote und ärztliche Dienste online. Das verringert den Mobilitätsbedarf massiv. Das gastronomische Angebot ist auf wenige internationale Ketten zurückgegangen und der öffentliche Raum zum reinen Verkehrs- und Dienstleistungsraum ohne Aufenthaltsqualität geworden. Grünmasse im Stadtraum wird vermieden, um die Einsehbarkeit zu Zwecken der Sicherheit und Überwachung zu gewährleisten.

Im Transformationsprozess erfolgt zunächst eine Ablösung vieler Alltagshandlungen und damit verbundenen Mobilitätsbedarfe durch Online-Dienstleistungen. *Mobility as a Service*-Angebote sind effizient, kostengünstig und nachhaltig und setzen sich damit durch. Der private Fahrzeugbesitz geht drastisch zurück und der öffentliche Raum wird vom ruhenden Verkehr befreit. Durch Online-Dienste und -Shopping gibt es keinen kleinteiligen Einzelhandel mehr. Die Erdgeschossflächen werden stattdessen zu Logistikzwecken verwendet. Der öffentliche Raum verliert drastisch an Bedeutung als Aufenthalts- und Begegnungsraum (▸69 UND 70).

## Bedeutung für Mobilität und Umwelt im Stadtraum

Das Szenario 3 hat bedeutende soziale und ökologische Folgen. In der Mobilität können, durch eine E-Flotte und der starken *Mobility as a Service*-Priorität sowie automatisiertes Fahren, Fahrzeuge gemeinsam genutzt werden und die Nutzungsintensität wesentlich erhöht werden. Das verringert den Energieverbrauch und den $CO_2$-Ausstoß erheblich und reduziert das Oberflächenparken im Stadtraum. Der öffentliche Personennahverkehr verliert jedoch an Bedeutung. Die erzielte Flächenrückgewinnung im Straßenraum wird erneut zur Verkehrsfläche, da sie überwiegend von automatisierten Logistik-Robotern genutzt wird und der öffentliche Raum in seiner Aufenthaltsfunktion an Bedeutung verliert. Um den maximalen Sonneneintrag auf den *Photovoltaik-* und Solaranlagen gewinnen zu können und Beschattung der Anlage zu vermeiden, wird weitestgehend auf Grünmasse im Stadtraum verzichtet. Naherholungsflächen erfahren einen zunehmenden Druck. Sie sind arm in ihrer Artenvielfalt. Durch automatisiertes Wassermanagement und automatisierte Pflege, beispielsweise durch Mäh-Roboter, sind sie überpflegt und bieten für viele Arten keinen geeigneten Lebensraum mehr.

Durch *Photovoltaik-Anlagen* auf den Dächern und Fassaden, urbane Windräder oder durch automatisierte Straßen, die Strom erzeugen, wird die meiste benötigte Energie direkt lokal gewonnen, um beispielsweise die E-Mobilität zu versorgen. Urbane Produktion von Lebensmitteln, Energie und anderen Produkten im Quartier, in unmittelbarer Nähe zum Endverbraucher, finden in hoch-technologisierten und -automatisierten Betrieben statt. Das sichert eine energiesparsame und effiziente Produktion und Distribution. Dabei können vorhandene Wertstoffe lokal im Quartier recycelt oder *upgecycelt* werden. Digitale Produktionsformen im Fab-Lab und eine hoch-automatisierte E-Mobilität mit hoher Belegungsdichte und hoher Wirksamkeit des Logistiksystems sorgen für einen geringen Energieverbrauch im Quartier. Alle diese Maßnahmen können systemisch zur maximalen Optimierung der Stadt dienen, jedoch wird dadurch kein Mehrwert für die Stadt und ihre Bürger*innen geschaffen.

Zusammenfassung – Mit der Szenariotechnik konnten drei unterschiedliche Zukunftsbilder aufgezeigt werden und sowohl damit einhergehende Chancen als auch Gefahren konkretisiert werden. Die Szenarien zeigen eine Spanne an möglichen Entwicklungsrichtungen und Ausprägungen der Stadtraum-Qualität in der Zukunft. Die Potenziale einer gelungenen »Smart City« werden im Szenario *Shared City* zugunsten der Lebensqualität im Stadtraum mithilfe diverser digitaler Technologien ausgeschöpft. Der Einsatz der Technologien im Stadtraum wird kritisch hinterfragt und gemeinwohlorientiert geplant. Dabei entstehen technologie-bedingt wesentliche systemische und räumliche Verbesserungen, welche durch vernetzte und transdisziplinäre Planung angestoßen und gesteuert werden. Das ermöglicht eine ganzheitliche räumliche Transformation und Qualifizierung des Stadtraums.

Im *Back to the Roots* Szenario wird die »Smart City« im Sinne von Nachhaltigkeit verstanden. »Smart City«-Leitgedanken werden nur analog und *low-tech* im Stadtraum umgesetzt. Wesentliche Potenziale digitaler Technologien werden nicht ausgeschöpft. In diesem Szenario wird der Stadtraum überwiegend durch *Bottom-up*-Prozesse und der Eigeninitiative der Bürger*innen transformiert. Die kleinteiligen Aktivitäten können nur geringfügige und punktuelle Veränderungen des Stadtraums bewirken.

Das Ergebnis des *Worst-Case-Szenarios Technikwüste* ist ein vernachlässigter und lebloser Stadtraum, der aufgrund von Ignoranz urbaner Qualitätsanforderungen im »Smart City«-Konzept entsteht. Technologien werden zugunsten von Komfortansprüche der Bürger*innen eingesetzt, jedoch ohne die stadträumlichen Folgen

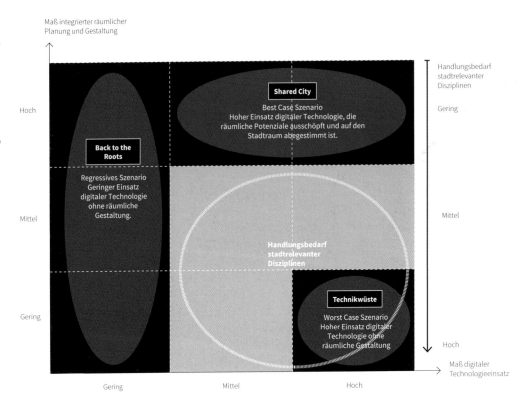

Maß integrierter räumlicher Planung und Gestaltung

Handlungsbedarf stadtrelevanter Disziplinen

Hoch — Gering

**Shared City**

Best Case Szenario
Hoher Einsatz digitaler Technologie, die
räumliche Potenziale ausschöpft und auf den
Stadtraum abgestimmt ist.

**Back to the Roots**

Regressives Szenario
Geringer Einsatz
digitaler Technologie
ohne räumliche
Gestaltung.

Mittel — Mittel

**Handlungsbedarf stadtrelevanter Disziplinen**

**Technikwüste**

Worst Case Szenario
Hoher Einsatz digitaler
Technologie ohne
räumliche Gestaltung

Gering — Hoch

Maß digitaler Technologieeinsatz

Gering     Mittel     Hoch

▶71    Szenarien-Typologie und resultierender Handlungsbedarf. *Quelle: Eigene Darstellung*

zu bedenken. Dadurch wird der öffentliche Raum gering frequentiert und kaum für persönliche Begegnungen genutzt.

Mit der fortschreitenden technologischen Entwicklung nimmt der Technologisierungsgrad im Stadtraum unweigerlich zu. Nicht nur in »Smart City«-Entwicklungen, sondern auch in Neubauquartieren – die sich nicht mit dem Konzept »Smart City« identifizieren –, aber auch in Bestandquartieren werden digitale Technologien im Stadtraum eingesetzt, um mit dem technologischen Fortschritt zu gehen. Für die stadtrelevanten Disziplinen gilt es daher, sektorenübergreifend und interdisziplinär einen dynamischen Prozess der Strategie-Entwicklung und -Weiterentwicklung im Umgang mit den Chancen und Risiken einer verstärkten Digitalisierung zu etablieren. Um dem Szenario der Technikwüste entgegenzuwirken, muss der Stadtraum unter Berücksichtigung des räumlich-technologischen Konnexes geplant und gestaltet werden. Dabei sind die stadtrelevanten Disziplinen gefordert, räumliche Ableitungen für eine strategische Strukturierung und Qualifizierung von Stadtraum zu machen. Die zukünftige Entwicklung der Stadt im digitalen Zeitalter wird davon abhängen, ob es die Planung und Gestaltung schafft, agiler und anpassungsfähiger für die Anforderungen der Zukunft zu werden (▶ 71).

# Wege der Potenzialerschließung

In diesem Kapitel werden mögliche Ansatzpunkte für die aktive Gestaltung der räumlichen Transformation der Digitalisierung vorgestellt. Die zentrale Frage ist, wie die räumlichen Potenziale digitaler Technologien für den Stadtraum der Zukunft genutzt werden können. Zunächst werden allgemeine Ansatzpunkte zur Erschließung der Potenziale der Digitalisierung auf den Raum beschrieben. Danach werden konkrete, spezifisch räumliche Ansatzpunkte dargestellt, die dazu beitragen können, die Potenziale der zunehmenden Digitalisierung praktisch und konkret für den Städtebau zu nutzen.

# Raumbezogene Ansätze

Doch welche raumspezifischen Ansätze und Prinzipien zur praktischen Erschließung der Potenziale von Technologien für den Stadtraum sind möglich? Im Folgenden werden vier Zugänge dargestellt. Das sind die 1) erhöhte Nutzungsintensität, 2) die Mehrfachnutzung, 3) die Nutzungsoffenheit, sowie 4) die Bedarfsvermeidung.

Erhöhte Nutzungsintensität und Nutzungsverdichtung

Digitale Technologien ermöglichen eine raumzeitliche Nutzungsverdichtung und dadurch eine Erhöhung der Nutzungsintensität. Bestehende räumliche Strukturen und Infrastrukturen können intensiver genutzt werden. So kann eine Mobilitätsinfrastruktur durch die Verteilung der unterschiedlichen Verkehrsnutzungen und -belastungen über den gesamten Tagesverlauf genutzt werden – beispielsweise motorisierter Individualverkehr tagsüber und Logistik in der Nacht – optimal genutzt werden, ohne dass Auslastungsspitzen entstehen, wie morgens durch Pendler- und Berufsverkehr und Logistikzustellungen.[25] Oft wird erwartet, dass das automatisierte Fahren, sowie bereits bestehende *Carsharing-Konzepte* zu einer Effizienzsteigerung und besseren raum-zeitlichen Auslastung im Straßenraum führen, da mehr Personen ein Fahrzeug auf den vorhandenen Flächen des ruhenden Verkehrs abstellen können (Hinterkörner, 2019) oder gänzlich per App in Sammelgaragen organisiert werden und den öffentlichen Raum frei machen (Pernthaler, 2019). Eine intensivere Nutzung eines Stellplatzes kann zudem durch Informations- und Kommunikationstechnologien von der Anwohner*in über Nacht und tagsüber von einem Arbeitsnehmer*in genutzt werden. Dadurch entstehen eine Nutzungsverdichtung und Effizienzsteigerung in der Ausnutzung der Flächenressourcen (Pernthaler, 2019). Das Raumpotenzial wird somit potenziert. Wenn dieses Prinzip auf die Quartiersebene übertragen wird, kann es dazu beitragen, Raumknappheit und Nutzungskonkurrenzen im öffentlichen Raum zu entschärfen und Raumreserven in Privatbereichen, wie beispielsweise Garagen, zu aktivieren.

Prinzip 1 für Smarte Urbane Räume – Digitale Technologien nutzen, um den Öffentlichen Raum einschließlich der Verkehrsflächen als Aufenthaltsraum zu denken und zu gestalten. Eine hohe menschenzentrierte Stadtraumqualität kann einen motorisierten Verkehr aufnehmen, ohne an Aufenthaltsqualität einzubüßen. Die Gestaltung entscheidet über die Nutzung der Flächen, begünstigt Nutzungsaushandlungen zugunsten der Fußgänger*innen und unterstützt die Umkehrung der Mobilitätspyramide.

## Mehrfachnutzung – Multifunktionalität und multiple Raumüberlagerung

Digitale Technologien ermöglichen eine mehrfache Nutzungsüberlagerung. Wenn Flächen digital-basiert gleichzeitig zur Energieproduktion und als Freizeitfläche genutzt werden können, dann führen Nutzungsüberlagerungen zur Reduktion von Flächenverbrauch. Das ist laut Reicher *smart*.

> »Also wo es immer Überlagerungen zwischen einem energetischen Aspekt, aber auch einem Nutzungsaspekt gibt. Nutzungsaspekt, der verschiedenen Nutzungen überlagert und damit den Flächenverbrauch insgesamt reduziert.« (Reicher 1, pos. 73)

Diese Form der *Sektorenkopplung* wird ebenso vom *Difu* in Bezug auf die Energieinfrastruktur anhand der Koppelung von Energieproduktion und der dezentralen Energiespeicherkapazität der E-Mobilität beschrieben (Soike et al., 2019). Digital-basierte *Sharing-Konzepte* und E-Mobilität können dazu dienen, den motorisierten Individualverkehr zu reduzieren, aber auch die Ausnutzung der Reserven im öffentlichen Raum im Quartier zu erhöhen (Hoffer, 2020; Pernthaler, 2019; Ranegger, 2019). *Mobility as a Service* und *Sharing-Konzepte* können zudem zu einem Bedeutungsverlust von Fahrzeugbesitz führen (Engelke et al., 2019), sodass vor allem in Großstädten deutliche Raumressourcen wie Parkplätze, Kellerräume frei werden (Knieling, 2020).

Digitale Technologien ermöglichen *intermodale* Mobilität, die *Sharing-Angebote*, öffentlichen Personennahverkehr, Taxis und aktive Mobilität verbindet (Degros et al., 2020; Hoffer, 2020). Durch die gemeinschaftliche Nutzung des Mobilitätsangebots kann die Anzahl der Personenkraftwagen im öffentlichen Raum verringert werden. *Intermodalität* führt zu einer passgenauen und bedarfsgerechten und damit sowohl räumlich als auch zeitlich effizienten Fortbewegung. Durch stationsbasierte *Sharing-Angebote* entstehen an Haltestellen öffentlichen Personennahverkehrs *intermodale* Schlüsselpunkte für einen Verkehrsmittelwechsel (Christiaanse, 2020).

Durch die Digitalisierung wird es möglich, Ressourcen über unterschiedliche Sektoren hinweg, wie Energie und Mobilität, zu koppeln und dadurch Synergieeffekte auszuschöpfen. Die Ressourcen können besser genutzt werden, aber auch ihr Verbrauch und die Distribution beispielsweise von Energie kann effizient organisiert werden. Elektrofahrzeuge können beispielsweise als Batteriespeicher dienen und zusätzlich als dezentrale Speichereinheiten im Stromnetzwerk genutzt werden. Mobilitätswende und Energiewende werden durch die Potenziale der Digitalisierung unterstützt und sektoral enger verknüpft. Die nötigen Infrastrukturen werden durch die funktionale Vernetzung effizient genutzt.

Prinzip 2 für Smarte Urbane Räume – Den räumlich-technologischen Konnex nutzen, um den Stadtraum multifunktional zu gestalten und für alle Nutzer*innengruppen attraktiv und zugänglich zu machen. Im Sinne der Inklusion und des Gemeinwohls liefern offene breit-angelegte Beteiligungsprozesse in der Bürgerschaft unter Einbindung von einem Stakeholder-Mix essenzielle Anforderungen für die Gestaltung.

## Nutzungsoffenheit – Oberflächenfreiheit und multicodierte Flächen

Digitale Technologien ermöglichen Oberflächenfreiheit und dadurch einen hohen Grad an Nutzungsoffenheit und -flexibilität im öffentlichen Raum.

Nutzungsoffene öffentliche Räume stärken die Aneignung von Räumen durch die Menschen. Das Verlegen von Infrastrukturen vom öffentlichen Raum unter die Erde schafft Oberflächenfreiheit im öffentlichen Raum, wie beispielsweise durch unterirdische pneumatische Abfallentsorgung und Recycling-Stationen in Mehrfamilienhäusern in *Norderhavn* (Bruns-Berentelg und Gilliard, 2020; Grabner, 2019; Ranegger, 2019). Durch die Organisation des Abfalls in pneumatische Sammelmülltonnen wird der Straßenraum von privaten Mülltonnen freigeräumt (Grabner, 2019; Ranegger, 2019). Das erhöht die Barrierefreiheit und Nutzungsoffenheit im Straßenraum.

Die Nutzungsoffenheit kann sich ebenso auf den Grünraum beziehen und Kreislaufsysteme unterstützen. Oberirdische Vegetationsfilteranlagen und Retentionsflächen können in die Gestaltung öffentlicher Grünflächen integriert werden. Für die Kreisläufe spielt Dezentralisierung eine wichtige Rolle. Unterirdische dezentrale Quartierskläranlagen und Müllverbrennungsanlagen sorgen für kurze Transportwege und schaffen kleinmaßstäbliche Kreisläufe. Die Abwärme der Verbrennungsanlagen kann direkt und lokal genutzt werden und ein Quartier ohne Energieverluste mit der nötigen Heizkraft versorgen. *Sharing-Konzepte* nicht nur auf der Gebäudeebene (Gemeinschaftsterrassen oder -küchen), sondern auch auf der Quartiersebene können Straßenräume zu Gemeinschaftsräumen machen, indem Bürger*innenfeste oder Straßenflohmärkte veranstaltet werden (Strüver, 2019). Dazu ist eine entsprechende Straßengestaltung – weg von der autogerechten Gestaltung hin zu einer menschengerechten Gestaltung – nötig (Bendiks und Degros, 2019). Durch die technische Entwicklung im Bau wird eine modulare und demontierbare Konstruktion von Sammelgaragen möglich. Das führt zu einer hohen Flexibilität nicht nur in der Nutzung von Gebäudestrukturen, sondern auch der Ressource Boden, indem die Garage bedarfsgerecht auf- und abgebaut werden kann (Hinterkörner, 2019).

Prinzip 3 für Smarte Urbane Räume – Durch einen räumlichen-technischen Konnex flexible Gestaltung und Planung ermöglichen, um Resilienz im Stadtraum zu schaffen und eine iterative Adaptation zu unterstützen. Dieses Vorgehen schaukelt zwischen zwei im Kreislauf aufeinanderfolgende Phasen, Informelles austesten, experimentieren und anschließend Bewährtes formalisieren.

Digitale Technologien ermöglichen und verbessern die Bedarfsvermeidung in unterschiedlichen Formen – Neue Möglichkeiten wie digital-gestützte Mobilitätsangebote sowie automatisiertes Fahren verlangen nach einer aktiven Zielsetzung und räumlichen Gestaltung der Digitalisierung, wenn sie dazu beitragen sollen, unterschiedliche Mobilitätsvermeidung in Gang zu setzen (Soike et al., 2019). Doch auch in der aktuellen Covid-19-Situation können digitale Angebote – wie Online-Konferenz-Tools –, sowie die zunehmende Verlagerung der Arbeitsstätte ins *Home-Office* deutliche Potenziale zur Bedarfsvermeidung von Mobilität mit sich bringen.

Durch flexible Arbeitsmodelle wie *Mobile-Office*, *Desk-Sharing* oder *Co-Working-Spaces* kann Arbeit ortsunabhängig verrichtet werden. Das hat räumliche Folgen, da weniger stationäre Arbeitsplätze in Bürogebäuden errichtet werden müssen. So verändert sich der Raumbedarf und verlagert sich zunehmend von urbanen Stadtzentrumslagen hin zu dezentralen, kleinmaßstäblichen Co-Working-Spaces, meist an periphereren Standorten mit günstigen Mietpreisen (*Village-Office*). Diese Entwicklung der Flexibilisierung des Arbeitsplatzes kann folglich zu Reduktion von motorisiertem Pendlerverkehr, besonders zu Stoßzeiten führen. Für abgelegene ländliche Räume bietet die Digitalisierung durch den zunehmenden Bedeutungsverlust von Distanz neue Chancen (Rat für Raumordnung, 2019).

Auch die Energieraumplanung kann dazu beitragen, durch eine strukturelle Energieeffizienz und durch die Energievermeidung von Stadt- und Siedlungsstrukturen die effiziente Nutzung von Energie zu erhöhen (Stöglehner et al., 2013).

Prinzip 4 für Smarte Urbane Räume – Räumliche Anpassungen durch den räumlich-technischen Konnex ermöglichen und systemische Veränderungen unterstützen. Neuorganisation von Raumressourcen und -funktionen schaffen, um Nutzungsänderungen durch neue Verhaltensweisen zugunsten der Bedarfsvermeidung zu etablieren oder zu stärken.

# Systembezogene Ansätze

Systembezogene Ansätze – Verwaltung und Öffentliche Hand – Nachdem die Untersuchung herausgestellt hat, dass die Digitalisierung räumliche Potenziale für eine nachhaltige Entwicklung bietet, stellt sich die Frage, welche systembezogenen Anpassungen möglich und nötig sind, um die Chancen zu nutzen. Hier werden drei Handlungsebenen beschrieben, 1) Experimente ermöglichen, 2) gute Rahmenbedingungen schaffen und 3) Regulationsbedarf erschließen.

## Experimente ermöglichen

Um die räumlichen Potenziale der Digitalisierung zu erschließen, gilt es zunächst, das Bewusstsein der Akteure aus der Praxis, Verwaltung und Wissenschaft der stadtrelevanten Disziplinen für die Anforderungen der Digitalisierung zu stärken. Mit einem inkrementellen, iterativen und agilen Vorgehen sollen neue Konzepte in kleinmaßstäblichen Projekten den Handlungsspielraum und räumliche Potenziale der Digitalisierung ausloten, um den Nutzen und Mehrwert hochskalieren zu können und gesamtstädtische strategische Ziele verfolgen zu können. Ungewissen Entwicklungen von disruptiven Technologien im Zuge der Digitalisierung können so, auf einer strategischen Ebene durch die Annäherung mit einem iterativen System aus Testen, Evaluieren, Adaptieren und wieder Testen, begegnet werden. In solchen strategischen Experimentierräumen sollen Erfahrungen der Raumwirksamkeit der Digitalisierung kontext-spezifisch gemacht werden und eine Test-Gestaltung als Erfahrung unter Realbedingungen gemacht werden. Vor allem in den Handlungsfelder Umwelt und Mobilität – in denen die meisten Potenziale, aber auch Risiken für den Raum erwartet werden – sind urbane Experimentierräume nötig, um digital-gestützte Mobilitäts- und Energienetzwerke, sowie -Dienstleistungen zunächst räumlich auf ihre Wirkung genau zu untersuchen, bevor sie auf städtischer Ebene implementiert werden. Solche Reallabore zur Annäherung und Erprobung digitaler Raumwirksamkeit können als Anpassung institutioneller Instrumente der stadtrelevanten Disziplinen genutzt werden, um mit zunehmend kürzeren Innovationszyklen umzugehen.

## Gute Rahmenbedingungen schaffen

Die Rahmenbedingungen wie der gesetzliche Kontext oder finanzielle und personelle Ressourcen einzelner Kommunen müssen entsprechend angepasst werden, um die notwendigen Freiräume für Experimente zu ermöglichen und zu fördern. Eine finanzielle Förderung von Erprobungsprojekten ist vor allem bei kleinen Kommunen mit geringen Ressourcen notwendig, damit diese in einem eigenständigen Handlungsspielraum den Umgang mit der Digitalisierung angehen können. Weitere Rahmenbedingungen für die Praxis betreffen die universitäre Ausbildung der nachkommenden Generation von Planenden und Gestaltenden. Dazu sollten die Curricula der stadtrelevanten Disziplinen in Hinblick auf die Fragestellungen und Herausforderungen der digitalen Transformation weiter ausgerichtet werden.

## Regulierungsbedarf erschließen

Damit die digitale Transformation im Raum zugunsten des Gemeinwohls gelingt, braucht es bei der öffentlichen Hand und in der Politik übergeordnete Ziele. Dies ist vor allem aufgrund der technologischen Entwicklungsgeschwindigkeit besonders wichtig, denn es gilt in Zukunft nicht nur reaktiv auf die Entwicklungen einzugehen, sondern die urbanen, räumlichen Prozesse aktiv zu regeln. So wird es in den kommenden Jahren eine zentrale Aufgabe sein zu untersuchen, in welcher Form die öffentliche Hand im Sinne des Gemeinwohls weitsichtig die digitale Transformation und ihre Wirkung im Raum antizipieren kann, um zeitgerecht eingreifen zu können. Dazu bedarf es weiterer Forschung und einer vertiefenden, transdisziplinären Diskussion, um zu ermitteln, wie ein zielgerichtetes Vorgehen in der Erfassung, Regelung und Gestaltung von Raumwirksamkeiten der Digitalisierung über die unterschiedlichen Ebenen und Gebietskörperschaften hinweg funktionieren kann. Des Weiteren stellt sich die Frage nach geeigneten Werkzeugen.

Ein konkretes Beispiel, das eine mögliche Richtung aufzeigt, ist die Erarbeitung von *Integrierten Digitalen Entwicklunskonzepten* (IDEK). Das ist eine Weiterentwicklung des *Integrierten Städtebaulichen Entwicklungskonzepts* (ISEK), das vom Bayerischen Staatsministerium für Wohnen, Bau und Verkehr entwickelt wurde und im Rahmen des Projekts »Smart Cities, Smart Regions – Kommunale Digitalisierungsstrategien für Städtebau und Mobilität der Zukunft« als Modell erstmalig getestet wird (Bayerisches Staatsministerium für Wohnen, 2020).

Einerseits kann eine real-physische Veränderung im Raum mit den etablierten Instrumenten der räumlichen Planung und Entwicklung organisiert und gesteuert werden. Doch auf der anderen Seite ist bereits jetzt europaweit eine Dynamik in den Planungsinstrumenten in Richtung inkrementeller Planung zu beobachten. Nicht mittels Phasenplänen, die ausschließlich die Realisierungsschritte eines festgelegten Plans regeln, sondern mittels Rahmenplänen und »Transition-Plänen«, die eine unerwartete Entwicklung berücksichtigen und einen höheren Abstraktionsgrad haben, um mehrere unterschiedliche Zukünfte einzubeziehen. Es ist weiter zu überprüfen, ob eine Anpassung oder Erweiterung der Instrumente notwendig sind. Möglicherweise müssen nutzungsspezifische Planungsinstrumente mit einer Ebene der raumspezifischen Wirkung der Digitalisierung erweitert werden, sodass Funktionen im Raum nicht dauerhaft als gesetzt verstanden werden, sondern einer realen Echtzeitnutzung entsprechen und dadurch die Ausweisung von Zonen in Bezug zu den räumlichen Veränderungen steht, die technologische Entwicklungen mit sich bringen. Konkret bedeutet das, dass wenn beispielsweise Gewerbegebiete durch weitere technische Veränderungen und disruptiven Technologieentwicklungen, wie *On-Demand*-Produktion, *3D-Printing*, dezentrale, kleinteilige und emissionsfreie Produktionsformen ermöglichen und die Fixierung der Produktion auf einer Fläche obsolet wird, diese Entwicklung mit Echtzeitdaten der Nutzung nach Bedarf geregelt werden kann.

# Gesamtbetrachtung – Ergebnisse, kritische Reflexion und Einordnung

Anhand der Ergebnisse aus den unterschiedlichen Fragestellungen der empirischen Untersuchungen konnten die räumlichen Auswirkungen der digitalen Transformation im Stadtraum aufgezeigt werden. Städte befinden sich fortwährend in einem räumlichen Transformationsprozess. Die Digitalisierung spitzt diese Entwicklung zunehmend zu und beschleunigt sie durch die Covid-19-Pandemie weiterhin. Im Folgenden werden die Teilergebnisse anhand der einzelnen Hypothesen resümiert, eingeordnet und kritisch diskutiert.

# Der »Smart City«-Begriff und seine Bedeutung für den Raum

Derzeit besteht keine gültige Definition für den Begriff »Smart City«. Der Begriff wird allgemein mit dem Einsatz von digitalen Technologien in der Stadt verbunden. Die erste Hypothese besagt, dass das Konzept »Smart City« genutzt wird, um die physisch-räumliche Auswirkungen der digitalen Transformation des Stadtraums in Stadtplanungsprozesse zu beschreiben.

## Forschungsstand – »Smart City«-Kernkonzept

Das »Smart City«-Konzept mit den entsprechenden technologischen Systemen der Informationsverarbeitung wird weltweit zunehmend eingesetzt, um aktuellen urbanen Herausforderungen wie der Klimakrise planerisch zu begegnen. Durch die Individualisierung in der Netzwerkgesellschaft und die massive Ausweitung der Nutzung digitaler Informations- und Kommunikationstechnologien in allen Lebensbereichen entstehen jedoch zunehmend sichtbare Transformationsdynamiken durch die Digitalisierung, die sich im Raum widerspiegeln und dessen Anforderungen maßgeblich verändern. Globale Informations- und Kommunikationstechnologie-Unternehmen bieten zunehmend digitale Lösungen für die Städte der Zukunft an, ohne die stadträumlichen Folgen zu berücksichtigen. Dabei sind die räumlichen Auswirkungen digitaler Technologien bereits heute zu beobachten. Es gilt, die räumlichen Risiken zu vermeiden und gleichzeitig die Chancen der Digitalisierung für den Stadtraum zu nutzen. Werden unterschiedliche Technologien im Quartier eingesetzt, so unterscheiden sich die Stadträume in ihrer Wahrnehmung, Flächenverteilung, Nutzung, Dimensionierung, aber auch in ihrer physischen Gestalt von herkömmlichen Quartiersräumen ohne den Einsatz digitaler Technologien. So gewinnen im Zeitalter der Digitalisierung *Smart Cities*, Informations- und Kommunikationstechnologien, sowie deren Entwicklungsdynamik zunehmend an Bedeutung. Die »Smart City«-Stadtentwicklung wird derzeit (2021) bestimmt durch Innovation und Wettbewerbsfähigkeit, durch Effizienz der gebauten Umwelt und Resilienz ihrer urbanen Systeme. Sie verbessert Steuerungsprozesse in Verwaltung und Politik, ist gemeinwohlorientiert und sorgt für die Erfüllung der gesellschaftlichen Bedürfnisse.

Der Begriff »Smart City« befindet sich im Wandel. Bereits die einzelnen Bestandteile *Smart* und *City* haben über Jahrtausende ihre Bedeutung und ihren Verwendungskontext verändert. Wird die etymologische Bedeutungsvielfalt beider Begriffe berücksichtigt, kann ein Deutungsstrang von »Smart City« identifiziert werden, der das Verhandlungsgeschick des Begriffs *smart* mit dem Gemeinwohl der Bürgerschaft, der im Begriff *cité* steckt, verbindet. So muss bis heute der Begriff »Smart City« in seinem Bedeutungsspektrum ausgelotet und unter den vielfältigen Akteuren ausgehandelt werden. Aus politischer Sicht ist das Konzept »Smart City« neutraler im Vergleich zum Begriff der Nachhaltigkeit. In Ländern, in welchen der Begriff Nachhaltigkeit mit liberaler und progressiver Politik verbunden wird, hat sich der Begriff »Smart City« leichter durchgesetzt (Eremia et al., 2017). Generische Deskriptoren wie »nachhaltig« werden genutzt, um eine »gute« Stadtentwicklung zu beschreiben. Das spiegelt einen neuen ökologischen Standard in der Stadtpolitik wider, kann jedoch auch als bloßes Lippenbekenntnis zur Umweltverantwortung verstanden werden, das als Teil des Verkaufsarguments der »Smart City« dient. Daher werden spezifische Beschreibungen und Zielsetzung benötig, um die Umweltambitionen zu konkretisieren (Joss et al., 2019).

Auch in der wissenschaftlichen Literatur ist der Begriff »Smart City«, sowie seine einzelnen Bestandteile des Konzeptes wie Charakteristiken, Faktoren, oder Indikatoren, um nur einige zu nennen, nicht eindeutig definiert. Einige dieser Elemente werden in unterschiedlichen Quellen, je nach Kulturkreis, durch verschiedene Begriffe beschrieben oder synonym verwendet, wie die Komponenten, Charakteristiken (überwiegend im anglo-amerikanischen Kulturraum), Dimensionen oder Handlungsfelder (überwiegend im deutschsprachigen Kulturraum) (Giffinger et al., 2007; Nam und Pardo, 2011).

In wissenschaftlichen Quellen wird hervorgehoben, dass die einzelnen Handlungsfelder nicht isoliert betrachtet und ausgebaut werden sollen. Sie weisen darauf hin, dass eine integrative Bearbeitung der Handlungsfelder nötig ist, damit »Smart City«-Projekte gelingen und sie die Stadt als Ganzes verbessern können (Kanter und Litow, 2009; Komninos, 2018). Eine kleinteilige Untergliederung der einzelnen Bestandteile des »Smart City«-Konzeptes unterstützt eine wissenschaftliche Analyse und Konzeptualisierung des Begriffs (Albino et al., 2015). Die Themenfelder von »Smart City« umfassen viele innovative Aktivitäten der Städte. Oftmals werden die Begriffe »Smart City« und Digitalisierung synonym verwendet. Während beispielsweise Luxemburg die Aktivitäten im Bereich der Informations- und Kommunikationstechnologie als »Smart City« zusammenfasst, liegt der Schwerpunkt in Amsterdam eher im Bereich der Energie-Initiativen. In Malta wird die Entwicklung eines wissensbasierten Wirtschaftsstandorts als »Smart City« bezeichnet. Ein wesentlicher Treiber für die weite Verbreitung der institutionellen Verwendung des Begriffs »Smart City« ist die EU-Initiative *Smart Cities and Communities*, die auch dazu beigetragen hat, dass die Verwendung des Begriff *Sustainable City* zurückgegangen ist (Wiener Stadtwerke, 2011).

Das »Smart City«-Modell ist in der Struktur mehrschichtig und kann durch Flexibilität, Passgenauigkeit und Skalierbarkeit seiner Bestandteile an sehr unterschiedliche Bedingungen angepasst werden. Das zeigen verschiedene wissenschaftliche Modelle der »Smart City«. Die hier zum Vergleich herangezogenen Modelle bauen auf den gleichen Handlungsfeldern auf und identifizieren als Einflussgrößen drei Kernfaktoren, technologische, institutionelle und soziale Faktoren, deren Bezeichnung von Modell zu Modell unterschiedlich sein kann (Nam und Pardo, 2011). Während manche Modelle die angestrebten Ziele im Modell aufgreifen, abstrahieren andere Modelle die Absichten mit dem Begriff »Smart City«. Elemente wie der Prozess und die Akteurskonstellation und Stakeholdermix werden unter den Vergleichsmodellen nur in einem Modell abgebildet. Der räumliche Aspekt wird zwar in einigen Modellen als physische Struktur angedeutet, beinhaltet jedoch nur die physische Infrastruktur von digital-basierten und nicht digital-basierten Technologien. Der fehlende Bezug zum Stadtraum kann hier als Betrachtungslücke herausgestellt werden. In den Indikatoren-Sets zur Normierung des »Smart City« Konzepts werden die verschiedenen Zugänge abgebildet. Auch hier unterscheiden sich die Themenfelder, Bewertungskriterien und Indikatoren erheblich. Anhand der Übersicht der Initiativen im deutschsprachigen Raum kann festgestellt werden, dass viele der Initiativen zwar die Bewertung auf Quartiersebene angepasst haben, jedoch nur einzelne Normierungen den Stadtraum als Kriterium einbeziehen. Und selbst in diesen wenigen Fällen, in denen in Stadt- und Siedlungsräume eingegriffen wird, dienen quantitative Indikatoren zur Bewertung, wodurch urbane Qualität nicht erfasst werden kann. Prinzipiell fehlt der Konnex zu technologischen Bedingungen und deren Auswirkung auf die Stadtquartiere.

Aktuell (2021) gibt es nur vereinzelte wissenschaftliche Literaturquellen über die Zusammenhänge zwischen Raum und digitalen Technologien. Seit 2017 gibt es einige wenige Quellen, in denen Raum und Digitalisierung untersucht wurden. Dabei ist die spezifisch physisch räumliche Veränderung eher peripher behandelt mit allgemeinen Aussagen (Bundesamt für Raumentwicklung ARE, 2017; Rat für Raumordnung, 2019). Manche Quellen beziehen sich auf die Energieraumplanung in Österreich, wie der Bericht von Fellner et al. (2020) *Energie- und lebensqualitätsoptimierte Planung und Modernisierung von Smart City-Quartieren*. Seit 2019 sind zwei einschlägige Studien zum Thema Raumwirksamkeit der Digitalisierung entstanden, die *NUDIG-Studie* »Raumwirksamkeit der Digitalisierung« von der Hochschule Rapperswil, die eine breit angelegten Delphi Umfrage vorgenommen hat, und die explorative *Difu-Studie* »Räumliche Dimensionen der Digitalisierung«, in der Handlungsbedarfe für die Stadtentwicklungsplanung vorgestellt werden. Seit Ende 2020 wird auch eine breit angelegte Studie zur »Räumliche Dimensionen der Digitalisierung« an der TU Wien durchgeführt. Die ersten Teilergebnisse wurden im *Future.Lab Magazin* festgehalten und in einer *Örok-Konferenz* Ende Anfang Mai 2021 diskutiert.

Derzeit (2021) wird das Thema Digitalisierung unter dem Begriff »Smart City« weiterhin vor allem aus Sicht der Wirtschaft diskutiert und vorangetrieben, um bestehende Geschäftskonzepte zu adaptieren und neue zu entwickeln. In den stadtrelevanten Disziplinen wird der Diskurs eher zögerlich geführt (Engelke et al., 2019). Bislang beschränken sich die Inhalte und Verweise in der Diskussion über die räumlichen Folgen der Digitalisierung auf den Stadtraum auf allgemeine Aussagen. In der »Smart City«-Charta werden Empfehlungen für Kommunen formuliert, um die digitale Transformation nachhaltig zu gestalten. Darin wird die Notwendigkeit der vertieften Untersuchung von raumgebundenen Folgen der Digitalisierung herausgestellt und Einzelaspekte der Mobilität – Flächenbedarfe oder sozialräumliche Auswirkungen, wie die *Digitale Kluft* – aber auch Faktoren wie Onlinehandel mit seinen räumlichen Auswirkungen in Innenstädten, genannt (BBSR, 2017; Soike et al., 2019).

Gegenwärtig mangelt es daher an einer emanzipierten und gefestigten Haltung der stadtrelevanten Disziplinen, wie die neuen Möglichkeiten der Digitalisierung eingesetzt werden könnten, um eine dauerhafte, resiliente und qualifizierte Stadt- und Raumentwicklung zu schaffen (Albino et al., 2015; Engelke et al., 2019).

Trotz einer bisherigen (2021) allgemeinen Skepsis aus der breiten Wissenschaft wird durch die einschlägigen Forschungsarbeiten von 2019 deutlich, dass die Digitalisierung nicht nur einen Einfluss und eine Auswirkung auf den Raum hat, sondern, dass diese Auswirkungen mehrdimensional, komplex und divers sind. Die digitale Transformation bewirkt die deutlichste Veränderung im Bereich der Mobilität, doch auch andere Bereiche wie Raumentwicklung, Landschaft und Freiraum, Handel und Wirtschaft oder Energieinfrastruktur bewirken durch die Digitalisierung räumliche Veränderungen. Während sich kleinräumliche Veränderungen in der Stadt bereits jetzt ablesen lassen, wie Nutzungsmischung durch Urbane Produktion, Online-Handel, *Mobility as a Service* oder durch die *Letzte Meile* und *Kurier-Express-Paketdienste*, werden in Zukunft auch zunehmend großräumige strukturelle Veränderungen erwartet (Engelke et al., 2019; Soike et al., 2019).

Zusammenfassend sind in den Bereichen Mobilität und Umwelt (Energie) die weitreichendsten Digitalisierungsmaßnahmen zu verzeichnen, und damit verbunden werden auch in diesen Bereichen die Veränderungen der Raumstrukturen am deutlichsten (Engelke, 2017; Engelke et al., 2019; Soike et al., 2019). Konzepte im Bereich Umwelt – beispielsweise *Smart-Grids*, die über untereinander verbundenen Systemen zur Gewinnung, Konsum und Speicherung von Energie verfügen – werden eine relevante Bedeutung für die Entwicklung zukünftiger Quartiersstrukturen haben. In Abhängigkeit von der räumlichen und systemischen Organisation der *Grids* können Stadtentwicklungsziele, wie Innenentwicklung gefördert oder behindert werden. Fahrzeuge mit einem hohen Automatisierungsgrad nutzen Mobilitätsinfrastrukturen und sollen eine Effizienzsteigerung im motorisierten Verkehr mit sich bringen. Ob die damit verbundenen räumlichen Chancen einer Neugestaltung und Qualifizierung des Straßenraums erreicht werden oder ob die Risiken einer Umdeutung vom öffentlichen Raum als »rollender Parkraum« (Engelke, 2017) eintreten, das wird von der aktiven Mitgestaltung der stadtrelevanten Disziplinen abhängen.

Am internationalen Beispiel der »Smart City«-Planungen in Toronto wird deutlich, dass digitale Technologien und das »Smart City«-Modell zwar Probleme teilweise lösen können, dass jedoch die digitalen Technologien bei der digitalen Transformation keine leitende Funktion haben sollten und nicht bedarfsgenerierend sein dürfen, sondern bedarfsgerecht und gemeinwohlorientiert sein müssen. Nachdem Toronto die Google-gestützten Pläne von Sidewalk Labs für die *Quayside-Stadtteilentwicklung* gestoppt hat, hat sich die Stadt für eine menschen-zentrierte, soziale und ökologische Entwicklung der Stadt entschieden und priorisiert nun Themen der Bezahlbarkeit, $CO_2$-Neutralität und Unterstützung eines lokalen, kleinmaßstäblichen und minderheiten-geführten Wirtschaftsmix. Daran wird deutlich, dass nicht der Einsatz von Technologien gewünschte positive Effekte erzeugt, sondern umgekehrt, dass konkrete urbane Zielsetzungen notwendig sind, die sich digitale Technologien zunutze machen können, um gemeinwohl-orientierte Entwicklungen zu betreiben.

## Internationale »Smart City« Good-Practice-Quartiere

Die ausgewählten Good-Practice-Quartiersentwicklungen stellen derzeit noch experimentelle *Testbed-Untersuchungen* dar, in denen diverse Technologien ausprobiert und wissenschaftlich evaluiert werden, damit sie in Folge auf gesamtstädtischer Ebene angewendet werden können oder als Blaupause für andere Städte dienen können. Keine der »Smart City«-Quartiersentwicklungen ist derzeit abgeschlossen. Daher wird sich in den kommenden Jahren herausstellen, welche der technologischen Systeme sich bewährt haben und das Potenzial haben, sich als feste Elemente in der Stadtentwicklung zu etablieren.

Schlüsselziele des *Stadtviertels Bo01* in Malmö beinhalten soziale Inklusion, Nutzungsmischung und hohe Attraktivität öffentlicher Räume. Auf der Gebäude-Ebene sind die materiellen Kreisläufe berücksichtigt, und auch im Stadtraum spielen Biodiversität und *Schwammstadtprinzipien* eine wesentliche Rolle. In der Kalasatama Entwicklung in Helsinki sind *multimodale* Mobilitätsknoten zentral, die mitunter e-Skooter und autonome Busse integrieren. Im Bereich Umwelt kommen Energie-Monitoring-Systeme für Wohnungen, *Photovoltaik-Anlagen* auch Dächer und ein pneumatisches Müllsammelsystem zum Einsatz. In Kopenhagens »Ärhusgadekvater« *Nordhavn-Quartiersentwicklung* sind wichtige Ziele, die Teilhabe am urbanen Leben und den Lebenszyklus von Ressourcen zu verbessern. Durch innovative Energiekonzepte soll das Quartier dazu beitragen, Kopenhagen klimaneutral zu machen. Dabei sind Aspekte wie die hohe Qualität des öffentlichen Raums und die Zugänglichkeit zum Wasser zentral. In allen drei Quartieren stehen übergeordnete Zielsetzungen im Mittelpunkt. Der technologische Einsatz dient als Hilfsmittel und richtet sich nach den standortspezifischen Zielen und ihren jeweiligen Schwerpunktsetzungen. Die Bedeutung eines hochwertigen öffentlichen Raums wird bei allen drei Quartieren hervorgehoben.

## Umfrage Smarte Räume

Wichtige Ergebnisse der Umfrage im deutschsprachigen Raum »Smarte Räume« sind, dass der Begriff »Smart City« unter der Bevölkerung weitestgehend positiv besetzt ist. Fast alle Befragten (90%) sehen einen Mehrwert in den Technologien im Quartier für ihren Alltag. Daher gilt es als attraktiv, in einem »Smart City« Quartier zu wohnen, denn jeder Dritte verbindet ein »Smart City«-Quartier mit einer höheren Lebensqualität. Das zeigt, dass die Akzeptanz sehr hoch ist. Es konnte weiter gezeigt werden, dass bereits eine Bandbreite an digitalen Technologien im Stadtraum aktiv genutzt wird. Dabei sind Navigationsapps und digital-gestützte Mobilitätsangebote, wie *Carsharing* und *Bikesharing*, dominant und werden von jedem Dritten genutzt.

In Bezug auf die Gütekriterien von »Smart City«-Entwicklungen sind über die Hälfte der Meinung, dass »Smart City«-Quartiere a) digital-basiert sind, b) vernetzend und integrativ und c) innovativ und explorativ sind. Mehr als jeder Dritter ist zudem der Meinung, dass solche Quartiere e) nachhaltig und resilient und f) räumlich integriert gestaltet sind, aber auch dass dadurch g) wirtschaftliche Interessen verfolgt werden und h) sie auch zu Marketingzwecke genutzt werden. Die Attribute gemeinwohlorientiert, kollaborativ und inklusiv wurden dagegen selten »Smart City«-Entwicklungen zugewiesen.

Die Ergebnisse zeigen, dass für lebenswerte »Smart City«-Quartiere Fachkenntnisse in räumlicher Gestaltung, Umweltbewusstsein, Ökologie und Verkehrstechnologie notwendig sind. Auch das Technologieverständnis, kritisches Denken und interdisziplinäres Arbeiten werden als wichtig angesehen. Die Schlüsselrolle von Architekt*innen und Städtebauer*innen in der integrierte Planung und Gestaltung von Technologien im Stadtraum wird in der Umfrage deutlich (95% gaben an, dass eine integrierte Planung der Technologien wichtig ist). Ein wesentliches Ergebnis der Umfrage besteht darin, dass unter den Befragten der Aspekt »Attraktive Staträume« am stärksten zur Lebensqualität in »Smart City«-Quartieren beiträgt. Doch die Bereiche Mobilität und Umwelt gelten auch als wichtig für die Lebensqualität, während von den Technologien nur geringfügige Beiträge zur Lebensqualität erwartet werden.

Zusammenführung

Die Ergebnisse in der internationalen Literaturrecherche zeigen, dass die räumliche Dimension und der reale physische Stadtraum im »Smart City«-Konzept keine Rolle spielt (Anthopoulos, 2017a; Giffinger et al., 2007; Hinterkörner, 2019; Jaekel, 2015; Knieling, 2020), oder zwar eine Rolle spielt, jedoch keine räumliche Veränderung bewirkt (Bruns-Berentelg und Gilliard, 2020; Hofstetter, 2020; Picon, 2015a; Vlay, 2020), obwohl das Konzept und sein Versprechen suggerieren, dass es die Stadt der Zukunft verändert (Albino et al., 2015; Etezadzadeh, 2015; Söderström et al., 2014; Ratti, 2017).

Mit der Umfrage konnten einige der Ergebnisse aus der Literatur bestätigt werden. Beispielsweise werden die zwei Handlungsfelder Mobilität und Umwelt als maßgeblich relevant erachtet, was auch im Bericht »Mapping Smart Cities in the EU« herausgestellt wurde. Dort wurden die meisten »Smart City«-Initiativen in diesen zwei Bereichen verzeichnet (Engelke et al., 2019; European Parliament, 2014; Soike et al., 2019). Auffällig ist auch, dass sowohl in der Umfrage als auch in den Good-Practice-Beispielen die hohe Qualität des öffentlichen Raums als wichtiger Aspekt einer »Smart City«-Entwicklung beschrieben wird. Hier entsteht eine Diskrepanz zu den Indikatoren-Systemen, in welchen der öffentliche Raum nur in wenigen Einzelfällen als qualitatives Merkmal genannt und berücksichtigt wird. Demgegenüber stehen die untersuchten »Smart City«-Strategien, die überwiegend den öffentlichen Raum und damit verbunden die Lebensqualität als zentrales Element formulieren. Auch in der wissenschaftlichen Literatur zu »Smart City« besteht eine enge Verwandtschaft zur Lebensqualität unter dem Begriff *Liveable Cities*.

Alle drei Untersuchungen haben ergeben, dass das Konzept »Smart City« normativ verwendet wird und dazu dient, übergeordnete Ziele zu formulieren. Weder in der Literatur noch in den Good-Practice-Beispielen, noch in der Umfrage konnte ein Zusammenhang zwischen »Smart City«-Entwicklungen und stadträumlichen Transformationsprozessen hergestellt werden. Die einschlägigen Untersuchungen aus der Wissenschaft im deutschsprachigen Raum der letzten zwei Jahre lassen vermuten, dass räumliche Aspekte der Digitalisierung nicht mit dem Begriff »Smart City« in Verbindung gebracht werden, obwohl das Konzept »Smart City« allgemein für technologische Lösungen in Prozesse der Stadtentwicklung verwendet wird. Die Hypothese, dass das Konzept »Smart City« genutzt wird, um die physisch-räumliche Auswirkungen der digitalen Transformation in Stadtplanungsprozesse zu beschreiben, kann demnach in allen drei Untersuchungen falsifiziert werden.

# Räumliche Auswirkungen der Digitalisierung

Die zweite Hypothese geht davon aus, dass die Digitalisierung im Stadtraum zu räumlichen Transformationsprozessen der physischen Gestalt von Quartiersräumen führt. Die verschiedenen digitalen Technologien im Quartier führen zu einer veränderten Wahrnehmung, Flächenverteilung, Nutzung, Dimensionierung und räumlichen Gestaltung des Stadtraums.

## Expert*inneninterviews – Raumwirksamkeit von Technologien in »Smart City«-Quartieren

Alle Expert*innen des Standorts Hamburg haben die Kernbereiche Mobilität, Umwelt und Prozess aufgeführt. Auffällig ist, dass alle Expert*innen zusätzlich das Thema der Robustheit, als Qualität von »Smart City«-Entwicklungen, zur Sprache bringen, obwohl es nicht Teil der Leitfadenüberthemen war. Alle Expert*innen zum Standort Hamburg haben beschrieben, dass Technologien räumliche Auswirkungen haben. Jedoch benennen nur manche von ihnen explizite räumliche Wirkungsweisen. Die Themenschwerpunkte unter den Interviewpartner*innen aus Wien unterscheiden sich deutlich. Während Reicher, von der RWTH Aachen und Hinterkörner, von der Entwicklungsgesellschaft *Wien 3240* Mobilität, Umwelt und Prozess als Grundaspekte aufführen, fokussiert sich Vlay aus der Sicht der Praxis auf Inhalte zu Mobilität, Umwelt und Raumqualität. Er betont den Gemeinschaftsgedanken und erläutert, dass eine »Smart City« sozial-integrative Stadträume hervorbringen muss, in denen Menschen gerne zusammenleben und in denen ein gutes soziales Klima herrscht

(Stadt Wien, 2014; Vlay, 2020). Nicht alle Expert*innen des Standorts Wien vertreten die Meinung, dass Technologien räumliche Auswirkungen haben. Jedoch schildern alle von ihnen indirekte räumliche Auswirkungen, die Technologien mit sich bringen. Alle vier Experten aus Graz greifen die Themen Mobilität und Umwelt auf und alle vier treffen Aussagen zum Prozess. Grabner von der TU Graz – Vertreter der Wissenschaft – bringt den Aspekt von Big Data hinein und macht eine wesentliche Aussage zur fortschreitenden Digitalisierung. Er stellt heraus, dass die »Smart City« Entwicklung nicht abflachen wird und daher die stadtgestaltenden Disziplinen lernen müssen, damit umzugehen und die »Deutungshoheit für sich behalten« (Grabner, 2019). Die Grazer Experten sind weitgehend reserviert bezüglich der Raumwirksamkeit von Technologien. Sie äußern teilweise Bedenken, nennen jedoch auch wenige Beispiele für direkte und indirekte räumliche Effekte von Technologien. Dieses Ergebnis ist unerwartet. Die vorherige Annahme war, dass die Expert*innen aus den stadtrelevanten Disziplinen sich bereits stärker mit den räumlichen Konsequenzen der Digitalisierung auseinandersetzten. Es spiegelt jedoch sehr gut die Ergebnisse der zwei einschlägigen Studien wider, in denen nur ein zögerliches Interesse in der Fachwelt identifiziert wurde.

In der Studie »Raumwirksamkeit der Digitalisierung« wird gezeigt, dass die Akteure der Raumplanung eher nicht zurückhaltend (40%) und nur teilweise adaptierend (50%) bei der Nutzung neuer Technologien und Daten sind. Die Akteure sind jedoch ganz eindeutig nicht die Treiber der Entwicklung (Engelke et al., 2019). Dabei bleibt unklar, was genau mit der Nutzung von Technologien und Daten gemeint ist, denn digitalgestützte Werkzeuge wie *Geoinformationssysteme*, *Building Information Modelling*, *Augmented Reality*, *Virtual Reality*, *Digitale Simulation* werden von der Fachwelt bereits vermehrt eingesetzt. Dennoch zeigen die Ergebnisse hier, dass noch keine konkrete Auseinandersetzung mit den räumlichen Veränderungen der Digitalisierung in der Fachwelt besteht. Soike et al. vom *Difu* (2019) weisen darauf hin, dass die räumliche Auswirkung der Digitalisierung erst zögerlich an die Oberfläche tritt, da es noch an Inhalten und Impulsen aus der Wissenschaft und Praxis fehle. Jedoch sei es zu erwarten, dass die räumliche Transformation in der strategischen Stadtentwicklungsplanung in Zukunft eine relevante Rolle spielen wird und ein wichtiger Bestandteil sein wird.

Die zwei Studien vom *Difu* und von der *HSR Rapperswil*, fokussieren sich auf die räumlichen Auswirkungen von der Digitalisierung, ohne dabei den Bezug zum »Smart City«-Diskurs herzustellen. Wie gezeigt werden konnte, spielt die räumliche Transformation im Zuge der Digitalisierung im »Smart City«-Diskurs keine Rolle und wird bisher in der Wissenschaft nicht verknüpft diskutiert. Der Forschungsstand ist derzeit nicht nur lückenhaft, sondern noch kaum vorhanden. Das liegt unter anderem an der hohen Komplexität des Themenfeldes, aber auch daran, dass der technologische Fortschritt und die digitale Transformation sehr kurze Innovationszyklen haben, während die Stadtentwicklung mehr Zeit benötigt, langfristige Ziele verfolgt und kontinuierliche Prozesse steuert.

Inhaltlicher Vergleich der Ergebnisse – Im inhaltlichen Vergleich der zwei einschlägigen Studien und der vorliegenden Arbeit lassen sich einige Schnittstellen und übereinstimmende Ergebnisse feststellen. Knieling von der HafenCity Universität ist der Meinung, dass die Digitalisierung bereits in der Realität der stadtrelevanten Disziplinen angekommen sei und argumentiert, dass der Einsatz von Technologien in großen Quartiersentwicklungen zum Standard geworden ist, unabhängig davon, ob es ein »Smart City«-Projekt sei oder nicht (Knieling, 2020). Das kann ein möglicher Grund sein, weshalb der Begriff »Smart City« in Untersuchungen zur räumlichen Dimension der Digitalisierung nicht aufgegriffen wird.

Manche Teilaspekte, die von Soike et al. untersucht wurden, wie Urbane Produktion, Beschäftigung und Gewerbe oder Nutzungsdurchmischung, kommen in den Interviews vor. Christiaanse argumentiert beispielsweise, dass die Technologie meist indirekt durch das menschliche Verhalten und durch »neue Angebote« räumlich wirksam wird. Er argumentiert, dass so »progressiv digitale Technologie« eine räumliche Transformation bedingen könne (Christiaanse, 2020). Ein wichtiger Faktor, der in der Untersuchung vom *Difu* mehrfach betont wurde, ist ein strategisches Planen und Handeln in Bezug auf die digitale Transformation unter Berücksichtigung des Gemeinwohls. Auch die Sozialgeografin Strüver stellt den Menschen in den Mittelpunkt ihrer Überlegungen und betont Themen wie Gemeinschaft und leistbares Wohnen. Im Sinne der Robustheit ist sie der Meinung, dass intrasektorale und transdisziplinäre Planung von Beginn an gewährleistet sein muss, damit eine *smarte* Stadtentwicklung gelingt (Strüver, 2019). Bruns-Berentelg und Gilliard von der HafenCity Hamburg GmbH sind der Auffassung, dass eine intelligente Stadt das Vermögen besitzen sollte, Technologien, die in Zukunft entwickelt werden, in ihren Strukturen zu integrieren, zu antizipieren und flexibel auf Systemänderungen zu reagieren, damit sich eine Form von Resilienz gegenüber kurzen technologischen Innovationszyklen ausbilden kann (Bruns-Berentelg und Gilliard, 2020).

Auch im Themenfeld Mobilität lassen sich Bezüge herstellen. Was Soike et al. unter Mobilitätsverhalten zusammenfassen, schildern auch einige der Expert*innen. Christiaanse beispielsweise ist der Meinung, dass digitale Technologien neue Mobilitätsangebote wie das Radverleihsystem ermöglichen und dadurch indirekt eine Veränderung im Stadtraum bewirken (Christiaanse, 2020). Die Raumwirksamkeit von Technologien liegt demnach darin, dass Technologien die Art und Weise, wie sich Menschen in der Stadt bewegen und den Stadtraum nutzen, verändern (Christiaanse, 2020; Strüver, 2019). Einige Expert*innen sind der Auffassung, dass autonomes Fahren zur Flächenrückgewinnung beitragen kann, was ebenso räumliche Vorteile mit sich bringt (Bruns-Berentelg und Gilliard, 2020; Hinterkörner, 2019; Knieling, 2020; Reicher, 2020). Reicher sagt dazu, dass digitale Technologien durch innovative Konzepte der Bewegung »eine Rückgewinnung vom öffentlichen Raum mit sich bringen« können. (Reicher, 2020, pos.24) Strüver stellt des Weiteren die räumliche Auswirkung von E-Mobilität und *E-Carsharing*, als Teilbereiche des »Smart City«-Konzeptes, in bestimmten Fällen als Risiko dar. Die nicht stationsbasierte Autoflotten können zu einer Steigerung des motorisierten Individualverkehrs bei Kurzstrecken führen, erklärt sie. Im Bereich Umwelt argumentiert Strüver, dass »Smart City«-Projekte die Absicht verfolgen, nachhaltig und ökologisch zu sein, aber die ganzheitliche Ökobilanz der Technologien negativ ausfalle (Strüver, 2019). Auch Hinterkörner führt die ganzheitliche Planung und umfassende Forschung als Merkmale für »Smart City«-Entwicklungen an und betont die Besteller-Qualität. Die Besteller müssen durch klare Ziele Qualitäten definieren, die in der Planung umgesetzt werden sollen, sagt er. In Wien wäre es bislang unklar, ob E-Ladestationen im öffentlichen Raum oder auf Baufeldebene erreichtet werden sollen (Hinterkörner, 2019). Als konkretes räumliches Beispiel sagt er einerseits, dass die Reduktion der motorisierten Mobilität und vor allem die Reduktion der Mobilitätsbedarfe im Allgemeinen *smart* sei. Auf der anderen Seite beruhe *smarte*, im Sinne von technologie-gestützter Mobilität auf einer fairen Flächenverteilung im Straßenraum und das sei räumlich wirksam, argumentiert er (Hinterkörner, 2019).

Bezüglich der Raumwirksamkeit von Technologien im Bereich Umwelt führt Knieling an, dass *smartes* Abfallmanagement räumliche Qualitäten im öffentlichen Raum schaffen könne (Knieling, 2020). In der Delphi-Studie wird auf die räumliche Transformation der Landschaft eingegangen (Engelke et al., 2019), und auch Vlay stellt heraus, dass in manchen Fällen die räumliche Auswirkung einer Technologie, wie beispielsweise der Windkraft, geo-lokal verschoben sei. Die Produktion der Energie findet beispielsweise durch Windräder in der Landschaft in ländlichen Gebieten statt und ist dort räumlich wirksam und nicht im Quartier, in dem der Energiebedarf besteht (Vlay, 2020).

Als eine von zwei räumlichen Auswirkungen der Digitalisierung auf die Energieinfrastruktur wird bei Soike et al. vom *Difu* die Sektorenkopplung aufgeführt. Auch Reicher geht als Schwerpunkt auf räumliche Aspekte ein und betont die Sektorenkopplung als wesentlichen Mehrwert von Technologie im Stadtraum. Sie erklärt, dass Planung nur gelingen kann, wenn nicht auf Grundlage von möglichen technologischen Entwicklungen (wie neue Mobilitätsangebote) der Stadtraum in Flächen aufgeteilt wird und somit mehr Flächenbedarf entsteht, sondern wenn Technologien genutzt werden, um Flächen einzusparen. Sie ist der Auffassung, dass Raum und Technologien möglichst früh gemeinsam gedacht werden müssen, da sich Technologien auf die Programmierung und die Dimensionierung von Stadträumen auswirken. Reicher führt Nutzungsüberlagerungen als *smartes* räumliches Merkmal auf. Flächen können somit gleichzeitig zur Energieproduktion und als Freizeitfläche genutzt werden. Das könne den Flächenverbraucht reduzieren. Jedoch schildert sie auf der anderen Seite, dass Technologien in der Vergangenheit auch zu räumlichen Problemen geführt haben und Technologien weitere Probleme erzeugten, die bisher nicht behoben werden können (Reicher, 2020). Hofstetter beschreibt auf der anderen Seite, dass Technologien meist unsichtbar wirken, wie die technologischen Innovationen in der Energieversorgung mit Microgrids, die jedoch keine räumliche Wirkung haben (Hofstetter, 2020).

Explorative Codierung – Räumliche Wirkungs- und Transformationskategorien

digitaler Technologien

Begriff – Wie im Kapitel Kernkonzept ausführlich dargestellt, besteht bereits seit mehr als zwei Jahrzehnte Uneinigkeit darüber, wie der Begriff »Smart City« verstanden werden soll (Albino et al., 2015; Anthopoulos, 2017). Daher war die Codierungsdichte zu den begriffsgebundenen Inhalten zu erwarten. Die meisten Expert*innen folgen einer überwiegend traditionellen Auffassung und äußern, dass eine gute, intelligente, konventionelle Planung in der Stadtentwicklung wirkungsvoller ist als ein technologischer Einsatz (Baum, 2012; Bruns-Berentelg und Gilliard, 2020; Christiaanse, 2020; Hinterkörner, 2019; Hofstetter, 2020; Knieling, 2020; Pernthaler, 2019; Ranegger, 2019; Strüver, 2019; Vlay, 2020). Auch die Aussage, dass Technologie nur als Werkzeug für die Stadtentwicklung dienen soll, wird von vielen Expert*innen bestätigt (Bruns-Berentelg und Gilliard, 2020; Christiaanse, 2020; Grabner, 2019; Hoffer, 2020; Hofstetter, 2020; Knieling, 2020; Pernthaler, 2019; Ranegger, 2019; Reicher, 2020; Vlay, 2020). Und letztlich haben auch viele der Expert*innen den Begriff Smart für überflüssig erachtet, da die Digitalisierung in der Stadt fortwährend weiterschreitet und Technologien eingesetzt werden, unabhängig davon, ob diese Quartiere »Smart City« genannt werden oder nicht (Christiaanse, 2020; Grabner, 2019; Hinterkörner, 2019; Hofstetter, 2020; Knieling, 2020; Ranegger, 2019; Vlay, 2020).

Raum – Die raumbezogenen Argumente, die in den einschlägigen Studien vom *Difu* und von der *HSR Rapperswil* aufgeführt sind – wie die erwarteten räumliche Veränderungen durch *Kurier-Express-Paketdienste*, autonomes Fahren, Änderungen im Mobilitätsverhalten, *Sharing-Angebote* oder *Nutzungskonkurrenzen* im öffentlichen Raum, um nur einige zu nennen – konnten durch die Expert*inneninterviews der vorliegenden Arbeit bestätigt werden. Anders als bei den einschlägigen Studien sind hier die Erkenntnisse über die räumliche Veränderung nicht weiter in Bereichen wie Mobilität, Umwelt oder Einzelaspekte unterteilt, sondern folgen einer thesenartigen Form, die jedoch diese teilweise aufgreift.

In Bezug auf die raumgebundenen Inhalte wird das größte Transformationspotenzial von Technologien im Bereich der Mobilität gesehen. Die Chance der Zurückgewinnung von Verkehrsflächen steht im Vordergrund (Bruns-Berentelg und Gilliard, 2020; Hinterkörner, 2019; Knieling, 2020; Ranegger, 2019; Reicher, 2020). Diese Erkenntnis lässt sich auch in den zwei einschlägigen Studien finden. Die räumlichen Auswirkungen der Digitalisierung im Bereich Mobilität sind in beiden Studien umfänglich untersucht und zeigen einen Schwerpunkt in der räumlichen Veränderungsdynamik in Hinblick auf das autonome[26] Fahren (Engelke et al., 2019; Soike et al., 2019). Unter den raumgebundenen Erkenntnissen ist auch die inhaltliche Forderung nach mehr Qualität vor systemischer Effizienz in der »Smart City«-Diskussion deutlich (Hinterkörner, 2019; Hoffer, 2020; Hofstetter, 2020; Reicher, 2020). Vor diesem Hintergrund müssen »Smart City«-Normierungen, trotz ihrer quantitativen Natur der *Indikatorensysteme*, viel stärker auf räumliche Qualitäten im Quartier, möglicherweise durch Checklisten eingehen (Klima und Energie Fonds, 2015; Rainer et al., 2017). In keiner der zwei genannten Studien werden die Begrifflichkeit der Digitalisierung genau definiert.

Einige der Aspekte sind zwar nur von wenigen Expert*innen aufgezeigt worden, liefern jedoch einen wesentlichen Erkenntnisgewinn. Beispielsweise warnen sowohl Reicher als auch Knieling, dass Technologien nur zur Lösung eindimensionaler Probleme dienen können und dass sie, die Technologien, in komplexen Zusammenhängen, die in der Planung üblich sind, weitere Probleme und Risiken mit sich bringen (Knieling, 2020; Reicher, 2020).

Um der digitalen Transformation nicht nur begegnen, sondern sie aktiv und positiv gestalten zu können, müssen die stadtgestaltenden Disziplinen inter- und transdisziplinär die Technologien in ihren komplexen Wirkungen kennen und sie im Sinne des Gemeinwohls mit ihren Potenzialen nutzen und gleichzeitig Risiken vermeiden.

Zu bedenken ist, dass die erzeugte Raumwirksamkeit durch Technologie nicht zwingend am gleichen Ort sichtbar wird, an dem die Technologie eingesetzt wird (Vlay, 2020). Das ist vor dem Hintergrund von sozialen Spaltungen in Zusammenhang mit der *Digitalen Kluft*, zentrifugalen Verdrängungsdynamiken in Großstädten durch die steigenden Mietpreise oder einer allgemeinen zunehmenden Ungleichheit deutlich. Auch wird die Bedeutung einer »Territorialen Gerechtigkeit« (Degros und Schwab, 2019) in Bezug auf die digitale Transformation zunehmend klar.

Unter dem Code »Fairness Raumverteilung« legen einige Expert*innen Aspekte der notwenigen Neuverteilung von öffentlichem Raum und Verkehrsflächen dar (Bendiks und Degros, 2019; Hinterkörner, 2019; Hoffer, 2020; Nutz, 2019; Pernthaler, 2019). Denn im Zuge der digitalen Transformation dringen neue digital-gestützte Mobilitätsangebote wie *Mobility as a Service, Sharing-Angebote, Kurier-Express-Paket-dienste* in die Stadt ein und fordern zusätzliche Flächen des bereits knappen Guts ein. So wird die Flächenverteilung und -nutzung zunehmend umkämpft. In der Covid-19-Situation hat zudem ein boomender Online-Handel zu einer beachtlichen Erhöhung des Güterverkehrs in der Stadt geführt und zeigt auch hier die räumlichen Auswirkungen der Digitalisierung im Stadtraum. Im *Difu*-Bericht »Räumliche Dimensionen der Digitalisierung« wird das Gemeinwohl in Hinblick auf Mobilität in den Vordergrund geholt. Es wird beschrieben, dass die Bedeutung der kommunalen Aufgaben, wie ein mobilitätsverträglicher Umgang mit dem öffentlichen Raum im Sinne des Gemeinwohls, durch die neuen digital-gestützten Mobilitäts- und Lieferdienstleistungen einen besonderen Stellenwert bekommt. Soike et al. machen deutlich, dass den Anforderungen an den öffentlichen Raum durch alle Nutzungen entsprochen werden muss und Gemeinwohlaspekte, wie Kinderspiel im Straßenraum oder Demonstrationsrechte, gerecht berücksichtig werden müssen (Soike et al., 2019).

Unter den raumgebundenen Erkenntnissen überwiegt die Einschätzung, dass das Potenzial von Technologien vor allem darin liegt, Verkehrsflächen zurückzugewinnen (Bruns-Berentelg und Gilliard, 2020; Hinterkörner, 2019; Knieling, 2020; Ranegger, 2019; Reicher, 2020). Doch auch die inhaltliche Forderung nach mehr Qualität und nicht der alleinige Fokus auf Effizienz in der »Smart City«-Diskussion wird deutlich (Hinterkörner, 2019; Hoffer, 2020; Hofstetter, 2020; Reicher, 2020). Die zwei Erkenntnisse, einerseits, dass Technologie alleine keine räumlichen Probleme lösen kann, (Knieling, 2020; Reicher, 2020), und andererseits, dass die erzeugte Raumwirksamkeit durch Technologie nicht zwingend am gleichen Ort sichtbar wird, an dem die Technologie eingesetzt wird (Vlay, 2020), sind zwar nur von wenigen Expert*innen aufgezeigt worden, liefern jedoch einen wesentlichen Erkenntnisgewinn.

Prozess – Der Begriff *Smart* gilt in Anbetracht der Digitalisierung als obsolet (Christiaanse, 2020; Grabner, 2019; Hinterkörner, 2019; Hofstetter, 2020; Knieling, 2020; Ranegger, 2019; Vlay, 2020). Dazu gibt es keinen konkreten Beleg aus der wissenschaftlichen Literatur, doch in der der einschlägigen Studien wird darauf verwiesen, dass der Begriff »Smart City« zu Beginn der Diskussion um Digitalisierung in der

Raumentwicklung stand, als noch technologie-lastige Lösungen im Fokus waren. Nun habe sich der Fokus hin zum Menschen und zum Allgemeinwohl verschoben (Caragliu et al., 2011; Giffinger, 2007; Giffinger, Haindlmaier, 2010; Hollands, 2008; HSR Rapperswil, 2020; Townsend, 2013). Unter den prozessgebundenen Inhalten aus der explorativen Codierung dieser Untersuchung bildet sich ein Fokus auf den Menschen aus und nicht auf Technologie (Bruns-Berentelg und Gilliard, 2020; Christiaanse, 2020; Hofstetter, 2020; Knieling, 2020; Nutz, 2019; Pernthaler, 2019; Reicher, 2020; Vlay, 2020).

Unter den prozessgebundenen Ergebnissen ist der Aspekt der Entwicklungs-geschwindigkeit von besonderer Bedeutung (Bruns-Berentelg und Gilliard, 2020; Christiaanse, 2020; Knieling, 2020; Pernthaler, 2019; Ranegger, 2019; Reicher, 2020). Technologien entwickeln sich mit exponentieller Geschwindigkeit, und dies konfron-tiert die stadtrelevanten Disziplinen mit neuen Fragen bezüglich der Anpassungs-fähigkeit von Stadt (Engelke, 2017). Es gilt, in Zukunft immer mehr in ungewissen Situationen und Entwicklungen strategische und langfriste Entscheidungen zu tref-fen und planvoll Veränderungsprozesse zu steuern. Dies wird durch die Informations-flut von Echtzeitinfomationen trotz avancierter Software zunehmend komplex. Die Auswertungsprozesse, die Entscheidungsfindung und die Umsetzung übersteigen in der Dauer die Gültigkeit von Entscheidungsgrundlagen für eine jeweilige Anpassung beispielsweise. Das bedeutet, dass eine neue Art von Agilität notwendig ist und Anti-zipation zunehmend relevant wird.

Und unter den prozessgebundenen Inhalten entsteht ein Fokus auf den Men-schen und nicht auf die Technologie (Bruns-Berentelg und Gilliard, 2020; Christiaanse, 2020; Hofstetter, 2020; Knieling, 2020; Nutz, 2019; Pernthaler, 2019; Reicher, 2020; Vlay, 2020). Weiter wird die Wichtigkeit der Transdisziplinarität betont (Bruns-Berentelg und Gilliard, 2020; Grabner, 2019; Hinterkörner, 2019; Hoffer, 2020; Nutz, 2019; Pernt-haler, 2019; Reicher, 2020; Strüver, 2019; Vlay, 2020). Und nicht zuletzt wird der Aspekt der schnellen Entwicklungsgeschwindigkeit von Technologie im Verhältnis zur lang-samen Entwicklungsgeschwindigkeit der Stadt hervorgehoben (Bruns-Berentelg und Gilliard, 2020; Christiaanse, 2020; Knieling, 2020; Pernthaler, 2019; Ranegger, 2019; Reicher, 2020).

Raumeffekte (Räumliche Transformationskategorien) – Durch die explorative Codie-rung konnten des Weiteren vier Raumeffekte (Räumliche Transformationskategorien) eruiert werden: 1) Flächenrückgewinnung, 2) Gestaltungsqualität, 3) Räumliche Gerechtigkeit und 4) Neo-Ökologie. Diese beschreiben, wie die acht Wirkungskate-gorien, die aus den Interviews abgeleitet wurden, tatsächlich auf den Stadtraum wirken. Die drei Codecluster der begriffsgebundenen, raumgebundenen und prozess-gebundenen Inhalte haben Einfluss auf unterschiedliche Raumeffekte. Beispielsweise können Aspekte der prozessgebundenen Inhalte, wie Transdisziplinarität, personelle Kontinuität und kritische Iteration, eine wesentliche Auswirkung sowohl auf Flächen-rückgewinnung als auch auf Neo-Ökologie oder Gestaltungsqualität haben.

Die Typenbildung der Raumwirksamkeit und die Typenbildung der Auswirkungsart von Technologien haben ergeben, dass der technologische Einsatz im Stadtraum sowohl quantitative als auch qualitative Auswirkungen mit sich bringt. Diese Auswirkungen können für den Stadtraum und für die Qualität des Stadtraums nicht nur positive, sondern auch negative Folge-Effekte haben. Obwohl die vier Expert*innengruppen jeweils ein unterschiedliches Maß an Beispielen und Argumenten für die Raumwirksamkeit von Technologien aufführen, kann festgestellt werden, dass alle Expert*innen mindestens an einem Beispiel eine direkte oder indirekte räumliche Wirkung von Technologie beschrieben haben.

Mit der Typenbildung Raumwirksamkeit konnte gezeigt werden, dass die meisten digitalen Technologien[27] eine Raumwirksamkeit aufweisen. Auch die analogen Technologien haben[28] eine deutliche Raumwirksamkeit. Bei der Typenbildung der Wirkungsart entsteht ein ähnliches Bild. Hier dominieren die räumlichen Veränderungen, die durch die indirekte Auswirkung von Technologien erzeugt werden. Im Vergleich sind die direkten Auswirkungen von Technologien[29] weniger relevant für die Raumwirksamkeit, während die indirekten Auswirkungen[30] überwiegend raumwirksam sind. Einen Schwerpunkt bilden die indirekten Auswirkungen von Technologien auf den Raum.

Typenbildung Raumwirksamkeit

Bei der Raumwirksamkeit von analogen Technologien überwiegen die Technologien im Bereich der Mobilität. Eine zentrale Rolle spielt der motorisierte Individualverkehr, unabhängig davon, ob er mit Verbrennungsmotor oder mit elektronischem Antrieb funktioniert. Im Bereich der Umwelt werden vermehrt analoge Technologien der Energieerzeugung geschildert, die sich alle zwar räumlich auswirken, jedoch nicht am Ort des Energieverbrauchs. Zusammenfassend lässt sich festhalten, dass sowohl digitale als auch analoge Technologien im Bereich Mobilität eine deutlich höhere Raumwirksamkeit haben als im Bereich Umwelt. Dieses Ergebnis war zu erwarten, da der Funktionalismus im Städtebau das Leitbild der *Autogerechten Stadt* mit sich gebracht hat, mit deren räumlichen Auswirkungen und Problemen heute ein Umgang gefunden werden muss. Das größte Potenzial zur räumlichen Veränderung wird laut der vorliegenden Ergebnisse in der Flächenrückgewinnung durch alternative digital-gestützte Mobilitätsangebote gesehen. So wird vor allem im Abbau von Stellflächen des ruhenden Verkehrs ein großes Potenzial nicht nur für die Umkehrung der *Mobilitätspyramide*, sondern auch für die Qualität des öffentlichen Raums gesehen. Beides ist in Zeiten von Covid-19 dringend notwendig. Digital-basierte räumliche Veränderungen im Bereich Mobilität können sowohl Risiken als auch Potenziale darstellen, während die Raumwirksamkeit digitaler Technologien im Bereich Umwelt meist als Chance begriffen wird.

Fast alle digitalen Technologien ohne Raumwirksamkeit sind bis auf zwei positiv bewertet worden und gelten damit als Chancen für den Stadtraum. Nur die *Urban Data Plattform* und die Sicherheitssysteme wurden im Sinne des Datenschutzes als kritisch interpretiert. Die typologische Untersuchung hat weiter ergeben, dass digitale Technologien ohne Raumwirksamkeit nur den Bereich Umwelt betreffen und quantitativer Natur sind. Das bedeutet, dass der technologische Einsatz im Bereich der Umwelt – bezogen beispielsweise auf Systeme wie Energie, Wasser oder Abfall – der Optimierung des Systems Stadt dient. Die entsprechenden Infrastrukturen sind in den meisten Fällen nicht im Straßenraum sichtbar sondern unterirdisch verlegt. Alle erwähnten analogen Technologien ohne Raumwirksamkeit beziehen sich auf Energie-verarbeitung, oder -speicherung, Ressourcenverarbeitung und Daten-Infrastrukturen. Es wurden keine analogen Technologien im Bereich der Mobilität beschrieben.

Typenbildung Wirkungsart

Im Bereich der Mobilität lässt sich ein Schwerpunkt bei den direkten Auswir-kungen von Technologien auf den Stadtraum feststellen. Es werden überwiegend positive Auswirkungen (Chancen) auf den Raum beschrieben. Den Schwerpunkt der direkten räumlichen Auswirkung im Bereich Mobilität bilden Technologien, die für *Sharing-Konzepte* und E-Mobilität eingesetzt werden. Im Bereich Umwelt sind Tech-nologien der Energiegewinnung und des Abfallmanagements vorrangig relevant für die direkte Auswirkung auf den Stadtraum. Fast alle Argumente für eine direkte Auswirkung von Technologien, die jedoch nicht räumlich wirksam sind, liegen im Potenzial Ressourcen, wie Energie oder Wasser, einzusparen. Auch die Verringerung von $CO_2$-Emissionen kann durch den technologischen Einsatz erzielt werden. Es lässt sich feststellen, dass ausschließlich Technologien im Bereich Umwelt zwar eine direkte Auswirkung erzielen, diese jedoch nicht räumlich ist.

Bei der indirekten Auswirkung von Technologien im Raum überwiegen die räumlichen Veränderungen im Bereich Mobilität deutlich im Vergleich zur Umwelt. Den größten indirekten Einfluss auf den Raum hat die Veränderung des Bewegungs-verhaltens der Menschen erzielt. Eine deutliche physische Veränderung sind die Nutzungsverschiebung und die Nutzungsflexibilität im Stadtraum, die durch Techno-logien begünstigt wird. Und die vierte dominante Raumwirkung ist die Entlastung des Verkehrs durch *smarte* Logistik. Im Bereich Umwelt ist die räumliche Verände-rung mit der stärksten Ausprägung zu erkennen, ausgelöst durch die Einflussnahme auf räumliche Entscheidungsprozesse. Ein zweites inhaltliches Cluster bildet die technologie-gestützte *Schwammstadt*, die sich räumlich indirekt auf den Stadtraum auswirkt. Fast alle erwähnten indirekten Auswirkungen bringen positive Effekte für den Stadtraum, sowohl im Bereich Mobilität als auch im Bereich Umwelt. Die Mehr-zahl der aufgeführten Argumente für die indirekte Wirkung von Technologien, die keine räumliche Veränderung im Stadtraum auslöst, könnten – abhängig vom Ziel und von der Art und Weise, wie die Technologie eingesetzt wird – potenziell einen indirekten räumlichen Effekt haben.

Sowohl digitale als auch analoge Technologien haben eine Auswirkung auf die Stadt in den beiden Bereichen Mobilität und Umwelt. Technologien haben einen »Einfluss auf die Programmierung von Nutzungen, auf die Dimensionierung von Bewegungsräumen, von Verkehrsräumen«, sagt Reicher (2020, pos. 42–43). Die ein-schlägigen Studien greifen ebenso Themenfelder der Mobilität und Logistik einerseits und der Landschaft und Energieinfrastruktur andererseits auf (HSR Rapperswil, 2020; Soike et al., 2019). In beiden Studien ist die Tiefe der umweltbezogenen Erarbeitung deutlich geringer im Vergleich zur Mobilität. Die vorliegende Untersuchung hat ergeben, dass sich sowohl quantitative als auch qualitative Veränderungen im Stadtraum durch Technologien nachweisen lassen. In keiner der beiden einschlägigen Studien wird nach Qualität und Quantität unterschieden. Jedoch wird in beiden Studien herausgestellt, dass die Digitalisierung nicht nur Chancen, sondern auch Risiken für den Raum mit sich bringt (HSR Rapperswil, 2020; Rat für Raumordnung, 2019; Soike et al., 2019). Diese räumlichen Raumwirksamkeiten können den Stadtraum jeweils positiv, aber auch negativ verändern.

Es lässt sich feststellen, dass die Technologien im Bereich Mobilität den Stadtraum doppelt so sehr verändern wie die Technologien im Bereich Umwelt. Ein deutlicher Teil der räumlichen Veränderung im öffentlichen Raum wird durch den motorisierten Individualverkehr verursacht. Wie Bendiks und Degros in ihrem Buch *Traffic Space is public space* darstellen, ist heutzutage ein Großteil des öffentlichen Raums durch Verkehrsflächen und Stellflächen des motorisierten Individualverkehrs belegt (Bendiks und Degros, 2019). Diese Gegebenheit eröffnet das Potenzial der räumlichen Transformation des Stadtraums durch alternative, digital-gestützte Formen der Mobilität (Reicher, 2020). Auf der anderen Seite sind fast alle technologie-basierten Umweltveränderungen im Raum ausschließlich positiv, während die Technologien im Bereich der Mobilität oft sowohl positive als auch negative Auswirkungen auf den Stadtraum haben können.

Die Ergebnisse zeigen, dass die digital-basierten räumlichen Veränderungen im Bereich Mobilität sowohl Risiken als auch Potenziale darstellen können, während die Raumwirksamkeit im Bereich Umwelt meist als Chance verstanden wird. Zu dieser Erkenntnis kommen die Studien vom *Difu* auch. Die Transformation des Stadtraums in Folge der Digitalisierung wird in hohem Maß von der räumlichen Mobilitätslösung abhängen. Daher ist es zwingend notwendig, die Entwicklung der spezifischen digital-gestützten Konzepte für die Stadt der Zukunft nicht mono-disziplinär der Verkehrsplanung zu überlassen, die eine isolierte Optimierung des Verkehrs im Blick hat, sondern als Städtebauer*innen und Planer*innen in inter- und transdisziplinären Teams einen Beitrag für die räumliche Gestaltung der Mobilitätsflächen als öffentlicher Raum zu leisten (Bendiks und Degros, 2019).

Obwohl in den Vergleichsstudien keine Unterscheidung zwischen direkten und indirekten räumlichen Auswirkungen der Digitalisierung vorgenommen wird, stimmen beide Studien inhaltlich mit den Ergebnissen der vorliegenden Untersuchung überein, dass die größte direkte räumliche Veränderung im Bereich der Mobilität liegt (HSR Rapperswil, 2020; Soike et al., 2019). Technologien in *Sharing-Konzepten* und E-Mobilität bilden den Schwerpunkt. Ein nachrangiges räumliches Veränderungspotenzial der Digitalisierung liegt im Bereich Umwelt und damit in Technologien zur Energiegewinnung und des Abfallmanagements. Auch im Leitartikel »Die Digitalisierung definiert den Raum neu« im Forum Raumentwicklung schrieb Engelke, dass die Digitalisierung in den Bereichen Verkehr und Energie wesentlicher Treiber ist (Engelke, 2017). Die verkürzte Abhandlung des Themenfelds Energieinfrastruktur in der *Difu-Studie* weist ebenfalls auf eine sekundäre Bedeutung für den Bereich Umwelt hin (Soike et al., 2019). Dass die Digitalisierung Fluch und Segen gleichermaßen sein kann, wurde bereits ausgeführt. Doch auch die indirekten räumlichen Veränderungen im Stadtraum können Potenziale, aber auch Risiken sein, wie in der vorliegenden Untersuchung herausgefunden wurde. Die Erkenntnis, dass die größte indirekte räumliche Veränderung im Bereich Mobilität liegt und auf ein verändertes Bewegungsverhalten der Menschen im Stadtraum zurückgeht, wird ebenso durch die Studien vom *Difu* beschrieben (Soike et al., 2019; Strüver, 2019). Die markanteste indirekte, aber physische Veränderung ist die Nutzungsverschiebung im öffentlichen Raum. In den einschlägigen Studien wird von Nutzungskonkurrenz und Flächenwirksamkeit (Soike et al., 2019) und etwas abstrakt von neuen Nutzungs-anforderungen an den öffentlichen Raum (HSR Rapperswil, 2020) gesprochen. Die Nutzungsverschiebung bezieht sich auf die neue Flächenverteilung im Zuge der Digitalisierung der Mobilitätsangebote, vor allem auf das automatisierte Fahren. Die in den Interviews genannten digitalen Technologien, die keine Raumwirksamkeit haben, sind ausschließlich quantitativ. Sie dienen dazu, die Effizienz der Stadt als System zu erhöhen oder den Nutzungskomfort der Menschen zu steigern.

Rein quantitativ kann in der Auswertung der Expert*inneninterviews die These, dass sich Stadträume in Folge der Digitalisierung physisch verändern, vielfach (mit 66 Nennungen) bestätigt werden. Demgegenüber stehen 15 Nennungen, die die These falsifizieren.

### Wirkungsdimensionen

Des Weiteren konnten drei Wirkungsdimensionen identifiziert werden. Die technologische Wirksamkeit auf den Raum lässt sich unterscheiden in a) Veränderungen im menschlichen Verhalten, b) Veränderungen im physischen Stadtraum und c) Veränderungen im räumlichen System.

Zunächst muss es die Aufgabe der stadtrelevanten Disziplinen und der öffentlichen Hand sein, die direkten Raumwirksamkeiten der Digitalisierung zu erkennen, zu analysieren, zu gestalten und zu steuern. Doch die Erkenntnisse dieser Untersuchung, dass die indirekten räumlichen Auswirkungen deutlich stärker den Stadtraum verändern, zeigt ein weiteres unerforschtes Feld auf. Trotz einer expliziten und präzisen Codedefinition mit Ankerbeispielen ist die Zuordnung zu den Typen beider Topologien der Raumwirksamkeit und der Wirkungsart nicht immer ganz eindeutig. Die Zuordnung ist abhängig von der Präzision und dem Detailgrad der Aussage und davon, ob daraus erkennbar wird, ob es sich beispielsweise explizit um analoge oder digitale Technologien handelt. Dennoch ist eine solche erste Einordnung wichtig, um den Handlungsbedarf enger zu fassen, aufzuzeigen und zu kommunizieren.

### Zusammenführung

Die räumliche Transformation wird ausgelöst durch die Änderung des Nutzungsverhaltens der Menschen im Raum. In Folge werden singuläre und punktuelle stadträumliche planerische und gestalterische Anpassungen vorgenommen, um den neuen Bedürfnissen gerecht zu werden. Und letztlich werden die Raumsysteme entsprechend der neuen Bedarfe durch den technologischen Fortschritt verändert und adaptiert. Es liegt in der Verantwortung der stadtrelevanten Disziplinen, die Qualität und Funktionalität der Stadträume über diesen gesamten Verlauf in einer trans-disziplinären Zusammenarbeit zu sichern und zu ermöglichen.

Diese Abfolge geschieht in unterschiedlichen Raumkategorien, Gesamt- und Teil-Geschwindigkeiten, räumlichen Maßstäben und kann durch Disruptionen immer wieder auf null gesetzt werden. Durch die Komplexität dieses *Wicked Problems* kann die Herausforderung, aber auch die Notwendigkeit der detaillierten Untersuchung und Strategieentwicklung zur Antizipation räumlicher Effekte der Digitalisierung aufgezeigt werden. Unter den stadtrelevanten Disziplinen kann der Städtebau mit seinem Querschnitt-Charakter eine wichtige Rolle spielen, um räumliche, zeitliche und sachliche Transformationsprozesse in der Digitalisierung zu planen und zu steuern.

Vor dem Hintergrund zunehmender Digitalisierungsprozesse in der Gesellschaft nimmt das Risiko der Digitalen Kluft zu. Personen mit niedrigem Bildungsstand und Technikverständnis sind besonders gefährdet, aber auch das soziale Milieu, das Alter oder kulturelle und sprachliche Barrieren können ausschlaggebend sein. Das *Bundesinstitut für Bau-, Stadt- und Raumforschung* (2017) verweist darauf, dass Nutzer*innenfreundlichkeit digitaler Technologien, digitaler Integration und *E-Governance* wichtig sind, um gegen die digitale Kluft vorzugehen. Ein entsprechendes Bildungsangebot für digitale Kompetenzen oder sozial-technologische Assistenz sind notwendig, um eine Zuspitzung der Polarisierung in der Gesellschaft abzuwenden und digitale Gleichberechtigung zu fördern (Soike et al., 2019).

Im Sinne der räumlichen Gerechtigkeit ist der Zugang zur digitalen Infrastruktur, beispielsweise in Bereiche mit geringer Bevölkerungsdichte, ein wichtiger Aspekt, um Segregation vermeiden und Chancengleichheit zu erzielen.

Während in den einschlägigen Studien eine sektorale Betrachtung der räumlichen Wirkungen von Technologien erfolgt, bietet die vorliegende Arbeit Querschnittaspekte und stellt durch die explorative Untersuchung der Expert*inneninterviews Thesen auf, die es weiter zu untersuchen und diskutieren gilt. Einen besonderen Mehrwert zum aktuellen, mageren Forschungsstand bietet die vertiefte Analyse von Zusammenhängen zwischen Begriffsverständnis, Raum und Prozess. Die Ergebnisse legen nicht nur räumliche Veränderungsaspekte frei, sondern zeigen eine aktuelle Haltung der stadtgestaltenden Kräfte in Hinblick auf die digitale Transformation. Die entsprechenden Akteure beziehungsweise Expert*innen aus Wissenschaft, Wirtschaft, Verwaltung und Praxis formulieren Qualitäts-Anforderungen und zeigen teilweise bereits Wege auf, wie die Digitalisierung im Städtebau und in der Planung gewinnbringend integriert werden kann.

Ein weiterer Beitrag der vorliegenden Dissertation zum Forschungsstand ist die strukturierte und systematische, wissenschaftlich fundierte Entwicklung von Typologien unterschiedlicher räumlicher Auswirkungen von Technologie, die auf Grundlage von umfangreichen Expert*inneninterviews entwickelt wurden. Es wurde ein Grundgerüst entwickelt, das anhand von acht Wirkungskategorien und drei Wirkungsgrenzen technologienspezifische Wirkungsformen und damit sektorenübergreifende Ausprägungen aufzeigt.

Zudem ist die indirekte Raumwirksamkeit bisher in keiner Studie thematisiert worden. Dabei ist die einschlägige Erkenntnis aus der vorliegenden Arbeit, dass die Digitalisierung meist indirekt auf den Stadtraum wirkt, zentral und zeigt deutlich die Notwendigkeit der stadtgestaltenden und -planenden Disziplinen, den Stadtraum vor den Risiken der Digitalisierung zu schützen, aber auch die Chancen der digitalen Transformation zu nutzen. Des Weiteren wird hier erstmalig auf gesonderte Technologien eingegangen, während die einschlägigen Studien zum Thema übergeordnet die Raumwirksamkeit auf technologische Trends, wie *Sharing-Angebote*, ausrichten. Auch die differenzierte Unterscheidung in Potenziale und Risiken in der Untersuchung bringt einen zusätzlichen Mehrwert für die wissenschaftliche Diskussion.

# Raumpotenziale der digitalen Transformation

Die dritte Hypothese folgt der Annahme, dass die digitale Transformation wesentliche Chancen und Potenziale für den Stadtraum herbeiführen kann, wenn sich die stadtrelevanten Disziplinen die Digitalisierung für die räumliche Qualität im Quartier zunutze machen und sie aktiv gestalten. Wenn Stadtraum und Technologie isoliert und nicht reziprok entwickelt werden und wenn es die Planung und die Gestaltung versäumen, auf die Dynamiken und räumlichen Veränderungen der Digitalisierung einzugehen, kann die digitale Transformation zum Risiko werden.

## Räumliche Potenziale für den Stadtraum durch die Digitalisierung

Transformationsprozesse im Stadtraum können aufgrund von disruptiven technologischen Entwicklungen sehr kurzfristig auftreten. Doch meist dauern diese Prozesse an, sodass eine Veränderung im Raum über eine längere Zeitspanne beobachtet werden muss. Die Zeichnungen sind insofern als hypothetische, spekulative und abstrakte Annäherungen an mögliche Raumwirksamkeiten zu verstehen. Sie sollen eine Tendenz aufzeigen, einen Möglichkeitsraum aufspannen und sollen mehr als Typus gelesen werden und weniger als konkreter Nachweis. Die konkrete Raumwirksamkeit einer bestimmten Technologie kann nur in einem spezifischen Stadtraum mit seinen spezifischen Rahmenbedingungen untersucht werden. Dementsprechend kann geschlussfolgert werden, dass eine Langzeituntersuchung eines Reallabors notwendig ist, um die realen Veränderungen im Stadtraum zu dokumentieren, nachzuvollziehen, zu analysieren und um konkrete Ableitungen treffen zu können.

Die vier kartografisch untersuchten Technologien und Technologiesysteme im Bereich Mobilität zeigen deutlich, dass das größte Transformationspotenzial in der Nutzungsverschiebung durch Flächenrückgewinnung liegt. Dies lässt sich besonders gut für die Technologien *E-Logistik* und *E-Carsharing* nachweisen. Bei den digitalen

Anwendungen Airbnb und Nachbarschaftsapps handelt es sich um isolierte technologische Lösungen, die keine oder nur geringe systemisch-räumliche Veränderungen ermöglichen.

Die direkten Auswirkungen der einzelnen Technologien sind nur geringfügig sichtbar, aber meist unsichtbar. Der Schwerpunkt der möglichen räumlichen Veränderungspotenziale liegt in den indirekten räumlichen Auswirkungen. Mit den digitalen Technologien kann die Umkehrung der Verkehrspyramide in den Städten vorangetrieben werden. Die Flächenknappheit in den gewachsenen europäischen Städten macht eine Neuverteilung der Flächenanteile zugunsten der aktiven Modalitäten erforderlich.

Die drei im Bereich der Umwelt analysierten Kartografien zeigen, dass die Technologien, die für die *smarte* Wasserwirtschaft eingesetzt werden, die deutlichste Veränderung des Stadtraums bewirken könnten. Das liegt vor allem daran, dass das Wassermanagement und die Infrastrukturnetzwerke in Form der Vegetation im Straßenbild in Erscheinung treten. *Smart Street Lighting* und *Photovoltaik-Anlagen* dagegen lassen einen geringeren räumlichen Mehrwert erwarten. Beides sind Technologien, die bereits in der Breite eingesetzt werden. Bei den umwelt-bezogenen Technologien lassen sich im Vergleich zur Mobilität überwiegend direkte Auswirkungen erkennen. Durch die einzelnen Technologien *Smart Lighting* und *Photovoltaik* sind keine wesentlichen Systemänderungen zu erwarten. Dadurch ist nur wenig mit indirekten räumlichen Folgen zu rechnen.

Zusammenfassend lässt sich festhalten, dass aktuell die direkte und im Raum sichtbare Wirkung der Technologien noch geringfügig ist, doch indirekte Folgen durch den Einsatz der Technologie weitreichende Veränderung im Straßenraum erzeugen können. Dabei müssen negative Ausprägungen durch den Einsatz von Technologien verhindert werden. Des Weiteren sind Transformationsprozesse im Straßenraum, wie Nutzungsverschiebungen, für Laien nicht sichtbar (Bruns-Berentelg und Gilliard, 2020). Der Prozess der Entwicklung muss über lange Zeit verfolgt werden, und die angestrebten Ziele und eingesetzten Maßnahmen müssen bekannt sein, um die räumliche Transformation nachvollziehen zu können. Der isolierte Einsatz singulärer Technologien kann keine räumlichen Probleme lösen. Zusätzlich zu den Technologien müssen systemische Veränderungen geplant werden. Nur in einer systemischen Betrachtung, in größeren Konsortien kann der Einsatz von Technologien zu Lösungsansätzen von Raumproblemen beitragen. Denn einzelne Technologien haben eher selten direkte räumliche Auswirkungen. Die Technologien müssen als technologisches System verstanden und eingesetzt werden, inklusive der impliziten Systeminnovationen, um das volle Potenzial der räumlichen Transformation im Stadtraum zu ermöglichen.

Dass die umwelt-bezogenen Technologien im Vergleich zu jenen im Bereich der Mobilität direkte Auswirkungen aufzeigen, kann im Zusammenhang mit der Auswahl der Technologien gesehen werden. Es wurden im Bereich Umwelt überwiegend etablierte Technologien untersucht. Die Technologien im Bereich Umwelt sind meist – zwei von drei Technologien – singuläre, spezifische Technologien, während sie im Bereich Mobilität, beispielsweise E-Logistik oder *E-Carsharing*, auf technologischen Systemen beruhen.

Die Erkenntnis, dass zusätzlich zu den Technologien systemische Transformationen folgen müssen und technologische Systeme ganzheitlich geplant werden müssen, macht deutlich, dass die Technologie allein nicht in der Lage ist, komplexe Probleme zu lösen. Ein Beispiel dazu ist die E-Logistik. Es reicht nicht aus, die Antriebsart auf Elektro umzustellen (analoge Technologie) und auch nicht die Routenplanung durch Echtzeitinformationen und Informations- und Kommunikationstechnologien (digitale Technologie) zu optimieren, um die Verkehrsbelastung durch den Güterverkehr in Innenstadtsituationen zu lösen. Es müssen raumstrukturelle Veränderungen erfolgen, wie beispielsweise eine dezentralisierte Hublösung, und die Technologien mit diesen systemischen Veränderungen gemeinsam geplant und räumlich gestaltet werden. Die Berücksichtigung des Gemeinwohls, sowie die Vermeidung sozial-räumlicher Risiken, die durch *Plattform-Urbanismus*, die Digitale Kluft, räumliche Verdrängungseffekte und Segregation entstehen können, müssen deutliche Priorität bekommen.

Das dominante Transformationspotenzial der Nutzungsverschiebung durch Flächenrückgewinnung wurde sowohl als Erkenntnis der Expert*inneninterviews, als auch in der kartografischen Analyse ermittelt und stimmt zudem mit den einschlägigen Studien überein (HSR Rapperswil, 2020; Soike et al., 2019). Unter den drei untersuchten Technologien im Bereich Umwelt zeigte sich ein großes Veränderungspotenzial für den Stadtraum durch die Digitalisierung der Wasserwirtschaft (Umwelt Bundesamt, 2020; Wimmer, 2017). Doch in der explorativen Auswertung der Interviews ergaben sich mehrfach Hinweise auf die Infrastrukturnetzwerke und spezifisch auf das Wassernetzwerk (Bruns-Berentelg und Gilliard, 2020; Vlay, 2020). In den einschlägigen Studien von der HSR Rapperswil und vom *Difu* wird die Wasserwirtschaft nicht gesondert thematisiert. Sowohl der Detailgrad als auch die Dreidimensionalität der Untersuchung ist bisher nicht wissenschaftlich erfasst worden. Daher ist ein Abgleich mit anderen wissenschaftlichen Arbeiten nicht möglich.

Einen Mehrwert für die Wissenschaft bietet die dreidimensionale explorative Annäherung durch die Darstellung und Sichtbarmachung von möglichen räumlichen Veränderungen durch die digital-gestützten Technologien. Die kartografischen Darstellungen zeigen ganz konkret auf, wie sich die unterschiedlichen räumlichen Veränderungen potenziell im Stadtraum materialisieren könnten. Einen besonderen Mehrwert bringt die Erkenntnis, dass einzelne Technologien in einem technologischen Netzwerk als System gedacht werden müssen, um ihr Potenzial zur räumlichen Verbesserung auszuschöpfen. Ein wesentliches Forschungsergebnis der explorativen Kartografie anhand des räumlichen *Mappings* in axonometrischen Zeichnungen besteht in der Ableitung von vier Ansatzpunkten zur Erschließung räumlicher Potenziale der Digitalisierung im Stadtraum. Diese Potenziale sind 1) erhöhte Nutzungsintensität, 2) Mehrfachnutzung, 3) Nutzungsoffenheit und 4) Bedarfsvermeidung.

## Bedeutung für die Disziplin und zu erwartende Folgen

Mit der fortschreitenden Digitalisierung nimmt der Technologisierungsgrad im Stadtraum zu. Nicht nur »Smart City«-Entwicklungen, sondern auch andere vergleichbare

Technologien werden in den meisten Neubauquartieren und Bestandquartieren im Stadtraum eingesetzt, um mit dem technologischen Fortschritt mitzuhalten.

Die Entwicklung von räumlichen Szenarien unterschiedlicher Digitalisierungsgrade und verschiedener Zukünfte der digitalen Transformation im Stadtraum ist ein erstmaliger Ansatz in der Forschung. Durch die abstrakte Skizzierung möglicher Zukünfte in den Szenarien kann die Kommunikation des Themas in fachfremden Kreisen vereinfacht werden. Mit den drei entwickelten kontrastierenden Szenarien werden sowohl die Chancen als auch die Gefahren aufgezeigt, um daraus weitere Handlungsbedarfe, aber auch -ansätze zu entwickeln.

Die drei Szenarien zeigen unterschiedliche Entwicklungsrichtungen der Stadt in der Zukunft. Im *Back to the Roots* Szenario wird die »Smart City« im Sinne von Nachhaltigkeit und Resilienz verstanden. »Smart City«-Leitgedanken werden im Stadtraum nur analog und *low-tech* umgesetzt. Wesentliche Potenziale durch digitale Technologie werden nicht ausgeschöpft. In diesem Szenario wird der Stadtraum überwiegend durch *Bottom-up*-Prozesse und durch die Eigeninitiative der Menschen transformiert. Die kleinteiligen Aktivitäten können nur geringfügige und punktuelle Veränderungen des Stadtraums bewirken. Die Potenziale der »Smart City« werden im Szenario *Shared City* zugunsten der Lebensqualität im Stadtraum mithilfe diverser analoger und digitaler Technologien ausgeschöpft. Der Einsatz der Technologien im Stadtraum wird kritisch hinterfragt und gemeinwohlorientiert geplant. Dabei entstehen technologie-bedingt wesentliche systemische Verbesserungen, die durch vernetzte und transdisziplinäre Planung angestoßen werden. Das ermöglicht eine ganzheitliche Transformation des Stadtraums. Das Ergebnis des Wort-Case-Szenarios *Technikwüste* ist ein vernachlässigter und lebloser Stadtraum, der durch Ignoranz der urbanen Qualitätsanforderungen im »Smart City«-Konzept entsteht. Technologien werden zugunsten von Komfortansprüchen der Menschen eingesetzt, jedoch ohne die stadträumlichen Folgen zu bedenken. Dadurch wird der öffentliche Raum kaum noch frequentiert und nicht mehr für persönliche Begegnungen genutzt. Durch die zunehmende Ortsunabhängigkeit von Berufsgruppen und Tätigkeiten (Bruck, 2021; Rat für Raumordnung, 2019) werden viele Aufgabenbereiche ins Digitale verlagert, wodurch Mobilitätsbedarfe und damit verbunden die Frequentierung des öffentlichen Raums reduziert würde.

Das Konzept »Smart City« wurde von den Expert*innen ambivalent gesehen. Manche waren überzeugt, dass das Konzept aufgrund der Digitalisierung zunehmend für die Disziplin an Bedeutung gewinnen wird, während andere hinter dem Begriff Partikularinteressen der Wirtschaft sehen und der Meinung sind, dass das Konzept »Smart City« sich bald überlebt haben wird. Grabner beispielsweise augmentiert, dass Technologie, »teilweise bedarfsgerecht, teilweise bedarfsgenerierend« genutzt wird (2019, pos.75). Die stadtgestaltenden Disziplinen müssen seiner Meinung nach lernen mit der digitalen Transformation zu arbeiten und die »Deutungshoheit für sich behalten« (2019, pos.75). Auch Engelke et al. (2019) von der *HSR Rapperswil* stützen diese Aussage und stellen heraus, dass sich Daten zu einer neuen »Steuerungsmacht« in der Stadt entwickeln und dass Kommunen – um langfristig nicht ihre Steuerungshoheit des Raums zu verlieren – einen freien Datenzugang, sowie die Datentransparenz sicherstellen müssen. Die Agilität und Ressourcenstärke privater Unternehmen ist

im Digitalisierungsprozess zu beachten und möglicherweise darauf regulativ einzu-
wirken, um Negativeffekte verbunden mit dem *Plattform-Urbanismus* auszuschließen
und Teilhabe und Inklusion für alle zu sichern. Engelke et al. (2019) weisen darauf
hin, dass »der Staat zum Teil nur reagieren, aber nicht vorausschauend lenken kann«
(Engelke et al., 2019, S. 23).

Im Bericht »Räumliche Dimensionierung der Digitalisierung« werden in Bezug
auf das automatisierte Fahren zwei Entwicklungsansätze skizziert. Wird beispielsweise
eine liberale Entwicklung der Automatisierung durch die freie Wirtschaft formuliert,
können neue Geschäftsfelder und Preissysteme rund um den Straßenraum entstehen. Diese Entwicklungsrichtung ist im Szenario *Technikwüste* dargestellt (siehe Kap.
»Technikwüste«, ▷S. 158). »So könnten Kommunen etwa Nutzungsgebühren für ihre
Verkehrsinfrastrukturen erheben« (Soike et al., 2019, S. 21). Geraten die stadtrelevanten Disziplinen oder die Kommunen in die Passivität, werden im Zuge der digitalen
Transformation die Technologieunternehmen weiterhin die Treiber der Entwicklung
auch von Stadträumen werden. Dadurch würden die Planenden ihre ganzheitliche,
gemeinwohl-orientierte und langfristig steuernde Aufgabe verlieren. Wird hingegen
die Automatisierung als regionale Aufgabe verstanden, kann durch die Digitalisierung
eine bessere Vernetzung über administrative Grenzen hinweg gelingen. Es kann jedoch
auch zu einer veränderten Siedlungsflächenentwicklung mit dem Risiko der weiteren
Zersiedelung und Suburbanisierung kommen (Soike et al., 2019).

Im Vergleich der beiden Extremszenarien *Technikwüste* und *Shared City* wird
ein Spektrum möglicher Entwicklungen aufgezeigt. In diesem Dualismus spannt
sich die Frage auf, welche Rolle die stadtrelevanten Disziplinen in der digitalen Transformation spielen. In der Delphi-Umfrage wurde unter Expert*innen erhoben, dass
aktuell (2021) die Akteur*innen der Raumplanung eher nicht zurückhaltend sind (zu
60%), gleichzeitig aber dass die nicht zu den Treiber*innen gehören (zu 80%). Die
Frage, ob die Akteur*innen adaptieren, ist unentschieden mit jeweils 50% bewertet
worden. So werden die Fachplanenden noch als zu stark zurückhaltend (durch die
eigenen Peers) eingeschätzt (40%), und nur einer von zwei Expert*innen sagen, dass
sie, die Fachplanenden, in Bezug auf die Digitalisierung adaptieren (Soike et al., 2019,
S. 24). Diese zögerliche Haltung (Engelke, 2017) ist teilweise auf fehlendes Know-How
zurückzuführen, wie in den zwei einschlägigen Studien aufgeführt ist (HSR Rapperswil, 2020; Soike et al., 2019).

Das räumliche Ergebnis dieser Zurückhaltung – auch in der Zukunft – findet
sich im Szenario *Technikwüste* wieder. Um diesem Szenario der *Technikwüste* entgegenzuwirken, müssen die stadtrelevanten Disziplinen den Stadtraum unter Berücksichtigung und aktiver Gestaltung der digitalen Transformation (gemeinsam mit den
digitalen Technologien) entwickeln. Die stadtrelevanten Disziplinen müssen aktiv
werden und lernen, die Potenziale der Digitalisierung zu nutzen und die Risiken der
Technologien zu minimieren, um ihre aktiv koordinierende und gestaltende Aufgabe
auch in Zukunft auszuüben.

Um das notwendige Know-How für die aktive Gestaltung der Digitalisierung
im Raum zu schaffen, bedarf es der Integration des Themas Digitalisierung in die
universitären Curricula, sodass die nachfolgenden Stadtgestaltenden mit den nötigen Kompetenzen und Werkzeugen ausgestattet werden können[31] (Engelke, 2017).[32]

Die Planung typischer, komplexer und langfristiger Planungsprozesse und eine lange Umsetzungsdauer von großen Entwicklungen stoßen durch zu erwartende disruptive Technologiesprünge und durch langfristige Zeithorizonte an planerische Grenzen (*Wicked Problems*). In Folge dieser Unsicherheiten und Ambivalenzen in Bezug auf die räumliche Wirkung der Digitalisierung scheint Planung durch langfristige Annahmen und Prognosen kaum möglich (Future.Lab, 2021; Soike et al., 2019). Technologiesprünge in der Digitalisierung können scheinbar dauerhafte und verlässliche Systeme außer Kraft setzen, wie derzeit (2021) in der Raumentwicklung durch das autonome Fahren vermutet wird. Eine Disruption könnte positive räumliche Effekte haben. *Sharing-Konzepte* könnten sich zu einem geteilten Fahrzeugpool entwickeln, der mit geringerem Stellflächenbedarf verbunden ist und damit zu einer höheren Qualität des öffentlichen Raums beiträgt. Die Disruption könnte jedoch auch negative Effekte erzielen, wenn dadurch nur der konventionelle Individualverkehr automatisiert wird. Durch den so entstehenden Komfortgewinn könnte dieser möglicherweise zunehmen und damit zusätzlich zur verkehrlichen Belastung für die Stadt werden. Die Entwicklungsrichtung wird die Gestalt und Lebensqualität in den Städten wesentlich mitbestimmen (Engelke, 2017).

Zusammenführung – Die Rolle der Planenden in den stadtrelevanten Disziplinen wird sich möglicherweise stärker unter den neuen Rahmenbedingungen und Ansprüchen im Zuge der Digitalisierung verändern. Derzeit wird Technologie von den Expert*innen in den Interviews als Werkzeug und Hilfsmittel verstanden, um veränderte Verhaltensweisen der Menschen und Nutzungsmuster im Raum neu zu ordnen. Doch auch die Vorgehensweisen und Planungsprozesse verändern sich mit der Digitalisierung, da sich die Entwicklungsgeschwindigkeiten verstärken und Planende zunehmend mit Unsicherheiten umgehen müssen. Im schlechtesten Fall werden sich die stadtrelevanten Disziplinen nicht aktiv im Digitalisierungsprozess in der Stadtentwicklung einbringen und sich zurückziehen auf etablierte Instrumente der Stadtplanung und auf behördliche und Verwaltungsaufgaben. So blieben Investor*innen und Technologieentwickler*innen die treibenden Kräfte in der Entwicklung von Technologie, aber auch von Stadt. Im besten Fall jedoch richten sich die Planenden am Wandel der digitalen Rahmenbedingungen aus. Sie können dann ihre Aufgabe als Advokat*innen des Räumlichen behalten und eine wichtige Leitungstätigkeiten in komplexen Zusammenhängen und Prozessen wahren. Die Potenziale der Digitalisierung werden dann räumlich sorgsam geplant, interdisziplinär gemeinsam mit Bürger*innen diskutiert und bedarfsgerecht genutzt.

Die Entwicklung weg vom fixierten *Masterplan* und hin zum prozess-orientierten, inkrementellen Planen könnte sich weiter verstärken und durch die zunehmende Unsicherheit und schnelllebigen Veränderungsprozessen noch weiter in Richtung des Experimentierens entwickeln, was bereits seit einigen Jahren in Reallaboren beobachtet werden kann. Doch in Anbetracht der schnellen Entwicklungsdynamik müssen die stadtrelevanten Disziplinen auch die Gültigkeit und Verlässlichkeit von Planungen wahren, um die trotz immer kürzerer technologischer Entwicklungszyklen und disruptiven technologischen Entwicklungen robuste und verbindliche Langzeitziele zu verfolgen (▸ 72).

Begriffsschärfung (Von Smart City Räumen zu Smarten Urbanen Räumen und Räumlicher Smartness) – Anhand der Erkenntnisse und deren Diskussion in der Gesamtbetrachtung ergibt sich bezogen auf die drei Hypothesen folgender Beitrag zur Begriffsschärfung.

Smart City Räume – *Smart City Räume* sind Räume, in unterschiedlichen Maßstäben, die mit digitalen, vernetzten Technologien ausgestattet sind, um das Gesamtsystem Stadt zu optimieren. Dabei steht eine technik-orientierte Ausrichtung mit Effizienz-Steigerungsabsichten der Anwendungen im Vordergrund. Diese Technologien sind entkoppelt von räumlichen Überlegungen und meist sektoral geplant und *top-down* implementiert. Der technologische Fortschritt und seine Potenziale zur quantitativen Effizienzsteigerung und Ressourceneinsparung werden genutzt, allerdings nicht um räumliche Qualitäten zu schaffen (siehe Kap. »Hypothesen«, ▷s. 16).

Smarte Urbane Räume SUR (Städtebau) – Smarte Urbane Räume sind Stadträume, die in einem räumlich-technologischen Konnex und demnach integriert geplant und implementiert werden. Der Transformationsmaßstab bewegt sich von der Nachbarschaft über die Stadtteilebene bis zur Gesamtstadt. Dabei steht eine menschen-orientierte Qualitätslogik im Vordergrund, und synergetische Effekte werden gemeinwohl-orientiert zwischen den Technologien und Stadtraumqualitäten verfolgt. Die *Smarten Urbanen Räume* weisen möglichst viele der Merkmale, die als Wirkungskategorien herausgearbeitet wurden, auf: Geteilte Ressourcen, menschenzentrierte Mobilität, Inklusion, Ökonomie der Mittel, Gestaltung, Faire Raumverteilung, *Schwammstadt* und Kreislaufdenken (siehe Kap. »Hypothesen«, ▷s. 16).

Räumliche Smartness (Stadt- und Raumplanung) – Die *Räumliche Smartness* beschreibt eine positive Transformation und Qualifizierung räumlicher Systeme durch die Ausschöpfung der Potenziale der Digitalisierung. Meist sind die Systemgrenzen im regionalen Maßstab, wie es beispielsweise bei Mobilitäts-, Nahrungsmittel-, oder Energiesystemen der Fall ist. Alle drei Wirksamkeitsdimensionen können eine Veränderung bewirken. Durch die Digitalisierung können Veränderungen im menschlichen Verhalten, im physischen Raum oder auf der systemisch-räumlichen Ebene stattfinden (siehe Kap. »Hypothesen«, ▷s. 16).

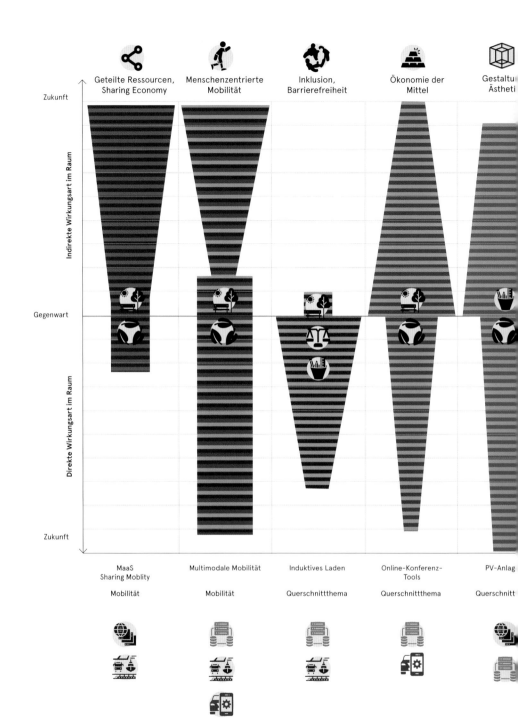

Gesamtbetrachtung – Ergebnisse, kritische Reflexion und Einordnung

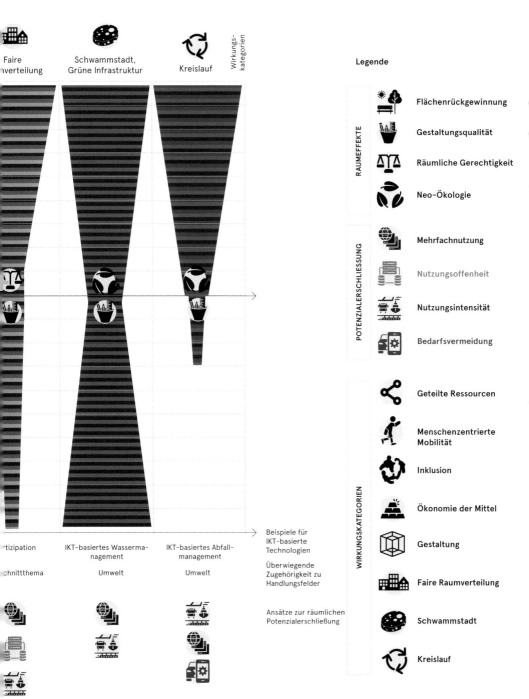

▶72 Erkenntnissynthese aller Untersuchungen zur Raumwirksamkeit und Ansätze zur Erschließung der räumlichen Potenziale. *Quelle: Eigene Darstellung*

# Fazit und Ausblick

# Forschungsergebnisse

Ausgangspunkt der vorliegenden Arbeit ist die aktuelle Diskrepanz zwischen der intensiven Entwicklung von »Smart City«-Quartieren im Zuge der digitalen Transformation und der mangelnden räumlichen Berücksichtigung physischer Auswirkungen der Digitalisierung in der Planung und Gestaltung dieser Stadtquartiere. Der Megatrend der Digitalisierung wird unter dem Schlagwort »Smart City« in die Planungsprozesse integriert, um durch die Sammlung und Auswertung von Datensätzen städtische Teilsysteme sektoral optimieren zu können. Dabei steht die Effizienzsteigerung einzelner Handlungsfelder, wie beispielsweise der Verkehrsflüsse oder der Energiegewinnung, im Zentrum. Vor dem Hintergrund der Klimakrise sollen im Sinne der Nachhaltigkeit Ressourcen effizient eingesetzt und genutzt werden. Das Thema »Smart City« hat in den letzten Jahren an Bedeutung gewonnen. Immer mehr Städte in der EU und weltweit entwickeln Digitalisierung-Strategien, um den technischen Fortschritt der Digitalisierung zu nutzen und den Anforderungen und Zielen zum Klimaschutz der EU angesichts des Klimawandels zu entsprechen. Aspekte der räumlichen Auswirkung der Digitalisierung spielen derzeit keine Rolle, weder bei den Kommunen, noch bei den stadtrelevanten Disziplinen. Dabei zeigen sich bereits heute deutliche stadträumliche Veränderungen im Zuge der Digitalisierung.

Der Forschungsgegenstand der Arbeit ist der physische, reale Stadtraum in »Smart City«-Quartiersentwicklungen im deutschsprachigen Raum, der unter der Digitalisierung einem räumlichen Veränderungsprozess unterliegt. Der Fokus der Untersuchung liegt dabei auf den Handlungsfeldern Mobilität und Umwelt. Für die Untersuchung wird als konkretes Forschungsziel formuliert, die räumlichen Auswirkungen der Digitalisierung aufzuzeigen, zu typologisieren und mögliche Potenziale und Risiken aufzudecken, um geeignete Ansätze für die Erschließung der Potenziale zu entwickeln. Damit verbunden ist die Hauptforschungsfrage, wie sich digitale Technologien in »Smart City«-Quartieren im Stadtraum manifestieren.

Hypothese 1 – Zu Beginn wird der Hypothese nachgegangen, dass der Begriff »Smart City« im deutschsprachigen Raum die physisch räumlichen Auswirkungen der digitalen Transformation beschreibt und dass er, im Sinne der Digitalisierungsprozesse in der Planung, eine räumliche Dimension haben muss. Eingangs wurde entsprechend untersucht, ob in der »Smart City«-Literatur ein Zusammenhang zwischen digitalen Technologien und räumlichen Veränderungen hergestellt wurde und ob Technologien räumliche Auswirkungen im physischen Stadtraum auf der Quartiersebene haben. Dieser Frage wird mit einer breiten Literaturrecherche in internationalen Fachdatenbanken und Wissenschaftsplattformen nachgegangen.

Der aktuelle Forschungsstand (2021) zeigt eine umfangreiche Auseinandersetzung mit dem Thema »Smart City« aus unterschiedlichen Perspektiven und Feldern der Planung, wie zum Beispiel Partizipationsprozesse, *Geoinformationssystem-*, *Augmented Reality-* oder *Virtual Reality*-Anwendungen. Unter allen wissenschaftlichen Quellen konnte jedoch kein Zusammenhang zwischen »Smart City«- Entwicklungen und Raumwirksamkeit von Technologien festgestellt werden. Auf der anderen Seite gibt es Quellen, die themenspezifisch räumliche Veränderungen durch die Digitalisierung aufzeigen. Beispielsweise werden die räumlichen Konsequenzen des Online-Handels für den Stadtraum in Innenstädten bereits seit Jahren untersucht. Damit zusammenhängend, und durch die Covid-19-Bedingungen verstärkt, wird auch das Thema Logistik in Hinblick auf die räumlichen Veränderungsbedarfe hin erforscht. So kann als erstes wichtiges Teilergebnis festgehalten werden, dass die räumliche Transformation des Stadtraums zwar sektoral in Bezug auf einzelne Themen untersucht wird, diese Inhalte jedoch nicht in der »Smart City«-Diskussion aufgegriffen werden.

Es kann also festgehalten werden, dass bisher die räumliche Transformation im Kontext von »Smart City« keine Rolle spielt und in der Wissenschaft nicht erwähnt wird und nicht miteinander in Verbindung gebracht wird. Der Forschungsstand ist derzeit nicht nur lückenhaft, sondern noch kaum vorhanden. Die Arbeit zeigt in einer breiten internationalen Literaturrecherche wissenschaftlicher Quellen, dass räumliche Veränderung im realen physischen Stadtraum im »Smart City«-Konzept noch keine Bedeutung hat. Damit ist die Hypothese, dass der Begriff »Smart City« die physisch räumlichen Auswirkungen der digitalen Transformation beschreibt, falsifiziert.

Um die Haupt- und Nebenforschungsfragen zu beantworten und die Forschungslücke zu schließen, gliedert sich der empirische Kern der Arbeit in fünf Schritte. Damit das erste Teilergebnis aus der Literaturrecherche verifiziert werden kann, nämlich dass räumliche Auswirkungen in »Smart City«-Quartiere nicht berücksichtigt werden, wurden in Folge Expert*innen mit leitfadengestützten Interviews befragt.

Hypothese 2 – Wie die tatsächliche Raumwirksamkeit von Technologien sich derzeit konkret im Raum abbildet, wurde mithilfe der Hypothese untersucht, dass das »Smart City«-Konzept zur Veränderung der Stadträume in Quartieren führt, wie beispielsweise in der Wahrnehmung, Nutzung, Flächenverteilung oder Dimensionierung von Quartiersräumen. Dabei heißt die Hauptforschungsfrage: Wie manifestiert sich das »Smart City«-Konzept durch die Technologien im physischen Stadtraum?

Am Beispiel der drei »Smart City«-Quartiere: Smart City Graz Waagner Biro, Seestadt Aspern Wien und HafenCity Hamburg, werden anhand von zwölf leitfadengestützten Expert*inneninterviews mit transkribierten Datensätzen vier Fokusgruppen aus Wissenschaft, Wirtschaft, Verwaltung und Praxis befragt. Ergebnis der systematischen, qualitativen Datenanalyse mit der Software MaxQDA stellt die Identifikation von unterschiedlichen Technologien dar, die in Verbindung mit »Smart City«-Projekten in Verbindung gebracht werden. Diese zunächst unstrukturierte Datenmenge kann im weiteren Verlauf nach analogen und digitalen Technologien unterschieden werden. Insgesamt werden aus den Interviews alle Technologien identifiziert und bilden die Grundlage für die anschließende Systematisierung, Kategorisierung, Typologisierung und Synthese in ein Grundgerüst für die folgenden Arbeitsschritte.

Als Teilergebnis werden acht Kategorien gebildet, um zu beschreiben, wodurch die einzelnen Technologien im Raum wirksam werden. Die erkannten Technologien werden in diesen Kategorien systematisiert. Die Wirkungskategorien umfassen *Sharing Economy* und Gemeinwohl, Menschenzentrierte Mobilität, Inklusion und Barrierefreiheit, Ökonomie der Mittel, Gestaltung und Ästhetik, Faire Raumverteilung, *Schwammstadt* und grüne Infrastruktur, sowie Zirkuläre Ökonomie und Kreisläufe. Die Wirkungskategorien können weiter in die drei Bereiche Mobilität, Umwelt und Querschnittthemen untergliedert werden. Zum Bereich der Mobilität gehören die Mehrwerte in den Wirkungskategorien *Sharing Economy*, Menschenzentrierte Mobilität, sowie Inklusion und Barrierefreiheit. Zum Bereich Umwelt gehören die Mehrwerte *Schwammstadt*, Grüne Infrastruktur, sowie Kreislaufprinzipien und *Monitoring*. Den Querschnittthemen werden die Mehrwerte Ökonomie der Mittel, Faire Raumverteilung, sowie Gestaltung und Ästhetik zugeordnet.

Ein weiteres wichtiges Ergebnis ist die Strukturierung der Technologien in drei unterschiedlichen Wirkungsdimensionen der Transformation. Manche Technologien bewirken eine Veränderung im sozialen, menschlichen Verhalten, wie beispielsweise eine Veränderung der Bewegungsmuster. Andere Technologien tragen zu einer physisch-räumlichen Veränderung im Stadtraum bei, wie beispielsweise einer Nutzungsverschiebung durch Flächenrückgewinnung von Flächen des motorisierten Individualverkehrs zu Grünflächen. Und wieder andere Technologien bewirken eine großräumige Veränderung räumlicher Gesamtsysteme, wie beispielsweise bei Technologien, wie es beim automatisierten Fahren, *Mobility as a Service* oder digitalgestützter Logistik, der Fall ist.

In diesem Zusammenhang lassen sich auch unterschiedliche systemische Wirkungsgrenzen differenzieren. Einige der Technologien wirken sich nur auf die Quartiersebene aus, während andere in der Gesamtstadt räumlich wirksam sind und wieder andere die gesamte Stadtregion betreffen.

Es kann festgehalten werden, dass die Digitalisierung in Form konkreter singulärer Technologien oder Technologiesystemen auf den Raum in unterschiedlichen Dimensionen wirkt. Daraus ergeben sich vielfältige Mehrwerte der Veränderungen im Stadtraum, die als Potenziale der Digitalisierung genutzt werden können.

Hier muss noch die Codierung der Technologien eingefügt werden.

Ein weiteres Teilergebnis ist, dass die interviewten Expert*innen bisher weitgehend ambivalent bezüglich der Raumwirksamkeit von Technologien sind. Sie äußern teilweise Bedenken, beschreiben jedoch auch anhand einiger Beispiele positive räumliche Effekte von Technologien. Der physische Stadtraum ist für das »Smart City«-Konzept relevant, da er durch die Digitalisierung beispielsweise bereits jetzt Nutzungsänderungen erfährt, die in Folge langfristig in die physische Raumgestaltung eingebunden werden müssen. So zeigt die Untersuchung anhand der qualitativen Expert*inneninterviews, dass Technologien derzeit (2021) kaum direkte, unmittelbare Raumwirkung haben, jedoch langfristig durch verändertes Nutzungsverhalten der Menschen indirekte räumliche Veränderungen bewirkt, die sich in der physischen Erscheinung des Stadtraums, beispielsweise in Form von Dimensionierung, Nutzungsverteilung oder Gestaltung, einschreiben.

Anhand der vorliegenden Untersuchung mit den qualitativen Inhalten der leitfadengestützten Expert*inneninterviews kann die Hypothese, dass das »Smart City«-Konzept zur Veränderung der Stadträume in Quartieren führt, verifiziert werden. Die Forschungsfrage, wodurch sich die Digitalisierung im Raum manifestiert, konnte einerseits mit der Kategorisierung weiter konkretisiert und in Teilen beantwortet werden, andererseits durch die Unterscheidung in der Wirkungsweise direkt und indirekt ausgeführt werden.

Für die weitere Bearbeitung ergibt sich daraus eine Schärfung der Forschungsfrage, indem nicht mehr ausschließlich Inhalte des »Smart City«-Konzepts untersucht werden, sondern einerseits die weitere Untersuchung verallgemeinert in Bezug auf die Digitalisierung ausgerichtet wird und andererseits nach räumlichen Auswirkungen von konkreten Technologien fragt.

Nachdem mit den Interviews und den daraus abgeleiteten Wirkungskategorien konkretisiert wurde, wodurch Technologien im Stadtraum wirken, wird anschließend der Frage nachgegangen, wie sich Technologien räumlich auswirken. Um die Wirkungsweise näher zu untersuchen, wird ein exploratives Coding mit einer induktiv-deduktiven Vorgehensweise und einer qualitativen Datenanalyse nach Kuckartz mit der Software MaxQDA vorgenommen. Dabei stehen die Fragen im Vordergrund, welche räumlichen Auswirkungen Technologien im physischen Stadtraum haben. Welche räumlichen Aspekte und Ausprägungen von technologischen Auswirkungen im physischen Stadtraum können ermittelt werden? Lassen sich Cluster und Schwerpunkte ableiten?

Mit der explorativen Codierung und Datenauswertung der Interviews mit MaxQDA konnte weiter gezeigt werden, wie Technologien im physischen Stadtraum wirken. Das Datenmaterial der Interviews wurde weiter untersucht und systematisiert. Daraus wurde als Teilergebnis ein inhaltliches Grundgerüst bestehend aus 17 Thesen abgeleitet und in drei übergeordneten Clustern zusammengefasst, gegliedert und vertieft und thesenartig strukturiert. Die Cluster beschreiben 1) begriffsgebundene Inhalte, 2) raumgebundene Inhalte und 3) prozessgebundene Inhalte.

Es lassen sich folgende wesentliche Forschungsergebnisse festhalten: Es wird erwartet, dass digitale Technologien im Bereich der Mobilität zu einer Flächenrückgewinnung im Straßenraum beitragen können. Das hat sich bestätigt. Durch den Einsatz digitaler Technologien kann eine Flächenrückgewinnung und höhere Effizienz der Nutzung von Flächenressourcen, durch überlagerte Nutzungen – im Sinne der Sektorenkopplung erzielt werden. Durch Mehrfachnutzungen und die intensivere Nutzung von Flächenreserven für die Mobilität oder die Energieerzeugung kann weitere Flächenrückgewinnung gelingen.

Anhand der explorativen Auswertung konnten als weiteres wichtiges Teilergebnis Mehrwerte, Qualitäten und Potenziale der räumlichen Veränderungsprozesse im Zuge der Digitalisierung jeweils unterschiedlichen räumlichen Ausprägungen zugeordnet werden und lassen sich in vier räumliche Transformationskategorien einteilen: 1) Flächenrückgewinnung, 2) Gestaltungsqualität, 3) räumliche Gerechtigkeit und 4) Neo-Ökologie. Dabei lässt sich feststellen, dass die Wirkungskategorie im Bereich der Flächenrückgewinnung allgemein, aber vor allem im Bereich Mobilität dominiert, sodass in dieser Transformationskategorie das größte räumliche Veränderungspotenzial zu erwarten ist. Damit konnte auch die Haupthypothese, dass Digitalisierung zu stadträumlichen Veränderungen führt, weiter bestätigt werden. Für die folgenden Untersuchungsschritte ergibt sich weiter die Frage nach der Art und Weise der digitalen Raumwirksamkeit.

Daher wurde weiter der Forschungsfrage nachgegangen, welche Muster der räumlichen Raumwirksamkeit von Technologien sich im Stadtraum erkennen lassen und auf welche Art und Weise Technologien auf den Stadtraum wirken. Um das »Wie« zu klären, wurden – wieder auf Grundlage der Dateninhalte der Expert*inneninterviews mithilfe einer qualitativen Datenanalyse nach Kuckartz mit der Software MaxQDA – zwei unterschiedliche Typenbildungen vorgenommen. Mit der ersten

Typenbildung, der Raumwirksamkeit digitaler und analoger Technologien, konnte aufgezeigt werden, dass digitale Technologien im Vergleich zu analogen Technologien ausgeprägter eine Raumwirksamkeit aufweisen. Mit der zweiten Typenbildung, der direkten und indirekten Raumwirksamkeit von Technologien, wurde die Wirkungsweise weiter untersucht, und zwar in einer unmittelbaren räumlichen Raumwirkung und einer indirekten Raumwirkung digitaler Technologien. Dadurch konnte ein Teilergebnis aus dem ersten Schritt der Untersuchung überprüft werden, indem die Raumwirksamkeit der Technologien in direkter und indirekter Wirksamkeit auf den Raum typologisiert wurde.

Dabei konnte das weitere wesentliche Teilergebnis gewonnen werden, dass aktuell (2021) im Verhältnis geringe direkte räumliche Auswirkungen durch die Digitalisierung erkennbar sind und dass die indirekten Auswirkungen, welche digital-gestützte Technologien mit sich bringen, bereits sehr weitreichend sind und in Zukunft noch weitreichender sein können. Das verdeutlicht die Notwendigkeit, den Stadtraum vor den Risiken der Digitalisierung zu schützen, aber auch die Chancen der digitalen Transformation zu nutzen, um die Lebensqualität – nicht im Sinne eines reinen Komfortgewinns, sondern im Sinne der beschriebenen Mehrwerte, die als Wirkungskategorien formuliert wurden – zu erhöhen.

Die Ergebnisse der drei Untersuchungen, leitfadengestützte Interviews, Exploratives Coding und Typenbildung anhand der qualitativen Datenanalyse mit MaxQDA, zeigen auf, dass digitale Technologien gleichermaßen, sowohl in Neubauquartieren als auch in Bestandquartieren, zum Einsatz kommen.

Die weitere Betrachtung wird daher nicht nur auf »Smart City«-Quartiersentwicklungen auf der grünen Wiese oder Konversionen beschränkt, sondern bezieht sich erweitert auf technologische Anpassungsmaßnahmen in Bestandsquartieren, die durch den Einsatz digitaler Technologien aufgerüstet werden.

Hypothese 3 – Daraus ergibt sich die Frage, wie die räumliche Veränderung konkret im Raum, beispielsweise in einem Bestandsquartier, ausschauen kann. Welche Potenziale und Risiken für den Stadtraum können durch die räumlichen Auswirkungen von Technologien entstehen?

Diese Frage wird genutzt, um die dritte abgeleitete Hypothese zu untersuchen, dass die digitale Transformation wesentliche Chancen und Potenziale für den Stadtraum bringen kann, wenn die stadtrelevanten Disziplinen sich planerisch und gestalterisch aktiv in Digitalisierungsprozesse einbringen und die räumlichen Potenziale adressieren.

Um dieser Frage nachzugehen, wurde anschließend mit der disziplin-immanenten Untersuchungsmethode der Kartografie in Form einer axonometrischen Untersuchung räumlich-dreidimensional exemplarisch erforscht, welche Potenziale, aber auch welche Mängel für den Stadtraum durch die räumlichen Auswirkungen von Technologien entstehen können. Mit der explorativen Annäherung an die Sichtbarmachung von möglichen räumlichen Veränderungen durch die digital-gestützte Technologien wurden sieben Technologien, vier im Bereich Mobilität und drei im Bereich der Umwelt, beleuchtet.

Die kartografisch untersuchten Technologien und Technologiesysteme im Bereich Mobilität zeigen deutlich, dass das größte Transformationspotenzial in der

Nutzungsverschiebung durch Flächenrückgewinnung entsteht. Auch hierbei kam heraus, dass die direkten Auswirkungen der einzelnen Technologien nur geringfügig sichtbar sind und dass der Schwerpunkt der möglichen räumlichen Veränderungspotenziale in den indirekten räumlichen Auswirkungen liegt. Unter den drei im Bereich der Umwelt analysierten Kartografien zeigt sich, dass die Technologien, die für die *smarte Wasserwirtschaft* eingesetzt werden, die deutlichste Veränderung im Stadtraum bewirken könnten. Durch die einzelnen Technologien *Smart-Lighting* und *Photovoltaik* sind keine wesentlichen Raumänderungen zu erwarten.

Das vierte wesentliche Forschungsergebnis der explorativen Kartografie anhand des räumlichen *Mappings* in axonometrischen Zeichnungen besteht in der Sichtbarmachung der Bedeutung von Technologiesystemen im Vergleich zu singulären, isolierten Technologien. Andererseits konnte dargelegt werden, dass räumliche Systeme eng mit technologischen Systemen verknüpft sind. Ein wesentliches Ergebnis ist, dass Transformationsprozesse im Straßenraum, wie Nutzungsverschiebungen, nicht offensichtlich für jeden erkennbar sind und dass maßgebliches Hintergrundwissen zur Entwicklung und den eingesetzten Technologien nötig ist, um die räumliche Transformation im Quartier durch die Digitalisierung in schleichenden Prozessen nachvollziehen zu können.

Die dritte Hypothese wird weiter untersucht, und es stellt sich die abschließend die Frage, was die digitale Transformation für die Disziplin bedeutet. Im letzten Schritt wird die Forschungsfrage gestellt, welche Folgen zu erwarten sind und welche Ausrichtung der Disziplin vor dem Hintergrund der digitalen Transformation notwendig ist. Auch die Frage nach dem möglichen Mehrwert der Digitalisierung für den Stadtraum wird untersucht, um die Konsequenzen der räumlichen Auswirkungen von Technologien für die Klärung möglicher Ausrichtungen der Disziplin auszuloten. So wurde letztlich mit der Szenario-Technik dieser Frage nachgegangen und untersucht, wie die Disziplin die Potenziale der räumlichen Auswirkungen von Technologien für den Stadtraum der Zukunft nutzen kann und wie Risiken vermieden werden können.

Mit der Methode der Szenario-Technik konnte an drei Szenarien sichtbar gemacht werden, welcher Handlungsbedarf besteht, also mit welchen Chancen, aber auch Gefahren für den Stadtraum es in Zukunft umzugehen gilt. Die Szenarien-Typologie zeigt deutlich, dass mit einem höheren Technologieeinsatz ebenfalls ein höheres Maß an Qualität von integrierter, räumlicher Planung und Gestaltung notwendig ist.

Das fünfte wesentliche Ergebnis ist, dass, um das *Worst-Case-Szenario* der *Technikwüste* zu vermeiden, ein hoher Handlungsbedarf der stadtrelevanten Disziplinen nötig ist und für die Sicherung der Stadtraumqualität wichtig ist. Zuletzt konnte aufgezeigt werden, welche systemischen und räumlichen Ansätze möglich und nötig sind, um die Chancen der digitalen Transformation für den Raum gemeinwohlorientiert nutzen zu können.

Vier Ansatzpunkte zur Erschließung räumlicher Potenziale der Digitalisierung im Stadtraum wurden abgeleitet. Daran wurde aufgezeigt, wie die Mehrwerte und räumlichen Potenziale aktiviert werden können. Die Ansätze zur Erschließung der Raumpotenziale sind a) Nutzungsverdichtung und -verschiebung, b) Mehrfachnutzung und Steigerung der Nutzungsintensität, c) Nutzungsoffenheit, Flexibilität und Sektorenkopplung, sowie d) Bedarfsvermeidung.

Als Schlüsselergebnis wurden daraus in Folge vier Prinzipen erschlossen. Diese Prinzipien sind: 1) Digitale Technologien nutzen, um den öffentlichen Raum einschließlich der Verkehrsflächen als Aufenthaltsraum zu denken und zu gestalten, 2) den räumlich-technologischen Konnex nutzen, um den Stadtraum multifunktional gestalten und für alle Nutzer*innengruppen attraktiv und zugänglich zu machen, 3) durch einen räumlichen-technischen Konnex flexible Gestaltung und Planung ermöglichen, um Resilienz im Stadtraum zu schaffen und eine iterative Adaptation zu unterstützen und 4) räumliche Anpassungen durch den räumlich-technischen Konnex zu ermöglichen und systemische Veränderungen zu unterstützen, Neuorganisation von Raumressourcen und –funktionen zu schaffen, um Nutzungsänderungen durch neue Verhaltensweisen zugunsten der Bedarfsvermeidung zu etablieren oder zu stärken.

In der Gesamtbetrachtung werden die drei Begriffe *Smart City Räume*, *Smarte Urbane Räume* und *Räumliche Smartness* beschrieben und in Hinblick auf ihre Potenzialnutzung für die Qualifizierung räumlicher Veränderungen durch die Digitalisierung neu geprägt und präzisiert.

Durch die Beantwortung der Fragestellung nach den räumlichen Potenzialen der Digitalisierung für den Stadtraum kann die Hypothese bestätigt werden. Mit der Folgefragestellung nach dem Handlungsbedarf und der Ausrichtung der Disziplin konnten die Ergebnisse der vorherigen Untersuchung bestätigt werden und die Hypothesen wiederholt verifiziert werden.

Die dargelegten Ergebnisse zeigen, wie die räumlichen Auswirkungen der digitalen Transformation adressiert wurden und wie Technologien sich in Folge der Digitalisierung konkret im Quartier räumlich manifestieren können. Dadurch konnte das gesetzte Ziel der Forschungsarbeit – einen wissenschaftlichen Beitrag zu leisten, um die räumliche Dimension sowohl in das »Smart City«-Konzept als auch in der Diskussion über digitale Transformation von Städten zu integrieren – erreicht werden. Die formulierten Hypothesen wurden mit unterschiedlichen Forschungsfragen und Untersuchungsmitteln multi-perspektivisch beleuchtet und in Bezug auf Daten und Methoden trianguliert.

Die Notwendigkeit, die Relevanz und die zunehmende Bedeutung der räumlichen Auswirkungen der Digitalisierung als wesentlicher Bestandteil des »Smart City«-Konzepts in Verbindung mit der digitalen Transformation konnten aufgezeigt werden. Des Weiteren konnten unterschiedliche räumliche Auswirkungen kategorisiert und diese dreidimensional im Raum verortet werden. Letztlich wurde dargelegt, dass ein bedeutender Handlungsbedarf der stadtrelevanten Disziplinen in Bezug auf »Smart City«-Entwicklungen, aber auch Nachrüstungen in Bestandquartieren im Zuge der digitalen Transformation, notwendig sind. Daraus konnte in Folge die Bedeutung einer aktiven Rolle stadtrelevanter Disziplinen für die Planung und Gestaltung von städtischen Räumen aufgezeigt werden. So setzt die Arbeit in der Forschungslücke an und schließt diese mit den dargestellten Fragestellungen empirisch wissenschaftlich auf inhaltlicher und räumlicher Ebene die Zusammenhänge zwischen Digitalisierung und Stadträumen.

# Erkenntnisgewinn

In dieser Forschungsarbeit wurden räumliche Auswirkung der Digitalisierung auf den Quartiersraum untersucht, strukturiert, in ihrer Wirkungsweise kategorisiert, typologisiert und im Sinne folgender Fragestellungen untersucht: Wirken sich Technologien auf den Stadtraum aus und wie manifestieren sie sich im Raum? Welche räumlichen Potenziale können durch die Digitalisierung ausgeschöpft werden, aber auch wo könnten mögliche Risiken liegen? Und schließlich wie könnte die Disziplin neu ausgerichtet werden? Die durchgeführten empirischen Untersuchungen liefern mehrschichtige anwendungsbezogene Ansätze, wie die Strukturierung in acht Wirkungskategorien, in drei thematischen Schwerpunkten, acht Typen von Wirkungsarten und drei Szenarien.

Die Ergebnisse der Arbeit helfen dabei, die spezifisch räumliche, planerische und gestalterische Bedeutung und den Handlungsspielraum von Digitalisierungsprozessen in der Quartiersentwicklung und -anpassung sichtbar und nachvollziehbar zu machen. Durch die Analyse der wissenschaftlichen Literatur zu »Smart City« konnte gezeigt werden, dass die räumliche Dimension und Wirkung der Digitalisierung kaum Beachtung finden, obwohl einige wenige Studien zur Digitalisierung im Raum aufzeigen, dass räumliche Veränderungsprozesse stattfinden. So konnte die Notwendigkeit herausgestellt werden, dass diese räumlichen Effekte von Technologien auch bei »Smart City«-Diskussionen und vor allem »Smart City«-Quartiersentwicklungen einbezogen werden.

Die Arbeit bietet weiter auf der Grundlage von dreizehn Expert*inneninterviews mit vier Fokusgruppen erstmalig ein modellhaftes Grundgerüst für die Strukturierung räumlicher Wirksamkeit von Technologien im realen physischen Stadtraum mit acht abgeleiteten Wirkungskategorien und drei systemischen Wirkungsgrenzen. Weiteren Erkenntnisgewinn bietet das inhaltliche Gefüge aus drei übergeordneten Clustern und 17 Themen, das aus der explorativen Codierung extrahiert wurde. Insbesondere bietet die Anordnung und Strukturierung der Potenziale von räumlichen Veränderungsprozessen im Zuge der Digitalisierung in vier räumliche Transformationskategorien einen besonderen, anwendungsbezogenen Mehrwert.

Anhand der Typenbildung wurde die Erkenntnis gewonnen, dass durch die Digitalisierung geringe direkte räumliche Auswirkungen zu verzeichnen sind, aber gleichzeitig die indirekten digitalen Technologien weitreichende Veränderungen bewirken, da Technologien zunächst das menschliche Verhalten und damit die Nutzung des Stadtraums verändern und die physischen räumlichen Veränderungen erst verzögert als Anpassung an das geänderte Verhalten stattfinden. Daraus konnte als wesentliches Ergebnis eine Ableitung von drei Wirkungsdimensionen herausgestellt werden.

In diesem Zusammenhang ist eine weitere Schlüsselerkenntnis aus der kartografischen Untersuchung abzuleiten, dass Technologiesysteme im Vergleich zu singulären Technologien ein weitreichendes Veränderungspotenzial im Stadtraum haben. Wichtig dabei ist ebenso die Erkenntnis, dass digitalisierungsbedingte räumliche Transformationsprozesse nicht auf den ersten Blick im Raum erkennbar sind und dass maßgebliches Hintergrundwissen nötig ist, um die räumliche Veränderung in den schleichenden Prozessen erkennen zu können.

Abschließend wurde mit der *Szenario-Technik* entschlüsselt, welcher Handlungsbedarf bei den stadtrelevanten Disziplinen besteht, um einerseits die Potenziale zu nutzen und andererseits die Risiken, die im *Worst-Case-Szenario Technikwüste* beschrieben werden, zu vermeiden. Die wesentliche Erkenntnis daraus ist, dass je höher der technologische Einsatz im Raum ist, desto höher das Maß an integrierter, räumlicher Planung und Gestaltung sein muss und dass gleichzeitig ein desto höherer Handlungsbedarf und eine höhere Auseinandersetzung der stadtrelevanten Disziplinen notwendig ist.

Letztlich werden die Ergebnisse aller Untersuchungen dazu genutzt, eine Ableitung von jeweils vier allgemeinen und anwendungsbezogenen Ansatzpunkten zur Erschließung räumlicher Potenziale der Digitalisierung im Stadtraum vorzunehmen. Aus den räumlichen Ansätzen wurden vier Prinzipien für Smarte Urbane Räume formuliert. Abschließend wird der Erkenntnisgewinn der Gesamtuntersuchung in einer neuen Begriffsprägung zusammengeführt. Es werden drei Begriffe: 1) *Smart City Räume*, 2) *Smarte Urbane Räume* und 3) *Räumliche Smartness* geprägt, die sowohl für die zukünftige Formulierung und Anpassung von stadträumliche Digitalisierungsstrategien als auch für »Smart City« Zertifizierungssysteme wichtig und nützlich sein können.

# Schlussfolgerungen

Die digitale Transformation wirkt auf alle Bereiche des Lebens und, wie gezeigt werden konnte, auch auf den physischen Stadtraum. Bereits heute (2021) verändern digitale Technologien im Kleinen, beispielsweise durch den Flächenanspruch diverser *Mobility as a Service*-Flotten im öffentlichen Raum, den Stadtraum (*Smarte Urbane Räume*). Aber auch im Großen sind räumliche Veränderungen festzustellen, beispielsweise durch neue Mobilitätsangebote (*Räumliche Smartness*). Die Veränderungsprozesse sind noch schleichend, durch disruptive Technologien könnte die Veränderungsdynamik jedoch deutlich beschleunigt werden.

Die stadtrelevanten Disziplinen müssen sich neu in diesem Kontext verorten und Stellung beziehen, um unter den dynamischen Rahmenbedingungen qualitativ hochwertige Stadträume für Menschen zu gestalten. Es müssen integrative, planerische und gestalterische Strategien und Maßnahmen als Lösungen entwickelt werden, anstatt wie bisher technischen Antworten gegenüber skeptisch zu sein, diese jedoch passiv hinzunehmen.

Dazu müssen Praxis, Forschung und Verwaltung ihre Verantwortung wahrnehmen und die breite Öffentlichkeit engagieren, um die Fragestellungen und Veränderungen in Bezug auf den Raum in der Digitalisierung ganzheitlich zu betrachten und zu bewerten, damit es nicht, wie in der isolierten »Smart City«-Diskussion, in welcher der Raum keine Rolle spielt, zu unbefriedigenden und rein technokratischen Lösungen kommt.

Wenn davon ausgegangen werden kann, dass sich perspektivisch alle Kommunen in Richtung »Smartness« in eine digitale Zukunft bewegen, dann wird die Veränderung über die inkrementellen, räumlichen Anpassungen und technischen Ausrüstungen hinausgehen und tiefgreifende strukturelle und sozio-kulturelle Veränderungen mit sich bringen. Vor diesem Hintergrund wird der Bedarf deutlich, die jeweiligen Planungsebenen mit konkretem Wissen über die räumlichen Auswirkungen der Digitalisierung auszustatten, um Entscheidungsprozesse zu ermöglichen und digitale Technologien für die Planung und Gestaltung nutzbar zu machen.

Deswegen kommt der Entwicklung neuer räumlicher Herangehensweisen und Strategien im Umgang mit räumlichen Veränderungsprozessen in der Digitalisierung besondere Bedeutung zu. Die Anforderung und Aufgabe liegt zunächst darin, die allgemeinen und spezifisch-räumlichen Potenziale für den Stadtraum durch den Veränderungsprozess der Digitalisierung zu erschließen, nutzbar zu machen, aber gleichzeitig auch Risiken zu antizipieren und zu vermeiden.

Während in den einschlägigen Studien eine sektorale Betrachtung der räumlichen Wirkungen von Technologien erfolgt, bietet die vorliegende Arbeit Querschnittaspekte und stellt durch die explorative Untersuchung der Expert*inneninterviews Thesen auf. Einen besonderen Mehrwert zum aktuellen, mageren Forschungsstand bietet die vertiefte Analyse von Zusammenhängen zwischen Begriffsverständnis, Raum und Prozess. Die Ergebnisse legen nicht nur räumliche Veränderungsaspekte frei, sondern zeigen eine aktuelle Haltung der stadtgestaltenden Kräfte in Hinblick auf die digitale Transformation. Die entsprechenden Expert*innen aus Wissenschaft, Wirtschaft, Verwaltung und Praxis formulieren Qualitäts-Anforderungen und zeigen teilweise bereits Wege auf, wie die Digitalisierung im Städtebau und in der Planung gewinnbringend integriert werden kann. Was die vorliegende Dissertation vor allem im Vergleich zu den einschlägigen Studien auszeichnet, ist die strukturierte und systematische, wissenschaftlich fundierte Entwicklung von Typologien unterschiedlicher räumlicher Auswirkungen von Technologie, die auf Grundlage von umfangreichen Expert*inneninterviews entwickelt wurden. Zudem ist die indirekte Raumwirksamkeit bisher in keiner Studie thematisiert worden. Dabei ist die einschlägige Erkenntnis aus der vorliegenden Arbeit, dass die Digitalisierung meist indirekt auf den Stadtraum wirkt, zentral und zeigt deutlich die Notwendigkeit der stadtgestaltenden und -planenden Disziplinen, den Stadtraum vor den Risiken der Digitalisierung zu schützen, aber auch die Chancen der digitalen Transformation zu nutzen. Des Weiteren wird hier erstmalig auf gesonderte Technologien eingegangen, während die einschlägigen Studien zum Thema übergeordnet die Raumwirksamkeit auf technologische Trends, wie *Sharing-Angebote* ausrichten. Auch die differenzierte Unterscheidung in Potenziale und Risiken in der Untersuchung bringt einen zusätzlichen Mehrwert für die wissenschaftliche Diskussion.

Einzigartig bisher in der Wissenschaft ist eine dreidimensionale explorative Annäherung an die Darstellung und Sichtbarmachung von möglichen räumlichen Veränderungen durch die digital-gestützte Technologien. Die kartografischen Darstellungen zeigen ganz konkret auf, wie sich die unterschiedlichen räumlichen

Veränderungen potenziell im Stadtraum materialisieren könnten. Einen besonderen Mehrwert bringt die Erkenntnis, dass einzelne Technologien in einem technologischen Netzwerk als System gedacht werden müssen, um ihr Potenzial zur räumlichen Verbesserung auszuschöpfen.

Die Entwicklung von räumlichen Szenarien von unterschiedlichen Digitalisierungsgraden und verschiedenen Zukunftsentwürfen der digitalen Transformation im Stadtraum ist ein erstmaliger Ansatz in der Forschung.

# Übertragbarkeit

Der Hauptteil der empirischen Untersuchung beruht auf Daten, die anhand von leitfadengestützten Expert*inneninterviews erhoben wurden. Die dreizehn Interviewpartner*innen bilden eine breite Datengrundlage für die qualitative Untersuchung. Jedoch sind die Ergebnisse von einzelnen Interviews selten in vollem Umfang übertragbar, da sie solitäre, individuelle Einschätzung darstellen. Durch die quantitative, explorative Analyse jedoch konnten unter den drei Kategorien der begriffsgebundenen Inhalte, raumgebundenen Inhalte und prozessgebundenen Inhalte quer abgeglichen werden. So konnten verlässliche Themencluster und Thesen abgeleitet werden, die sich zum großen Teil mit den Erkenntnissen aus der Literatur über räumliche Konsequenzen der Digitalisierung im Raum decken.

Grundsätzlich wurde in den Interviews durch die gewählten Quartiere mehr Bezug genommen auf Neubauquartiere als auf Stadterweiterungen auf der grünen Wiese oder Konversionen. Die Ergebnisse lassen sich jedoch auch auf Bestandquartiere übertragen. Einige der Inhalte können sogar auf andere städtische Maßstäbe und andere Raumkategorien übertragen werden. Die Erkenntnisse zur Raumwirksamkeit der Digitalisierung im Quartier gelten somit auch für die Stadtteil-Ebene oder für die gesamte Stadt. Die Erkenntnisse zu den Wirkungstypen lassen sich auf alle Raumkategorien, also auch auf periphere, sub-urbane, oder ländliche Räume anwenden. Auch die Bedeutung für die Disziplin ist nicht ausschließlich auf den Städtebau beschränkt, sondern kann zu Teilen auch für Landschaftsarchitektur, Stadtplanung, oder Raumplanung gelten – also alle stadtrelevanten Disziplinen, die sich mit dem Raum auseinandersetzen. Die Möglichkeiten zur Erschließung der Potenziale der Digitalisierung für den Raum können folglich ebenso dienlich für alle genannten stadtrelevanten Disziplinen sein.

# Limitationen

Die ausgewählten Expert*innen sind Expert*innen für den Raum und haben zwar Bezug zu einem der »Smart City«-Projekten, doch die Expert*innen haben keinen Schwerpunkt auf digitaler Transformation. Dadurch bleiben manche Äußerungen vage, ohne die Aussagen an konkreten Beispielen festzumachen. Einige Expert*innen haben Beispiele von Projekten angeführt, die bei organisierten »Smart City«-Fach-exkursionen in Europa als Leuchtturmprojekte vorgestellt wurden, die zwar eine räumliche Veränderung bedingen, die jedoch keinen erkennbaren Technologieanteil haben und somit im Verständnis der Arbeit nicht als Argument dienen können.

Auch der räumliche Maßstab des Quartiers wurde in der Untersuchung meist nicht berücksichtigt, sondern die Aussagen allgemein zum Stadtraum, oder sogar beliebig zu unterschiedlichen Raumkategorien Stadt, Peripherie, peri-urbaner Raum und zum ländlichen Raum gleichermaßen gemacht.

Dabei ist die Zuordnung der Expert*innen zu den Bereichen nicht in allen Fällen eindeutig, da manche Expert*innen, wie beispielsweise Christa Reicher und Kees Christiaanse, zu zwei Bereichen dazugehören, in diesem Fall zur Wissenschaft und zur Praxis. Teilweise kann es vorkommen, dass sie in einem dritten Bereich in Bezug auf das Quartier tätig sind. Beispielsweise ist Christa Reicher im Gestaltungs-beirat der Seestadt Aspern und somit für die Entwicklungsgesellschaft Wien 3420 tätig. Die drei Quartiere sind in ihrer Entwicklungsform unterschiedlich. In Wien wird die Seestadt von der Entwicklungsgesellschaft Wien 3420 entwickelt, und die Grundstücke werden von ihr vermarktet und verkauft. Für die Entwicklung der HafenCity ist ein städtisches Unternehmen, die HafenCity GmbH, zuständig und bei der Entwicklung des Quartiers »Smart City Waagner Biro« gab es durch wiederholte Verkäufe eine Abfolge von Investor*innen und Eigentümer*innen. Vor diesem Hinter-grund wurden für Graz und Hamburg Expert*innen ausgewählt, die inhaltlich den Bereich Wirtschaft thematisieren, jedoch von ihrer Ausbildung und Tätigkeit nicht im Bereich der Wirtschaft zu verorten sind.

# Ausblick und weiterer Forschungsbedarf

In Zeiten der Digitalisierung steht die räumliche Planung – am Beispiel von »Smart City«-Entwicklungen – vor der Herausforderung, die Chancen der technologischen Entwicklung zu nutzen, ohne dabei in blinder Technologiegläubigkeit einer Daten-euphorie zu verfallen. Denn Technologien und Daten allein können die räumlichen Probleme nicht lösen. Gerade deswegen ist der aktuelle Mangel fundierter Forschung der räumlichen Auswirkungen der digitalen Transformation wichtig, um zu diskutieren und zu überprüfen, wo und wie ein spezifisch räumlich planerischer und gestalterischer Umgang mit digitalen Technologien im Stadtraum, bei dem räumliche-technologischen Fragestellungen hilfreich sein könnten, problemorientiert eingesetzt werden kann.

Die vorliegende Arbeit konnte zahlreiche wichtige Ergebnisse liefern, die weitere Hinweise in Bezug auf die aktuelle Herausforderung der Disziplin in der digitalen Transformation geben können. Dennoch sind die Ergebnisse nicht abschließend zu verstehen, sondern bilden ein vorläufiges konzeptionelles Gerüst, das durch weitere Forschungsaktivitäten adaptiert, detailliert und ausgebaut werden sollte.

Der wichtigste Schritt, der für die Entwicklung der räumlichen Transformationsprozesse durch die Digitalisierung anvisiert werden sollte, liegt in der weiteren Untersuchung und Gestaltung des Wissenstransfers, beispielsweise in den Universitäten. Darin wird ein wichtiger Hebel gesehen, um nicht nur das Bewusstsein, sondern auch die Handlungs- und Gestaltungsmöglichkeiten der stadtrelevanten Disziplinen – aber vor allem im Städtebau (als Dach-Disziplin) – bei den Studierenden und damit bei der kommenden Generation von Planenden und Gestaltenden zu schärfen und zu schulen.

Im Laufe dieser Forschungsarbeit konnten einige Forschungsfragen beantwortet werden. Gleichzeitig sind jedoch auch wichtige weiterführende Forschungsfragen entstanden, die schwerpunktmäßig von unterschiedlichen Akteur*innengruppen adressiert werden könnten, sie werden entsprechend in den drei Bereichen Forschung, Praxis und Verwaltung unterteilt.

Im Vordergrund des weiteren Forschungsbedarfs mit kurz- bis mittelfristiger Dringlichkeit stehen die weitere detaillierte Untersuchung der Raumwirksamkeit von digitalen Technologien und das vertiefte Ausloten standortspezifischer Handlungspotenziale und -bedarfe. Zudem gilt es, kurzfristig übergeordnet von allen raumrelevanten Bereichen die Frage nach Lösungsansätzen für den Umgang mit unvorhersehbaren, disruptiven technologischen Entwicklungen zu finden und standortspezifische Strategien – als mögliche Erweiterung von »Smart City«-Strategiepapieren – zu entwickeln.

## Forschung und Lehre

Detailgrad und Rahmenbedingungen der Untersuchung
Detaillierte Forschung zu Raumwirksamkeit digitaler Technologien
unter Realbedingungen
Als weiterführende Untersuchung der räumlichen Wirkung von unterschiedlichen digitalen Technologien und technologische Systeme sollte kurzfristig bis mittelfristig unter realen Bedingungen die Raumwirksamkeit vertieft untersucht werden. Dazu würde sich ein Reallabor in einem Bestandsquartier gut anbieten, da die Städte im deutschsprachigen Raum weitestgehend entwickelt sind und nun ihre räumliche Transformation in Bezug auf die Digitalisierung durch die Planenden verstärkt angegangen werden muss.

Wissenstransfer – Folgen für die universitäre Lehre
Die direkten und indirekten räumlichen Auswirkungen der Digitalisierung und praktische Ansatzpunkte für ihre integrierte Gestaltung und Planung müssen kurzfristig bis mittelfristig in die universitären Curricula aufgenommen werden. Die Ausbildung der kommenden Generationen hat dabei Priorität. Aber auch zusätzliche Lehrangebote im Sinne des *Life Long Learnings* für Personen aus der Praxis oder aus der Verwaltung unterschiedlicher Körperschaften können nützlich sein, um zeitnah das Bewusstsein und Handlungsoptionen zur digitalen Transformation im Raum in die Planungspraxis zu bringen.

Geografischer Kontext – Internationaler Vergleich
Der geografische Rahmen der Untersuchung in dieser Forschungsarbeit liegt im deutschsprachigen Raum mit seinen spezifischen Rahmenbedingungen. Im Weiteren könnte ein internationaler Vergleich mit technologisch avancierten Ländern mit einer höheren Entwicklungsdynamik, wie beispielsweise Singapur, untersucht werden. Aber auch das Gegenteil könnte sehr aufschlussreich sein. Was bedeuten die Erkenntnisse für einen Kontext des globalen Südens, in dem das größte Bevölkerungswachstum erwartet wird? Dadurch kann untersucht werden, ob gemeinsame, räumliche Muster der stadträumlichen Ausprägung der Digitalisierung trotz unterschiedlicher geografischer und ökonomischer Rahmenbedingungen zu finden sind.

## Praxis

Echtzeitinformationen – Echtzeitdaten und evidenzbasierte Datenerfassung
Für die Praxis der stadtrelevanten Disziplinen stellt sich weiter die Frage, wie die Digitalisierung genutzt werden kann, um Planungsprozesse zu qualifizieren und zu beschleunigen. Welche digitalen Tools können eingesetzt werden, um Entscheidungen zu erleichtern, Daten für die Planung zugänglich zu machen oder Partizipationsprozesse zu intensivieren und zu verbessern.

Raumkategorien – Auswirkungen in anderen Raumkategorien
Die vorliegende Arbeit hat die räumlichen Auswirkungen von Technologien in urbanen Quartieren untersucht. Der ländliche Raum unterliegt grundsätzlich anderen räumlichen, aber auch wirtschaftlichen, sozialen, ökologischen Gesetzmäßigkeiten im Vergleich zu dichten Stadtquartieren. Daher ist eine gesonderte Untersuchung dieser Raumkategorie notwendig. Dazu gehören etwas unterschiedliche Schwerpunktthemen, wie die Digitale Kluft.

Rapide technologische Zyklen – Antizipation von Raumwirksamkeiten
Disruptive Digitalisierungssprünge werden in Zukunft die Planung zunehmend beschäftigen. In Abhängigkeit davon, ob es den stadtgestaltenden Disziplinen gelingt, die Potenziale dieser Disruptionen räumlich umzusetzen, wird sich die urbane Qualität der Städte in Zukunft entscheiden. Das macht die Notwenigkeit eines weiteren

Forschungsbedarfs deutlich, die räumlichen Folgen der Digitalisierung nicht nur zu erkennen und aktiv zu gestalten, sondern auch zu antizipieren, um zeitgerecht handeln zu können.

## Verwaltung und öffentliche Hand

### Steuerung – Governance und Steuerungsmöglichkeiten

Unter dem Begriff der *Governance* muss in Bezug auf die räumlichen Wirkungen der Digitalisierung untersucht werden, welche *Governance-Strukturen* möglicherweise unterschiedliche durch Technologie bedingten räumliche Veränderungen im Raum fördern. Welche Akteure und Stakeholder sind notwendig und wie kann die Steuerung der räumlichen Dynamiken der digitalen Transformation gelingen?

### Juristischer Rahmen – rechtliche Anpassungen und Instrumente

Zur *Governance* und Steuerungsmöglichkeiten gehört es ebenso zu untersuchen, welche rechtlichen Anpassungen möglich und nötig sind, um gute Rahmenbedingungen für die raumbezogenen digitale Transformation zu schaffen, sowie ob und wie die aktuellen räumlichen Planungsinstrumente an die Rahmenbedingungen der Digitalisierung angepasst werden müssen.

### Daten – Datenverfügbarkeit und Datenschutz

Daten werden eine zunehmend wichtige Rolle in Planungsprozessen spielen. Dabei muss geklärt werden, ob und wie Daten öffentlich erfasst und verarbeitet werden. Komplexe Fragen, wie Eigentumsrechte von Daten, Datenschutz und Zugriffsrechte müssen im Sinne der *Datensouveränität*, und der informationellen Selbstbestimmung breit diskutiert werden. Für die öffentliche Hand bleibt es zu klären, wie sie die Deutungs- und Steuerungshoheit weiterhin behält, obwohl die technischen Tools und auch die Großzahl der erfassten Daten privaten internationalen Informationstechnologie-Unternehmen gehören und damit nicht frei verfügbar sind.

Abschließend soll nochmals erwähnt werden, dass eine Klärung der Fragen in Bezug auf die digitale Transformation im Raum nur in multi- und transdisziplinären Konsortien unter Einbeziehung der Bürger*innenschaft gelingen kann und die Gliederung in unterschiedlichen Gruppen, wie Verwaltung, Praxis und Wissenschaft, nur der inhaltlichen Strukturierung dienen soll.

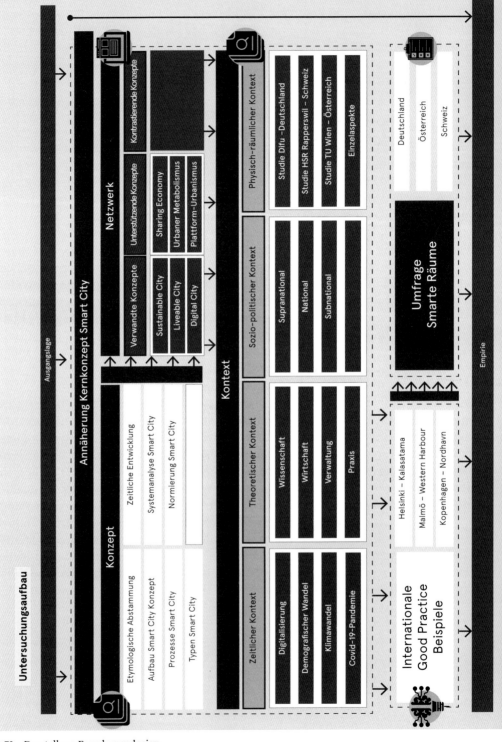

▶73   Darstellung Forschungsdesign

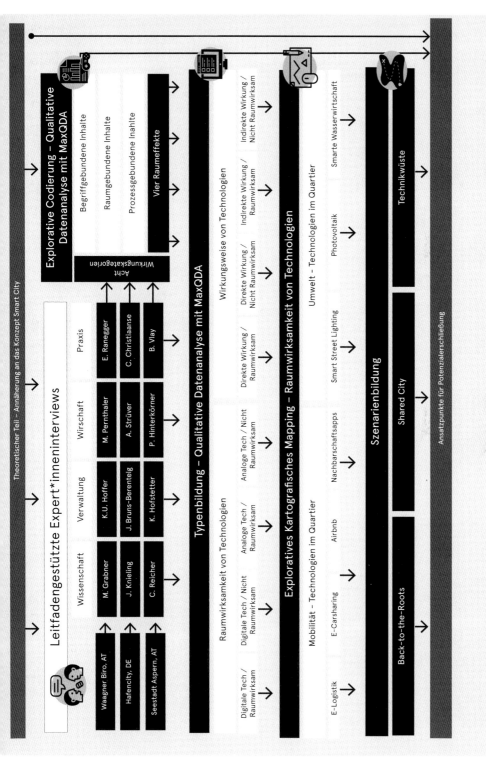

*Quelle: Eigene Darstellung*

Globale IKT-Unternehmen bieten zunehmend digitale Lösungen für die Städte der Zukunft, ohne dabei stadt-räumliche Konsequenzen zu berücksichtigen. Dabei sind die räumlichen Auswirkungen digitaler Technologien schon heute zu beobachten. Ein Teil der technologischen Auswirkungen bringt Risiken für den Stadtraum mit sich, wie anhand von digital-basierte Kurzzeitvermietung, oder reparaturbedürftiger Fahrzeuge von IKT-gestützte Sharing-Angeboten, wie E-Skooter ersichtlich ist. Dadurch ist bereits jetzt (2021) eine unbewusste doch reale räumliche Mitbestimmung globaler IT-Dienstleister beispielsweise über die Flächenverteilung in Stadträumen festzustellen.

## In der Nussschale

### Ausgangslage

1.1 Aktualität und Relevanz
1.2 Problemstellung
1.3 Stand der Forschung
1.4 Forschungslücke
1.5 Hypothesen
1.6 Fragestellungeen
1.6.1 Zielsetzung
1.6.2 Struktur der Arbeit
1.6.3 Bedeutung der Arbeit
1.6.4 Grenzen der Arbeit

### Theoretischer Teil, Labor

2.1 Vorgehen Kernkonzept
2.2 Entstehung und Entwicklung
2.3 Konzeptionelle Modellanalyse
2.4 Begriffsnetzwerk
2.5 Kontexte
2.6 Zusammenfassung

### Empirischer Teil, Feld

3.0 Expert*inneninterviews
3.1 Vorgehen
3.2 HafenCity
3.3 Seestadt
3.4 Waagner Biro
3.5 Zusammenfassung

4.0 Explorative Codierung
4.1 Vorgehen
4.2 Begriffsgebundene Inhalte
4.3 Raumgebundene Inhalte
4.4 Prozessgebundene Inhalte
4.5 Zusammenfassung

5.0 Typenbildung
5.1 Vorgehen
5.2 Raumwirksamkeit von Technologien
5.3 Wirkung von Technologien
5.4 Zusammenfassung

6.0 Explorative Kartografie
6.1 Vorgehen
6.2 Moblität
6.3 Umwelt
6.4 Zusammenfassung

7.0 Szenarien
7.1 Vorgehen
7.2 Back to the Roots
7.3 Shared City
7.4 Technikwüste
7.5 Zusammenfassung

### Refelxion, Fazit und Ausblick

9. Einordnung und Reflexion
9.1 Raumwirksamkeit von Techno-logien
9.2 Räumliche Wirkungsaspekte
9.3 Wirkungstypen
9.4 Räumliche Potenziale
9.5 Bedeutung für Disziplin
9.6 Ansatzpunkte zur Erschlie-ßung der räumlichen Potenziale
10. Fazit
10.1 Erkenntnisgewinn
10.2 Schlussfolgerungen
10.3 Limitationen
10.4 Weiterer Forschungsbedarf
10.5 Abschließende Bemerkungen

## Hypothese

**2 Litaraturdiskussion** — H1 Der Begriff Smart City beschreibt im DACH-Raum die physisch räumlichen Auswirkungen der digitalen Transformation.

**5 Interviews**

**6 Coding** — H2 Digitalisierung im Stadtraum führt zu Ver-änderung der Wahrnehmung, Flächenverteilung, Nutzung, Dimensionierung, aber auch der physischen Gestalt von Quartiersräumen.

**7 Typologie**

**8 Kartografie** — H3) Wenn die stadtrelevanten Disziplinen sich die techno-logischen Entwicklungen im Digitalisierungsprozess für die Qualität im Quartier zunutze machen und aktiv gestalten, dann kann die digitale Transformation wesentliche Chancen und Potenziale für die Stadtraum bedeuten.

**9 Szenarien**

## Forschungsfrage

Welche Bedeutungsebe-nen hat der Begriff Smart City? Welche inhaltlichen Ausrichtungen von Smart City bestehen in der inter-nationalen Fachliteratur? Wie wird der Begriff Smart City verstanden? Besteht e Zusammenhang zwischen Technologie und räumliche Transformation?

Wodurch manifestiert sich die Digitalisierung im physi-schen Stadtraum? Welche räumlichen Auswirkungen im physischen Stadtraum und auf der Quartiersebene haben Technologien?

Welche räumlichen Aus-wirkungen im physischen Stadtraum bewirken Techno logien? Welche räumlichen Aspekte und Ausprägungen von technologischen Auswirkungen im physische Stadtraum können ermittel werden? Lassen sich Cluste und Schwerpunkte ableiter

Wie verändert Digitalisierur den physischen Stadtraum? Auf welche Art und Weise wirken Technologien auf de Stadtraum? Welche Muster der räum-lichen Raumwirksamkeit von Technologien lassen sich erkennen und welche Typologien können gebilde werden?

Welche Potenziale für den Stadtraum können durch d räumlichen Auswirkungen von Technologien entstehe

Welche Folgen sind zu erwarten und welche Handlungsbedarfe entstehe durch die Digitalisierung? Welche Ausrichtung der Disziplin ist notwendig?

| Methode | Ergebnis | Abgleich Literatur | Mehrwert | |
|---|---|---|---|---|

**Literaturrecherche** in internationalen Fachdatenbanken und Wissenschaftsplattformen wie Science Direct, Reuthers, Web of Science, usw.

Bis auf zwei Studien im DACH-Raum wird die physische Raumwirksamkeit durch Technologien in der Wissenschaft nicht erfasst. Die Studien von Soike et al. und Engelke legen erste Ergebnisse offen und zeigen auf, dass sich Räume in Folge der Digitalisierung verändern.

Bisher spielt die räumliche Transformation in Zuge der Digitalisierung im Kontext von Smart City keine Rolle und wird bisher in der Wissenschaft nicht erwähnt und nicht miteinander in Verbindung gebracht. Der Forschungsstand ist derzeit nicht nur lückenhaft, sondern noch kaum vorhanden.

Die Arbeit zeigt in einer breiten internationalen Literaturrecherche, dass räumliche Veränderung im realen physischen Stadtraum im Smart City Konzept keine Rolle spielt.

Lösungsansätze

Integrierte Planung durch Multi- und Transdiziplinatität

---

**Leitfadengestützte Expert\*inneninterviews** mit skribierten Datensätzen der vier Fokusgruppen, Wissenschaft, Wirtschaft, Verwaltung und Praxis

Die Expert\*innen zeigen sich weitgehend reserviert bezüglich der Raumwirksamkeit von Technologien. Sie äußern teilweise Bedenken, nennen jedoch wenige Beispiele für räumliche Effekte von Technologien. Dieses Ergebnis ist überraschend. Die Annahme war, dass die Expert\*innen sich stärker mit den räumlichen Konsequenzen der Digitalisierung auseinandersetzten.

Die Ergebnisse aus den Interviews entsprechen weitestgehend den Erkenntnissen aus den zwei einschlägigen Studien von Soike et al. und Engelke. Es besteht eine vage Vermutung unter den planenden Disziplinen, dass sich Technologien räumlich auswirken, doch keine konkrete Vorstellung, wie das geschieht.

Die Arbeit zeigt anhand von qualitativen Expert\*inneninterviews erstmalig, dass Technologien derzeit (2021) kaum direkte Raumwirkung haben, jedoch indirekte räumliche Veränderungen bewirkt. Der physische Stadtraum ist für das Smart City Konzept relevant da er durch die Digitalisierung beispielsweise bereits jetzt Nutzungsänderungen erfährt.

Integration Digitalisierung in universitären Curricula

Experimentelle Herangehensweise durch Planen und Prüfen

---

**Exploratives Coding** induktiv und deduktiv gehen einer qualitativen Inhaltsanalyse nach Kuckartz mit der Software MaxQDA

Drei übergeordnete Kategorien wurden identifiziert: begriffsgebundene, raumgebundene und prozessgebundene Inhalte. Unter den raumgebundenen Erkenntnissen lässt sich ein Schwerpunkt im Potenzial von Technologien feststellen, Verkehrsflächen zurückzugewinnen. Ein zweiter inhaltlicher Schwerpunkt bildet die Forderung Qualität vor Effizienz.

Die raumbezogenen Argumente, die in den Studien von Soike et al. und Engelke aufgeführt sind – wie die erwarteten räumliche Veränderungen durch KEP-Dienste, autonomes Fahren, Änderungen im Mobilitätsverhalten, Sharing-Angebote, oder Nutzungskonkurrenzen – konnten durch die Expert\*inneninterviews der vorliegenden Arbeit bestätigt werden.

Einen Mehrwert bietet die vertiefte Analyse der Zusammenhänge zwischen Begriffsverständnis, Raum und Prozess. Erstmalig wurden Expert\*innen aus den Bereichen Verwaltung und Wirtschaft, neben den Fokusgruppen Wissenschaft und Praxis einbezogen. Technologien können nur zur Lösung eindimensionaler Probleme beitragen. In komplexen Zusammenhängen, die in der Planung üblich sind, können Technologien weitere Probleme und Risiken mit sich bringen.

Disziplinäre Instrumente für inkrementelles Planens

---

**Typenbildung** durch qualitativen Inhaltsanalyse nach Kuckartz mit der Software MaxQDA

Die Typenbildung hat ergeben, dass der technologische Einsatz im Stadtraum sowohl quantitative als auch qualitative Effekte mit sich bringt. Letztere können für den Stadtraum und für die Qualität des Stadtraums nicht nur positive, sondern auch negative Folgen haben. Technologien die sich räumlich nicht auswirken können der technischen Optimierung und können die Lebensqualität im Stadtraum nicht erhöhen.

Es wird erstmalig auf gesonderte Technologien eingegangen, während die einschlägigen Studien zum Thema übergeordnet die Raumwirksamkeit anhand technologischer Trends untersuchen. Auch die differenzierte Unterscheidung in Potenziale und Risiken, aber auch direkten und indirekten Wirkungen in der Untersuchung bringt einen zusätzlichen Mehrwert für die wissenschaftliche Diskussion.

Der Erkenntnisgewinn liegt in der strukturierten Typologisierung räumlicher Auswirkungen von Technologie, auf Grundlage von Expert\*inneninterviews. Zudem ist die indirekte Raumwirksamkeit bisher in keiner Studie thematisiert worden. Dabei ist die Haupterkenntnis, dass die Digitalisierung meist indirekt auf den Stadtraum wirkt. Das verdeutlicht die Notwendigkeit den Stadtraum vor den Risiken der Digitalisierung zu schützen, aber auch die Chancen der digitalen Transformation zu nutzen.

Weiterer Forschungsbedarf und breite Diskussion

---

**Explorative Kartografie** räumliches Mapping anhand von axonometrischen Zeichnungen

Einzelne Technologien haben kaum eine Raumwirkung, aber technologische Systeme bewirken räumliche Transformationen. Systemische Veränderungen müssen ganzheitlich im Raum geplant werden (Smart-Spatial-Nexus). Singuläre Technologien sind nicht in der Lage komplexe Probleme zu lösen.

Einzigartig bisher in der Wissenschaft ist eine dreidimensionale explorative Annäherung an die Darstellung und Sichtbarmachung von möglichen räumlichen Veränderungen durch IKT-gestützte Technologien. Die kartografischen Darstellungen zeigen ganz konkret auf wie sich die unterschiedlichen räumlichen Veränderungen potentiell im Stadtraum materialisieren könnten.

Einen besonderen Mehrwert bringt die Erkenntnis, dass einzelne Technologien in einem technologischen Netzwerk bzw. System gedacht werden müssen, um ihr Potenzial zur stadt-räumlichen Qualifizierung auszuschöpfen.

Erhöhte Nutzungsintensität und Nutzungsverdichtung

Mehrfachnutzung – Multiple Raumüberlagerung

---

**Szenarienbildung**

Die drei Szenarien, Back to the Roots, Shared City und Technikwüste zeigen unterschiedliche räumliche Entwicklungsrichtungen der Stadt in der Zukunft unter den Rahmenbedingungen der Digitalisierung auf und beschreiben mögliche Folgen, Chancen aber auch Risiken.

Die Entwicklung von räumlichen Szenarien mit unterschiedlichen Digitalisierungsgraden und verschiedenen Zukünfte der digitalen Transformation im Stadtraum ist ein erstmaliger Ansatz in der Forschung. Zuvor wurde der Bedarf solcher Szenarienbildung von Soike et al. erwähnt.

Mit der fortschreitenden Digitalisierung nimmt der Technologisierungsgrad im Stadtraum zu. Nicht nur Smart City Entwicklungen, sondern in den meisten Neubauquartieren und Bestandquartiere werden Technologien im Stadtraum eingesetzt, um mit dem technologischen Fortschritt mitzuhalten. Das Worst-case-Szenario Technikwüste droht einzutreten, wenn der hohe Technologisierungsgrad mit einem niedrigen Raumgestaltungsausmaß gepaart ist.

Nutzungsoffenheit – Oberflächenfreiheit, multicodierte Flächen

Bedarfsvermeidung

---

▶74  Gesamtbetrachtung in einer Nussschale. *Quelle: Eigene Darstellung*

# Endnoten

1   Wie Web of Science, Scopus, Avery Index to Architectural Periodicals EBSCO, auf Wissenschaftsverlage wie Elsevier, Wiley, Springer, sowie Taylor & Francis Online, Google Scholar, Social Science Research Network (SSRN) und Researchgate.

2   Zum Beispiel auf Scopus mit unterschiedlichen Abfragezeichenfolge (Query Strings).

3   In der Google Trends Analyse zeigt der Vergleich von verwandten Begriffen, »Smart City«, »Digital City«, »Ökostadt«, »Resiliente Stadt« und »Stadt der kurzen Wege« zwischen 2004–2021, wie der Begriff »Digital City« bis 2010 abgeflacht ist, dafür etwa seit 2010 die Suche nach dem Begriff »Smart City« deutlich zugenommen hat. Seit 2016 hat sich die Häufigkeit der »Smart City«-Suche auf ein Niveau eingependelt und unterliegt seitdem nur geringfügigen Schwankungen.

4   »Sustainable development is development that meets the needs of the present without compromising the ability of future generations to meet their own needs. It contains within it two key concepts: the concept of ›needs‹, in particular the essential needs of the world's poor, to which overriding priority should be given; and the idea of limitations imposed by the state of technology and social organization on the environment's ability to meet present and future needs.« (United Nations, 1987, S. 37)

5   In diesem Zusammenhang stehen die Konzepte *New Urbanism* und *New Pedestrianism*, welche eine gemeinwohl-orientierte und gemeinschaftliche Antwort auf die damaligen Probleme in Verkehr, oder Umweltschutz darstellen und in den 80ger Jahren in den USA entstanden sind.

6   Geht auf Wolman (1965) zurück, er beschreibt die Stadt als Ökosystem.

7   Raumwirksamkeit der Digitalisierung – HSR Rapperswil.

8   Räumliche Dimensionen der Digitalisierung – Difu.

9   Smart Markets sind »marktwirtschaftliche Plattformen für die Energieverteilung« (Soike et al., 2019, S.22).

10  Räumliche Dimensionen der Digitalisierung – Querschnittstudie Partnerschaft der Österreichischen Raumordnungskonferenz (Örok).

11  Siehe dazu auch Dumke, H., Fischbäck, J., Hirschler, P.und Kronberger-Nabielek, P. (2017). EnergieRaumPlanung für Smart City Quartiere und Smart City Regionen (ERP_hoch3). BMVIT.

12  Codedefinition: Dieser Code wird verwendet, wenn man beschreiben will, wie sich digitalgestützte Technologien in jeglicher Form auf den Raum auswirken und eine Veränderung hervorbringen. Diese Veränderung kann physisch räumlich sein, das heißt der Raum verändert sich in seiner Form, oder aber sie kann sozial sein, das heißt, der Raum verändert sich zwar nicht als euklidischer Raum die Nutzung im Raum erfährt jedoch eine Veränderung. Ankerbeispiel:»Wenn es zum autonomen Fahren kommen würde und wenn es wirklich dazu führt, dass dann die Anzahl der einzelnen Autos sich verringert, dann könnte das tatsächlich auch für die Stadtplanung einen innovativen Schub bringen. Denn dann würden wir sehr viel Parkraum gewinnen, der aufgelöst werden könnte. Das ist aber eine Entwicklung, die wirklich noch lange in der Zukunft liegt.« (Knieling, 2020, pos.20)

13  Verdichtung derselben Nutzung auf der gleichen Fläche (zum Beispiel mehr Autos auf der gleichen Fläche) und Effizienzsteigerung in der Nutzung der Raumressourcen.

14  Steigerung der Nutzungsintensität derselben Objekte (zum Beispiel Straßenraum wird für Mobilität, oder für Bürger*innenfeste genutzt).

15  Codedefinition: Dieser Code wird genutzt, wenn eine digitale Technologie keine im Stadtraum sichtbare Veränderung in der physischen Gestalt oder Nutzung des Raumes bewirkt. Ankerbeispiel: »Sie haben sich zum Beispiel damit auseinandergesetzt, wie man aus der Wasserleitung, wo wir aus der Steiermark quasi unser Trinkwasser beziehen, wie man aus dem Wasserfluss Energie gewinnen kann. Durch kleine Minikraftwerke, die quasi in diesen Wasserrohren eingebaut sind.« (Hofstetter, 2020, pos. 17)

16  Codedefinition: Dieser Code wird verwendet, wenn eine analoge Technologie eine positive oder negative Auswirkung auf den Raum hat. Der Stadtraum wird dadurch in seiner räumlichen Gestalt oder Nutzung verändert. Ankerbeispiel: »Ein anderes cleveres Konzept was meiner Meinung nach, dort den Raum wesentlich verändert ist das neue Müll-Konzept. Sie haben unterirdische Müll-Sammelanlagen mit sehr kleinen Einwurföffnungen. Allein, dass man diese riesigen Müllinseln, die man in anderen Städten sieht, dort nicht mehr sieht, weil sie unter der Erde verschwunden sind und auch nicht mehr riecht, das ist eine wesentliche Qualitätssteigerung.« (Ranegger, 2019, pos. 15)

17  Codedefinition: Dieser Code wird verwendet, wenn analoge Technologien eingesetzt und genutzt werden, diese jedoch keine räumliche Wirkung oder Veränderung im Stadtraum verursachen. Ankerbeispiel: »Was für das Quartier toll wäre, ist eine Art Lastenräder-Sharing. Wenn man das plant, dass jeder Block ein Lastenrad hat, so wie jeder Block eine Gemeinschaftsküche und eine Gemeinschaftsdachterasse hat.« (Strüver, 2019, pos. 43)

18 Codedefinition: Dieser Code wird angewendet, wenn digitale oder analoge Technologien eine direkte, unmittelbare Wirkung im Stadtraum erzeugen, sei diese in der Gestalt oder in der Nutzung des Raums.
Ankerbeispiel: »Bei der Energieversorgung geht es immer um Wärme, Kälte und es geht um Strom. Natürlich haben wir vorgesorgt, dass alle Dächer, alle Flachdächer und teilweise auch Fassaden die günstig liegen für Photovoltaik – für Stromgewinnung vorzusehen sind.« (Hoffer, 2020, pos. 10)

19 Codedefinition: Dieser Code wird eingesetzt, wenn Technologien sich direkt auswirken und Veränderungen in der Umwelt erzielen, diese jedoch nicht im Stadtraum sichtbar werden und dort keine Veränderung bewirken. Das ist beispielsweise bei vielen unterirdischen Infrastrukturen der Fall.
Ankerbeispiel: »Smarte Quartiere könnten zum Teil ganz genauso aussehen wie konventionelle Quartiere, haben aber zum Beispiel im Bereich der Energieversorgung ein anderes System, was eventuell weniger energieaufwendig ist. Sie könnten im Bereich der Abwasser- und Wassertechnologien andere Systeme verwenden, die neuere Technologien einsetzen. Ob das aber immer eine andere räumliche Qualität bringt, das hängt sehr davon ab, welche Infrastrukturen das sind.« (Knieling, 2020, pos. 13)

20 Codedefinition: Dieser Code wird verwendet, wenn Technologien sich in zweiter Instanz, indirekt auf den Stadtraum auswirken und dort eine sichtbare Veränderung veranlassen. Diese Wirkung kann sich in der Gestalt oder in der Nutzung manifestieren und kann einerseits einen Mehrwert bieten, andererseits ein Risiko für den Raum darstellen.
Ankerbeispiel: »Vielleicht einer der letzten wichtigsten Punkte ist dann natürlich die Wiederbelebung von Produktion in der Stadt. Weil Produktion durch die Technologie still und sauber und emissionslos geworden ist, und die Logistik weniger belastend. Dadurch wird es wieder möglich, in der Stadt zu produzieren. Und dadurch, dass wir digitale Technologie haben, werden Produktionsprozesse günstiger, und brauchen wir die Produktion nicht unbedingt mehr in die Dritte Welt zu schicken. Dadurch entsteht eine neue Chance für produzierendes Gewerbe in städtischen Umgebungen. Das ist auch rein eine Folge der digitalen Entwicklung.« (Christiaanse, 2020, pos. 12)

21 Besteller-Qualität bedeutet, dass die Auftraggeber*in mit der Definierung der Aufgabe und des Qualitätsanspruchs wesentlich das Ergebnis mitbestimmt.

22 Codedefinition: Dieser Code wird genutzt, wenn sich analoge oder digitale Technologien nicht direkt, sondern indirekt auswirken und keine stadträumliche Relevanz haben, da ihre Wirkung in zweiter Instanz sich nicht im physischen Stadtraum abbildet.
Ankerbeispiel: »Es gibt die Urban Data Plattform. Also eine Plattform wo Daten zum einen, sagen wir mal, für den Planungsprozess auch drin erhoben werden (unverständlich) so angelegt ist, dass tendenziell auch lauter Daten über einer vereinheitlichten Plattform und Formatvorgabe im Prinzip in einer stadteigenen Cloud erfasst werden können die dann zum Beispiel auch für Monitoring, Echtzeit-Prozesse herhalten können. Also, ich glaube im Hintergrund gibt es schon auch eine Menge vieler Einzelprojekte die sich quasi bisher mit den Grundlagen dazu beschäftigen.« (Bruns-Berentelg und Gilliard, 2020, pos. 28)

23 E-Carsharing (stationsbasiert) mit Induktionsladestationen (Wireless Charging) an Multimodalen Knoten.

24 Peer-to-Peer-Accomodation (P2P) und Übernachtungsplattformen.

25 Siehe auch Bendiks, S., Degros, A. (2019). Traffic space – public space ein Handbuch zur Transformation. Park Books.

26 Autonomes und automatisiertes Fahren werden hier synonym verwendet, da der Automatisierungsgrad für diese Arbeit nicht relevant ist

27 (85 zu 19 Nennungen).

28 (50 zu 15 Nennungen).

29 (53 zu 14 Nennungen).

30 (69 zu 10 Nennungen).

31 Siehe dazu auch Weiterbildungskurs »Smarte Quartiersentwicklung in kleinen und mittelgroßen Städten«, Institut für Städtebau TU Graz.

32 Siehe dazu Projekt SCALE, Würz-Stalder, A. (2020). SCALE – Smart Cities Advanced Learning Education. Verfügbar unter: https://www.fh-joanneum.at/projekt/scale-smart-cities-advanced-learning/.

# Literaturverzeichnis

Agora Verkehrswende. (2018). *Bikesharing im Wandel – Handlungsempfehlungen für deutsche Städte und Gemeinden zum Umgang mit stationslosen Systemen.* Agora Verkehrswende. Abgerufen am 09.09.2023. Verfügbar unter: https://www.agora-verkehrswende.de/fileadmin/Projekte/2018/Stationslose_Bikesharing_Systeme/Agora_Verkehrswende_Bikesharing_WEB.pdf

Alawadhi, S., Aldama-Nalda, A., Chourabi, H., Gil-Garcia, J. R., Leung, S., Mellouli, S., Nam, T., Pardo, T. A., Scholl, H. J. und Walker, S. (2012). *Building Understanding of Smart City Initiatives. Electronic Government*, Berlin. Abgerufen am 09.09.2023. Verfügbar unter: https://link.springer.com/content/pdf/10.1007%2F978-3-642-33489-4.pdf

Albino, V., Berardi, U. und Dangelico, R. M. (2015). Smart Cities: Definitions, Dimensions, Performance, and Initiatives. *Journal of Urban Technology*, 22(1), S. 3–21. Abgerufen am 09.09.2023. Verfügbar unter: https://www.tandfonline.com/doi/abs/10.1080/10630732.2014.942092

Allwinkle, S. und Cruickshank, P. (2011). Creating smarter cities: an overview. *Journal of Urban Technology*, 18(2), S. 1–16. Abgerufen am 09.09.2023. Verfügbar unter: https://www.tandfonline.com/doi/abs/10.1080/10630732.2011.601103

Angelidou, M. (2014). Smart city policies: A spatial approach. *Cities*, 41, S. 3–11. Abgerufen am 09.09.2023. Verfügbar unter: https://doi.org/10.1016/j.cities.2014.06.007

Angelidou, M., Psaltoglou, A., Komninos, N., Kakderi, C., Tsarchopoulos, P. und Panori, A. (2017). *Enhancing sustainable urban development through smart city applications.* Abgerufen am 09.09.2023. Verfügbar unter: https://doi.org/10.1108/JSTPM-05-2017-0016

Anthopoulos, L. (2017). The Rise of the Smart City. *In Understanding Smart Cities: A Tool for Smart Government or an Industrial Trick?* S. 5–45. Springer International Publishing. Abgerufen am 09.09.2023. Verfügbar unter: https://link.springer.com/book/10.1007/978-3-319-57015-0

Ballas, D. (2013). What Makes a ›Happy City‹? *Cities*, 32(1), S. 39–50. Abgerufen am 09.09.2023. Verfügbar unter: https://www.sciencedirect.com/science/article/pii/S0264275113000504

Barns, S. (2020). *Platform Urbanism – Negotiating Platform Ecosystems in Connected Cities.* Palgrave Mac Millan. Abgerufen am 09.09.2023. Verfügbar unter: https://link.springer.com/content/pdf/10.1007%2F978-981-32-9725-8.pdf

Batty, M., Axhausen, K. W., Giannotti, F., Pozdnoukhov, A., Bazzani, A., Wachowicz, M., Ouzounis, G. und Portugali, Y. (2012). Smart cities of the future [Article]. *European Physical Journal-Special Topics*, 214(1), S. 481–518. Abgerufen am 09.09.2023. Verfügbar unter: https://doi.org/10.1140/epjst/e2012-01703-3

Bauriedl, S. und Struver, A. (2018). *Smart City – Kritische Perspektive auf die Digitalisierung in Städten.* Transcript.

Bauriedl, S. und Struver, A. (2020). Platform Urbanism: Technocapitalist Production of Private and Public Spaces. *Urban Planning*, 5(4), S. 267–276. Abgerufen am 09.09.2023. Verfügbar unter: https://doi.org/10.17645/up.v5i4.3414

Bayerisches Staatsministerium für Wohnen, B. u. V. (2020). *Modellprojekt »Smart Cities Smart Regions – Kommunale Digitalisierungsstrategien für Städtebau und Mobilität der Zukunft«.* Bayerisches Staatsministerium für Wohnen, Bau und Verkehr. Abgerufen am 09.04.2021. Verfügbar unter: https://www.smartcitiessmartregions.bayern.de/

BBSR. (2015). *Smart Cities International – Strategien, Strukturen und Pilotvorhaben.*

BBSR. (2017). *Smart City Charta — Digitale Transformation in den Kommunen nachhaltig gestalten.* Bundesinstitut für Bau- Stadt- und Raumforschung. Abgerufen am 09.09.2023. Verfügbar unter: http://www.bbsr.bund.de/BBSR/DE/Veroeffentlichungen/Sonderveroeffentlichungen/2017/smart-city-charta-dl.pdf?__blob=publicationFile&v=2

BBSR. (2018). *Verkehrlich-Städtebauliche Auswirkungen des Online-Handels.*

Bendiks, S. und Degros, A. (2019). *Traffic space – public space. Ein Handbuch zur Transformation.* Park Books.

Berchtold, M. (2016). *Sich ein Bild machen: Die Rolle von GIS als Werkzeug bei Aufgaben in Räumen mit unklarer Problemlage:* [Dissertation]. Karlsruher Institut für Technologie (KIT). Abgerufen am 09.09.2023. Verfügbar unter: https://publikationen.bibliothek.kit.edu/1000060125

Berenskötter, F. (2016). Approaches to Concept Analysis. *Millennium: Journal of International Studies* (45(1)). Abgerufen am 09.09.2023. Verfügbar unter: http://eprints.soas.ac.uk/22419/

Blühdorn, I. (2020). Plattformurbanismus in Europa. Beitrag zu einer nachhaltigen Stadtentwicklung? Wien. Abgerufen am 09.09.2023. Verfügbar unter: https://www.wu.ac.at/fileadmin/wu/d/i/ign/Plakat_Einladung_IGN_RS_Sybille_Bauriedl_2020.06.25_final.pdf

BMKÖS. (2019). *Projekt »Platform Austria« von Peter Mörtenböck und Helge Mooshammer gewinnt erste Ausschreibung* Bmkoes. Abgerufen am 28.04.21. Verfügbar unter: https://www.bmkoes.gv.at/Kunst-und-Kultur/bildende-kunst-architektur-design-mode-fotografie-medienkunst/biennale-venedig/projekt-platform-austria-gewinnt-erste-ausschreibung-zur-biennale-venedig-2020.html

BMU. (2018). *1. Nationales Wasserforum – Diskussionspapier*. Bundesministerium für Umwelt. Abgerufen am 09.09.2023. Verfügbar unter: https://www.fresh-thoughts.eu/userfiles/file/Diskussionspapier_Wasserdialoge_upload.pdf

Bruck, E. (2021). *Querschnittstudie Räumliche Dimensionen der Digitalisierung* [Online Präsentation]. Örok – Räumliche Dimensionen der Digitalisierung, R. Scheuvens, Örok. Abgerufen am 09.09.2023. Verfügbar unter: https://www.oerok.gv.at/fileadmin/user_upload/Bilder/2.Reiter-Raum_u._Region/3.Themen/Digitalisierung/OEREK_Partnerschaft_Programm_Fachveranstaltung_1.pdf

Bruns-Berentelg, J. und Gilliard, L. (2020). *Leitfadengestütztes Expert\*inneninterview – Smarte Räume*. Seminar Städtebauliche Forschung, D. Sauer, TU Graz.

Bundesamt für Raumentwicklung ARE. (2017). *Digitalisierung in der Raumentwicklung* (Forum – Raumentwicklung, Heft. Abgerufen am 09.09.2023. Verfügbar unter: https://www.arl-net.de/system/files/media-shop/pdf/pospapier/pospapier_136.pdf

Burdett, R. R., Philipp. (2012). Urban Age Conference. The Electric City, London.

Calzada, I. und Cobo, C. (2015). Unplugging: deconstructing the smart city. *Journal of Urban Technology*, 22(1), S. 23–43. Abgerufen am 09.09.2023. Verfügbar unter: http://www.redi-bw.de/db/ebsco.php/search.ebscohost.com/login.aspx%3fdirect%3dtrue%26db%3dbvh%26AN%3d731494%26lang%3dde%26site%3dehost-live

Caragliu, A., Del Bo, C. und Nijkamp, P. (2011). Smart cities in Europe. *Journal of urban technology*, 18(2), S. 65–82. Abgerufen am 09.09.2023. Verfügbar unter: https://www.tandfonline.com/doi/abs/10.1080/10630732.2011.601117

Cellary, W. (2013). *Smart governance for smart industries*. Proceedings of the 7th International Conference on Theory and Practice of Electronic Governance, Seoul, Republic of Korea. Abgerufen am 09.09.2023. Verfügbar unter: https://doi.org/10.1145/2591888.2591903

Chang, D., Marques, J., Costa, E., Selig, P. und Yigitcanlar, T. (2018). Knowledge-based, smart and sustainable cities: A provocation for a conceptual framework. *Journal of Open Innovation: Technology, Market, and Complexity*, 4. Abgerufen am 09.09.2023. Verfügbar unter: https://doi.org/10.1186/s40852-018-0087-2

Chen, J. (2020). *Collaborative Consumption*. Indestopedia. Abgerufen am 30.04.21. Verfügbar unter: https://www.investopedia.com/terms/c/collaborative-consumption.asp

Christiaanse, K. (2020). *Leitfadengestütztes Expert\*inneninterview – Smarte Räume* [Onlineinterview]. Seminar Städtebauliche Forschung, V. Yeretska, TU Graz.

Club of Rome. (2019). *Vom urbanen Metabolismus zu einer fairen und Kreislauffähigen Stadt-Umland-Beziehung*. Club of Rome. Abgerufen am 30.04.21. Verfügbar unter: https://www.clubofrome.at/vom-urbanen-metabolismus/#

Darnhofer-Klamminger, B. (2020). *Airbnb* [Seminararbeit]. Seminar Städtebauliche Forschung R. Radulova-Stahmer, TU Graz.

De Guimarães, J. C. F., Severo, E. A., Felix Júnior, L. A., Da Costa, W. P. L. B. und Salmoria, F. T. (2020). Governance and quality of life in smart cities: Towards sustainable development goals. *Journal of Cleaner Production*, 253, S. 119926. Abgerufen am 09.09.2023. Verfügbar unter: https://doi.org/10.1016/j.jclepro.2019.119926

De Jong, W. M., Joss, S., Schraven, D., Zhan, C. und Weijnen, M. (2015). Sustainable–Smart–Resilient–Low Carbon–Eco–Knowledge Cities; Making sense of a multitude of concepts promoting sustainable urbanization. *Journal of Cleaner Production*, 109, S. 25–38. Abgerufen am 09.09.2023. Verfügbar unter: https://doi.org/10.1016/j.jclepro.2015.02.004

Degros, A.und Cleene, M. (2013). *Brussels, (re)discovering its spaces public spaces in the sustainable neighbourhood contracts*. Brussels Capital Region.

Degros, A. und Schwab, E. (2018). *ECR Smart City Graz*. Institut für Städtebau, TU Graz.

Degros, A. und Schwab, E. (2019). *GAM 15* (D. Gethmann, P. Eckhard, U. Hirschberg, P. Petersson & A. Lechner, Hrsg.). JOVIS, Berlin.

Deutsches Institut für Urbanistik. (2014). *Smart City: Herausforderung für die Stadtentwicklung* Difu-Berichte, Heft. Difu. Abgerufen am 09.09.2023. Verfügbar unter: https://difu.de/sites/default/files/archiv/publikationen/zeitschriften/difu-berichte/difu-berichte-2014-2.pdf

Dumke, H., Fischbäck, J., Hirschler, P. und Kronberger-Nabielek, P. (2017). *EnergieRaumPlanung für Smart City Quartiere und Smart City Regionen (ERP_hoch3)*. BMVIT. Abgerufen am 09.09.2023. Verfügbar unter: https://nachhaltigwirtschaften.at/resources/sdz_pdf/berichte/endbericht_2017-16_erphoch3.pdf

Durán-Sánchez, A., Rama, D., Sereno-Ramírez, A. und Bredis, K. (2017). Sustainability and Quality of Life in Smart Cities: Analysis of Scientific Production. In In *Sustainable Smart Cities*, S. 159–181.

Ebenführer, A. (2020). *Wireless Charching* [Seminararbeit]. Seminar Städtebauliche Forschung, R. Radulova-Stahmer, TU Graz.

Engelke, D. (2017). *Die Digitalisierung definiert den Raum neu*. In Forum Raumentwicklung, 2/17.

Engelke, D., Hagedorn, C., Schmitt, H.-M. und Büchel, C. (2019). *Raumwirksamkeit der Digitalisierung – Ergebnisse einer breit angelegten Delphi Umfrage*. HSR Hochschule für Technik Rapperswil OST – Ostschweizer Fachhochschule. Abgerufen am 15.12.2020. Verfügbar unter: https://raumdigital.hsr.ch/de/raumwirksamkeit-der-digitalisierung

Eremia, M., Toma, L. und Sanduleac, M. (2017). The Smart City Concept in the 21st Century. *Procedia Engineering*, 181, S. 12–19. Abgerufen am

09.09.2023. Verfügbar unter: https://doi.org/https://doi.org/10.1016/j.proeng.2017.02.357

Esser, K. und Kurte, J. (2018). *Autonomes Fahren – Aktueller Stand, Potentiale und Auswirkungsanalyse.*

European Parliament. (2014). Mapping Smart Cities in the EU. In E. Union (Hrsg.) European Union: European Parliament. Abgerufen am 09.09.2023. Verfügbar unter: https://www.europarl.europa.eu/RegData/etudes/etudes/join/2014/507480/IPOL-ITRE_ET(2014)507480_EN.pdf

Evans, J., Karvonen, A. und Raven, R. (2016). The Experimental City: New Modes and Prospects of Urban Transformation. S.1–12. Abgerufen am 09.09.2023. Verfügbar unter: https://www.researchgate.net/publication/322165414_The_Experimental_City_New_Modes_and_Prospects_of_Urban_Transformation

Exner, J.-P. (2014). *Smart Planning & Smart Cities.*

Felce, D. und Perry, J. (1995). Quality of life: Its definition and measurement. *Research in Developmental Disabilities*, 16(1), S. 51–74. Abgerufen am 09.09.2023. Verfügbar unter: https://doi.org/10.1016/0891-4222(94)00028-8

Fellner, M., Zelger, T., Leibold, J., Huemer-Kals, V., Kleboth, A., Granzow, I., Storch, A., Schieder, W. und Fleischhacker, A. (2020). *Energie- und lebensqualitätsoptimierte Planung und Modernisierung von Smart City-Quartieren* Smart City MIKROQUARTIERE Heft. Abgerufen am 09.09.2023. Verfügbar unter: https://nachhaltigwirtschaften.at/resources/sdz_pdf/schriftenreihe-2020-26-smart-city-mikroquartiere.pdf

Funk, S., Krauss, J. und Heydkamp, C. (2020). *»Digital.Labor« -Co-Kreation für die Digitale Stadt von Morgen.*

Future.Lab. (2021). *Raum und Digitalisierung.* TU Wien. Abgerufen 09.09.2023. Verfügbar unter: https://www.oerok.gv.at/fileadmin/user_upload/Bilder/2.Reiter-Raum_u._Region/3.Themen/Digitalisierung/futurelab_Magazin_15_Raum_und_Digitalisierung.pdf

Gebhardt, L., Klemme, M. und Wiegandt, C.-C. (2014). Bürgerbeteiligung und Bürgerengagement in Zeiten der Digital moderne – Drei Thesen. *disP – The Planning Review*, 50, S. 111–120. Abgerufen am 09.09.2023. Verfügbar unter: https://doi.org/10.1080/02513625.2014.979050

Giffinger, R., Fertner, C., Kramar, H., Kalasek, R., Pichler-Milanovic, N. und Meijers, E. (2007). *Smart cities. Ranking of European medium-sized cities.* V. U. Centre of Regional Science. Abgerufen am 09.09.2023. Verfügbar unter: www.smart-cities.eu

Giffinger, R. G., Haindlmaier. (2010). Smart cities ranking: an effective instrument for the positioning of the cities? *ACE: Architecture, City and Environmen*, S. 7–25.

Giffinger, R. K., Hans; Heindlmaier, Gudrun; Strohmayer, Florian. (2015). *European Smart Cities 4.0* (2015). Abgerufen am 09.09.2023. Verfügbar unter: http://www.smart-cities.eu/

Gori, P., Parcu, P. und Stasi, M. L. (2015). Smart Cities and Sharing Economy. *SSRN Electronic Journal.* Abgerufen am 09.09.2023. Verfügbar unter: https://doi.org/10.2139/ssrn.2706603

Grabner, M. (2019). *Leitfadengestütztes Expert\*inneninterview – Smarte Räume.* R. Radulova-Stahmer, KIT.

Greenfield, A. (2006). *Everyware: the dawning age of ubiquitous computing.* New Riders.

Greenfield, A. (2013). *Against the smart city* (Edition 1.0. Aufl.). Do projects.

Habe, N. und Degros, A. (2020). Analysis in Selected European Smart City Districts regarding Ageing Population. Real Corp 2020, RWTH Aachen.

Hall, R. E. (2000). *The Vision of a Smart City.* Brookhaven National Laboratory. Abgerufen am 09.09.2023. Verfügbar unter: https://books.google.de/books?id=CuS-DAEACAAJ

Hilty, L. M. (2015). *ICT innovations for sustainability.* Springer.

Hinterkörner, P. (2019). *Leitfadengestütztes Expert\*inneninterview – Smarte Räume.* R. Radulova-Stahmer, KIT.

Hoffer, K.-U. (2020). *Leitfadengestütztes Expert\*inneninterview – Smarte Räume.* Seminar Städtebauliche Forschung, K. Prüfling, TU Graz.

Hofstetter, K. (2020). *Leitfadengestütztes Expert\*inneninterview – Smarte Räume.* Seminar Städtebauliche Forschung, B. Darnhofer-Klamminger, TU Graz.

Höjer, M. und Wangel, J. (2014). Smart Sustainable Cities: Definition and Challenges. In *ICT Innovations for Sustainability* Bd. 310, S. 333–349. Abgerufen am 09.09.2023. Verfügbar unter: https://doi.org/10.1007/978-3-319-09228-7_20

Hollands, R. G. (2008). Will the real smart city please stand up? *City*, 12(3), S. 303–320. Abgerufen am 09.09.2023. Verfügbar unter: https://doi.org/10.1080/13604810802479126

Hollands, R. G. (2015). Critical interventions into the corporate smart city. Cambridge. *Journal of Regions, Economy and Society*, 8(1), S. 61–77. Abgerufen am 09.09.2023. Verfügbar unter: https://doi.org/10.1093/cjres/rsu011

HSR Rapperswil. (2020). *Raumwirksamkeit der Digitalisierung* (NUDIG – Nutzung der Digitalisierung für eine nachhaltige Landschafts-und Raumentwicklung, Heft. Hochschule für Technik Rapperswil. Abgerufen am 09.09.2023. Verfügbar unter: https://dx.doi.org/10.5281/zenodo.3459432

Ishida, T. (2000). Understanding Digital Cities. In *Digital Cities*, S. 7–17. Abgerufen am 09.09.2023. Verfügbar unter: https://doi.org/10.1007/3-540-46422-0_2

Ivanova, P. (2020). *Nachbarschaftsapps* [Seminararbeit]. Seminar Städtebauliche Forschung R. Radulova-Stahmer, TU Graz.

Jaekel, M. (2015). *Smart City wird Realität: Wegweiser für neue Urbanitäten in der Digitalmoderne.* Springer Vieweg, Springer Fachmedien. Abgerufen 09.09.2023. Verfügbar unter: https://link.springer.com/book/10.1007/978-3-658-04455-8

Jaekel, M. und Bronnert, K. (2013). Moderne Städte sind smart. *In Die digitale Evolution moderner Großstädte: Apps-basierte innovative Geschäftsmodelle für neue Urbanität*, S. 9–20. Springer Vieweg, Wiesbaden. Abgerufen am 09.09.2023. Verfügbar unter: http://dx.doi.org/10.1007/978-3-658-00171-1

Joss, S., Sengers, F., Schraven, D., Caprotti, F. und Dayot, Y. (2019). The Smart City as Global Discourse: Storylines and Critical Junctures across 27 Cities. *Journal of Urban Technology*, 26(1), S. 3–34. Abgerufen am 09.09.2023. Verfügbar unter: https://doi.org/10.1080/10630732.2018.15 58387

Kanter, R. und Litow, S. (2009). Informed and Interconnected: A Manifesto for Smarter Cities. *SSRN Electronic Journal*. Abgerufen am 09.09.2023. Verfügbar unter: https://doi.org/10.2139/ssrn.1420236

Kitchin, R. (2015). Making sense of smart cities: addressing present shortcomings. *Cambridge Journal of Regions, Economy and Society*, 8(1), S. 131–136. Abgerufen am 09.09.2023. Verfügbar unter: https://doi.org/10.1093/cjres/rsu027

Knieling, J. (2020). *Leitfadengestütztes Expert*innen-interview – Smarte Räume*. Seminar Städtebauliche Forschung, P. Müller, TU Graz.

Komninos, N. (2009). Intelligent cities: Towards interactive and global innovation environments. *International Journal of Innovation and Regional Development – Int J Innovat Reg Dev*, 1. Abgerufen am 09.09.2023. Verfügbar unter: https://doi.org/10.1504/IJIRD.2009.022726

Komninos, N. (2018). *Smart Cities*. SAGE Publications, Thousand Oaks.

Komninos, N., Kakderi, C., Panori, A. und Tsarchopoulos, P. (2018). *Smart City Planning from an Evolutionary Perspective*. Abgerufen am 09.09.2023. Verfügbar unter: https://doi.org/10.1080/106307 32.2018.1485368

Krejcar, O., Maresova, P., Selamat, A., Melero, F. J., Barakovic, S., Husic, J. B., Herrera-Viedma, E., Frischer, R. und Kuca, K. (2019). Smart Furniture as a Component of a Smart City—Definition Based on Key Technologies Specification. *IEEE Access*, 7, S. 94822–94839. Abgerufen am 09.09.2023. Verfügbar unter: https://doi.org/10.1109/access.2019.2927778

Kuckartz, U. (2006). Zwischen Singularität und Allgemeingültigkeit: Typenbildung als qualitative Strategie der Verallgemeinerung. *Soziale Ungleichheit, kulturelle Unterschiede: Verhandlungen des 32. Kongresses der Deutschen Gesellschaft für Soziologie in München. Teilbd. 1 und 2 32.* Kongress der Deutschen Gesellschaft für Soziologie »Soziale Ungleichheit – kulturelle Unterschiede«. München, 2004, Frankfurt am Main. Abgerufen am 09.09.2023. Verfügbar unter: https://www.ssoar.info/ssoar/handle/document/17290#

Kuckartz, U. (2016). *Qualitative Inhaltsanalyse. Methoden, Praxis, Computerunterstützung* (5., überarbeitete Auflage Aufl.). Abgerufen am 09.09.2023. Verfügbar unter: https://content-select.com/ portal/media/cover_image/5e623532-20b8-4f33-b19e-4a1dbodd2d03/500

Lang, V. (2021). Digitalization and Digital Transformation. S. 1–50. Abgerufen am 09.09.2023. Verfügbar unter: https://doi.org/10.1007/978-1-4842-6774-5_1

Lesnikova, B. (2020). *Smart Lighting* [Seminararbeit]. Seminar Städtebauliche Forschung R. Radulova-Stahmer, TU Graz.

Libbe, J. und Wagner-Endres, S. (2019). *Urbane Produktion in der Zukunftsstadt – Perspektiven für Forschung und Praxis* (Synthese Paper Nr. 1 Zukunftsstadt und urbane Transformation – SynVer*Z Heft. S. Z. S.-u. V. Zukunftsstadt.

Lobeck, M. (2017). *Digitale Zukunft auf dem Land – Wie ländliche Regionen durch die Digitalisierung profitieren können*. Bertelsmann Stiftung.

Luciano, E. M., Marie Anne; Wiedenhöft, Guilherme. (2014). IT Governance Enabling Long-Term Electronic Governance Initiatives. In M. Janssen, Bannister, F., Glassey, O., Scholl, H.J., Tambouris, E., Wimmer, M., Macintosh, A. (Hrsg.), *Electronic Government and Electronic Participation*. Bd. 21 of Innovation and the Public Sector, S. 390–391. IOS Press. Abgerufen am 09.09.2023. Verfügbar unter: https://doi.org/10.3233/978-1-61499-670-5-390

Lyons, G., Mokhtarian, P., Dijst, M. und Böcker, L. (2018). The dynamics of urban metabolism in the face of digitalization and changing lifestyles: Understanding and influencing our cities. *Resources, Conservation and Recycling*, 132, S. 246–257. Abgerufen am 09.09.2023. Verfügbar unter: https://doi.org/https://doi.org/10.1016/j.resconrec.2017.07.032

Macke, J., Casagrande, R. M., Sarate, J. A. R. und Silva, K. A. (2018). Smart city and quality of life: Citizens' perception in a Brazilian case study. *Journal of Cleaner Production*, 182, S. 717–726. Abgerufen am 09.09.2023. Verfügbar unter: https://doi.org/https://doi.org/10.1016/j.jclepro.2018.02.078

Madanipour, A., Knierbein, S. und Degros, A. (2013). *Public space and the challenges of urban transformation in Europe*. Routledge. Abgerufen am 09.09.2023. Verfügbar unter: http://sfx.ethz.ch/sfx_locater?sid=ALEPH:EBI01&genre=book&isbn=9781315880495

Marsa-Maestre, I., Lopez-Carmona, M. A. und Velasco, J. R. (2008). A hierarchical, agent-based service-oriented architecture for smart environments [journal article]. *Service Oriented Computing and Applications*, 2(4), S. 167–185. https://doi.org/10.1007/s11761-008-0030-7

Mirkes, J., Neppl, M. und Zeile, P. (2019). Zukunft liegt im ländlichen Raum. In Schrenk, M., Popovich, V. V., Zeile, P., Elisei, P.; Beyer, C. und Ryser, J. (Hrsg.), *Is this the real world? Perfect Smart Cities vs. Real Emotional Cities*. Real Corp, Karlsruhe. Abgerufen am 09.09.2023. Verfügbar unter: https://www.corp.at/archive/CORP2019_56.pdf

Mitteregger, M., Bruck, E. M., Soteropoulos, A., Stickler, A., Berger, M., Dangschat, J. S., Scheuvens, R. und Banerjee, I. (2020). *AVENUE21. Automatisierter* und vernetzter Verkehr: Entwicklungen des urbanen Europa. Springer Vieweg. Abgerufen am 09.09.2023. Verfügbar unter: https://doi.org/10.1007/978-3-662-61283-5

Moser, B. (2020). Multimodale Knoten – TIM [Seminararbeit]. Seminar Städtebauliche Forschung, R. Radulova-Stahmer, TU Graz.

Müller, P. (2020). Smart Furniture [Seminararbeit]. Seminar Städtebauliche Forschung R. Radulova-Stahmer, TU Graz.

Nam, T. und Pardo, T. A. (2011). Smart city as urban innovation: focusing on management, policy, and context Proceedings of the 5th International Conference on Theory and Practice of Electronic Governance, Tallinn, Estonia.

Neppl, M. (2016). Die Rolle von Nutzungs- und Gebäudetypologien in urbanen Transformationen. In Internationales Doktorandenkolleg »Forschungslabor Raum« (Hrsg.), Urbane Transformationslandschaften. JOVIS, Berlin.

Neppl, M. (2017). Architektonische Gestaltungsmöglichkeiten von Wohnimmobilien und Stadtquartieren. In D. Arnold, N. B. Rottke, & R. Winter (Hrsg.), Wohnimmobilien: Lebenszyklus, Strategie, Transaktion, S. 339–364. Springer Fachmedien Wiesbaden. Abgerufen am 09.09.2023. Verfügbar unter: https://doi.org/10.1007/978-3-658-05368-0_15

Neppl, M. (2021). Große Pläne: Rennaissance der räumlich orientierten Stadtentwicklungsplanung. In U. Weilacher (Hrsg.), Crossing Borders – Activating Spaces / Grenzen überschreiten – Räume Aktivieren, S. 317. JOVIS, Berlin.

Nutz, C. (2019). Leitfadengestütztes Expert*inneninterview – Smarte Räume. R. Radulova-Stahmer, KIT.

Öko-Institut. (2017). Ressourcenwirkung des urbanen Metabolismus (Rural-UrbanNexus (RUN) – Global nachhaltige Landnutzung und Urbanisierung, Heft. Abgerufen am 09.09.2023. Verfügbar unter: https://rural-urban-nexus.org/sites/default/files/RUN_AP%201%201_Metabolismus_%C3%96ko-Institut_20171004_web.pdf

Orhan, M. (2020). Solar Visuals [Seminararbeit]. Seminar Städtebauliche Forschung R. Radulova-Stahmer, TU Graz.

Pernthaler, M. (2019). Leitfadengestütztes Expert*inneninterview – Smarte Räume. R. Radulova-Stahmer, KIT.

Persaud, T., Amadi, U., Duane, A., Youhana, B. und Mehta, K. (2020). Smart City Innovations to Improve Quality of Life in Urban Settings. Abgerufen am 09.09.2023. Verfügbar unter: https://doi.org/10.1109/GHTC46280.2020.9342905

Picon, A. (2015). Urban Intelligence, Space and Maps. In Smart Cities, S. 105–144. Abgerufen am 09.09.2023. Verfügbar unter: https://onlinelibrary.wiley.com/doi/abs/10.1002/9781119075615.ch3

Prüfling, K. (2020). Smarte Wasserwirtschaft [Seminararbeit]. Seminar Städtebauliche Forschung R. Radulova-Stahmer, TU Graz.

Rainer, E., Grabner, M., Zancanella, J., Trink, T., Perl-Vorbach, E., Mach, T., Brandl, D., Heimrath, R.,

Nageler, P., Heinz, A., Gerhardter, H., Passer, A., Kreiner, H., Oblak, D., Röck, M., Fickert, o., Schmautzer, E., Wieland, T., Lagler, M., Höhn, T., Fellendorf, M., Kohla, B., Hanzl, G. und Dulmen, A. v. (2017). Smart City Project Graz Mitte (Smart Energy Demo – FIT for SET 2. Ausschreibung, Heft.

Ramboll. (o.D.). Creating Liveable Cities with People – How Technology can improve urban life. Nordic Edge Whitepaper, Heft. Ramboll.

Ranegger, E. (2019). Leitfadengestütztes Expert*inneninterview – Smarte Räume. R. Radulova-Stahmer, KIT.

Rat für Raumordnung. (2019). Megatrends und Raumentwicklung Schweiz. Rat für Raumordnung (ROR). Abgerufen am 09.09.2023. Verfügbar unter: https://www.are.admin.ch/are/de/home/medien-und-publikationen/publikationen/strategie-und-planung/megatrends.html

Raven, R., Sengers, F., Spaeth, P., Xie, L., Cheshmehzangi, A. und de Jong, M. (2019). Urban experimentation and institutional arrangements. European Planning Studies, 27(2), S. 258–281. Abgerufen am 09.09.2023. Verfügbar unter: https://doi.org/10.1080/09654313.2017.1393047

Reicher, C. (2020). Leitfadengestütztes Expert*inneninterview – Smarte Räume. Seminar Städtebauliche Forschung, P. Ivanova, TU Graz.

Roland Berger. (2019). Smart City Strategy Index. Roland Berger. Abgerufen am 09.09.2023. Verfügbar unter: https://www.rolandberger.com/de/Publications/Smart-City-Strategy-Index-Wien-und-London-weltweit-fortschrittlichste-St%C3%A4dte.html

Salzburger Nachrichten. (2019). Austria-Pavillon bringt den Plattformurbanismus nach Venedig. Salzburger Nachrichten. Abgerufen am 28.04.21. Verfügbar unter: https://www.sn.at/kultur/allgemein/austria-pavillon-bringt-den-plattformurbanismus-nach-venedig-102207430

Sanches, T. L. und Bento, N. V. S. (2020). Urban Metabolism: A Tool to Accelerate the Transition to a Circular Economy. In W. Leal Filho, A. Marisa Azul, L. Brandli, P. Gökçin Özuyar & T. Wall (Hrsg.), Sustainable Cities and Communities (S. 860–876). Springer International Publishing. Abgerufen am 09.09.2023. Verfügbar unter: https://doi.org/10.1007/978-3-319-95717-3_117

Sangeetha G, L. M. R. (2016). Modelling of E-Governance Framework for Mining Knowledge from Massive Grievance Redressal Data. International Journal of Electrical and Computer Engineering (IJECE), Volume 6 (Nr. 1), S. 367–374.: Abgerufen am 09.09.2023. Verfügbar unter https://ijece.iaescore.com/index.php/IJECE/article/view/116

Schildt, H. (2020). Digital Transformation. In The Data Imperative: How Digitalization is Reshaping Management, Organizing, and Work, S. 1–18. Abgerufen am 09.09.2023. Verfügbar unter: https://doi.org/10.1093/oso/9780198840817.003.0001

Scholl, C. und Kemp, R. (2016). City Labs as Vehicles for Innovation in Urban Planning Processes.

*Urban Planning*, 1, S. 89. Abgerufen am 09.09.2023. Verfügbar unter: https://doi.org/10.17645/up.v1i4.749

Smart City Hub. (o.D.). *Smart City Wheel* Smart City Hub Switzerland. Abgerufen am 11.02.2021. Verfügbar unter: https://www.smartcityhub.ch/smart_city_wheel.120en.html

Söderström, O., Paasche, T. und Klauser, F. (2014). Smart cities as corporate storytelling. *City, 18* (3), S. 307–320. Abgerufen am 09.09.2023. Verfügbar unter: https://doi.org/10.1080/13604813.2014.906716

Soike, R., Libbe, J., Konieczek-Woger, M. und Plate, E. (2019). *Räumliche Dimensionen der Digitalisierung. Handlungsbedarfe für die Stadtentwicklungsplanung. Ein Thesenpapier.* Abgerufen am 09.09.2023. Verfügbar unter: https://repository.difu.de/jspui/bitstream/difu/256328/1/DM19101469.pdf

Stadt Karlsruhe, Neppl, M. (2015). *Auf dem Weg zum Räumlichen Leitbild Karlsruhe.* Stadtplanungsamt Stadt Karlsruhe.

Stadt Wien. (2014). *Smart City Wien Rahmenstrategie.*

Stalder, K. B. F. (2014). Stadt als Informationssystem. Digitale Wolken und Urbane Räume, Wien. Abgerufen am 09.09.2023. Verfügbar unter: http://world-information.net/urban-clouds/

Stöglehner, G., Erker, S. und Neugebauer, G. (2013). *Tools für Energieraumplanung – Ein Handbuch für deren Auswahl und Anwendung im Planungsprozess.* Lebensministerium. Abgerufen am 09.09.2023. Verfügbar unter: https://www.oerok.gv.at/fileadmin/user_upload/Bilder/2.Reiter-Raum_u._Region/1.OEREK/OEREK_2011/%C3%96REK_PS_Publikationen/Tools_Energieraumplanung_BMLFUW.pdf

Strüver, A. (2019). *Leitfadengestütztes Expert\*inneninterview – Smarte Räume.* R. Radulova-Stahmer, KIT.

Timmeren, A. v. (2014). The Concept of the Urban Metabolism (UM) ReciproCities. A dynamic Equilibrium, Delft. Abgerufen am 09.09.2023. Verfügbar unter: https://ocw.tudelft.nl/wp-content/uploads/UrbanMetabolism_VanTimmeren.pdf

Townsend, A. M. (2013). *Smart Cities: Big Data, Civic Hackers, and the Quest for a New Utopia.* W. W. Norton & Company, Inc.

Umweltbundesamt. (2020). *Chancen und Herausforderungen der Verknüpfungen der Systeme in der Wasserwirtschaft (Wasser 4.0).* Abgerufen am 09.09.2023. Verfügbar unter: https://www.umweltbundesamt.de/sites/default/files/medien/1410/publikationen/2020-02-05_texte_29-2020_systemverknuepfung-wasserwirtschaft.pdf

UNECE. (o.D.). *Smart Sustainable Cities.* UNECE. Abgerufen am 01.05.21. Verfügbar unter: https://unece.org/housing/sustainable-smart-cities

United Nations. (1987). *Our Common Future* (Report of the World Commission on Environment and Development Heft. U. Nations. Abgerufen am 09.09.2023. Verfügbar unter: https://sustainabledevelopment.un.org/content/documents/5987our-common-future.pdf

Vlay, B. (2020). *Leitfadengestütztes Expert\*inneninterview – Smarte Räume.* Seminar Städtebauliche Forschung, M. Orhan, TU Graz.

Voigt, A. (2021). Raumbezogene Simulation. In U. Weilacher (Hrsg.), *Grenzen überschreiten – Räume Aktivieren* (S. 317). JOVIS, Berlin.

Vollmar, H. C., Buscher, I., Beckert, B., Dönitz, E., Wilm, S., Bartholomeyczik, S. und Goluchowicz, K. (2011). *Einsatz der Szenariotechnik in der Versorgungsforschung am Beispiel der Versorgung von Menschen mit Demenz im Jahr 2030* [Bericht]. DZNE Deutsches Zentrum für Neurodegenerative Erkrankungen. Abgerufen am 09.09.2023. Verfügbar unter: https://de.slideshare.net/PflegezentrumKrefeld/sze-dem-npkfinal1

WHO. (2012). *WHOQOL User Manual* WHOQOL: Measuring Quality of Life, Heft. Abgerufen am 09.09.2023. Verfügbar unter: https://www.who.int/tools/whoqol

Wiegandt, C.-C., Lobeck, M., Märker, O., Wolf, K. und Häußler, J. (2018). *Webbasierte Medien in der Stadtentwicklung: Bürgerbeteiligung und Bürgerengagement in der digitalen Gesellschaft.* BBSR. Abgerufen am 09.09.2023. Verfügbar unter: https://www.bbsr.bund.de/BBSR/DE/veroeffentlichungen/bbsr-online/2017/bbsr-online-28-2017.html

Wiener Stadtwerke. (2011). *Smart City: Begriff, Charakteristika und Beispiele* Materialien der Wiener Stadtwerke zur nachhaltigen Entwicklung, Heft. Abgerufen am 09.09.2023. Verfügbar unter: https://www.4sustainability.de/wp-content/uploads/2021/06/WSTW2011_Smart_City-Begriff_Charakteristika_und_Beispiele_Nr.7.pdf

Wikipedia. (2020). Airbnb. Abgerufen am 09.09.2023. Verfügbar unter: https://de.wikipedia.org/wiki/Airbnb

Wikipedia. (2021). Smart City. Abgerufen am 09.09.2023. Verfügbar unter: https://de.wikipedia.org/wiki/Smart_City

Wimmer, M. (2017). *Smarte digitale Transformation in der Wasserwirtschaft.* Hof University of Applied Sciences. Abgerufen am 24.12.2020. Verfügbar unter: https://www.wiloemu-anlagenbau.de/fileadmin/user_upload/veroeffentlichungen/wwt-1017-TW-Huebner.pdf

Yeretska, V. (2020). *E-Logistik* [Seminararbeit]. Seminar städtebauliche Forschung, R. Radulova-Stahmer, Institut für Städtebau, TU Graz.

Zeile, P. (2010). *Echtzeitplanung – Die Fortentwicklung der Simulations- und Visualisierungsmethoden für die städtebauliche Gestaltungsplanung.* Dissertation. Technische Universität Kaiserslautern. Abgerufen am 09.09.2023. Verfügbar unter: https://kluedo.ub.rptu.de/frontdoor/index/index/year/2010/docId/2196

Zeile, P., Haug, N. und Neppl, M. (2020). Digitales Entwerfen von Stadt – vom Geodesign zur Echtzeitplanung. SHAPING URBAN CHANGE – Livable

City Regions for the 21st Century. Proceedings of REAL CORP 2020, 25th International Conference on Urban Development, Regional Planning and Information Society. S. 225–233. Abgerufen am 09.09.2023. Verfügbar unter: https://repository.corp.at/617/1/CORP2020_120.pdf

Zukunftsinstitut. (2016). Die Megatrend-Map. In M. Dokumentation (Hrsg.) Zukunftsinstitut. Abgerufen am 09.09.2023. Verfügbar unter: https://www.zukunftsinstitut.de/artikel/die-megatrend-map/?utm_term=&utm_campaign=Brand+%7C+Studien+(Search)&utm_source=adwords&utm_medium=ppc&hsa_acc=9538789204&hsa_cam=15972226977&hsa_grp=134191746644&hsa_ad=576458954099&hsa_src=g&hsa_tgt=dsa-1597007813453&hsa_kw=&hsa_mt=&hsa_net=adwords&hsa_ver=3&gclid=CjwKCAjwsKqoBhBPEiwALrrqiPglc8ZY-qv-RWZsLoARfecs8xboNleRg3UWN6y919TF2-nmCpM56RoC8_oQAvD_BwE

# Expert*innenverzeichnis

### EXPERT*INNEN HAMBURG

Prof. em. Kees Christiaanse, langjähriger Professor und Leitung Institut für Städtebau, ETH Zürich, Gründer Büro KCAP, Rotterdam (Konzeption und Planung der HafenCity Hamburg und Smart City-Projekt *Jurong Lake District* in Singapur).

Prof. Dr. Jörg Knieling M.A., Stadtplaner und Leiter des Fachgebiets Stadtplanung und Regionalentwicklung, HCU Hamburg.

Prof. hc Jürgen Bruns-Berentelg (seit 2012 Vorsitzender der Geschäftsführung der HafenCity Hamburg GmbH) und Dr. Lukas Gilliard (Assistenz der Geschäftsführung der HafenCity Hamburg GmbH).

Prof. Dr. Anke Strüver, Sozialgeografin und Lehrstuhlinhaberin vom Institut für Geographie und Raumforschung, Umwelt-, Regional- und Bildungswissenschaftliche Fakultät, Karl-Franzens-Universität Graz (Buchveröffentlichung zu Smart City 2018).

### EXPERT*INNEN WIEN

Prof. Dipl.-Ing. Christa Reicher, Stadtplanerin und Architektin, Leiterin des Lehrstuhls für Städtebau und Entwerfen und Leiterin des Instituts für Städtebau und europäische Urbanistik, RWTH Aachen (Seit 2015 Vorsitzende des Beirates für die Entwicklung der Seestadt Aspern in Wien).

Dipl.-Ing. Peter Hinterkörner, Stadtplaner bei der Entwicklungsgesellschaft Wien 3420 Aspern Development AG (Verantwortlich für Städtebau in der Seestadt Aspern).

Dipl.-Ing. Bernd Vlay, Architekt und Mitgründer von Büro StudioVlayStreeruwitz, Wien (Leitung Smart City Initiative »Mischung: Possible!« und Gewinner des städtebaulichen Wettbewerbs »Seeterrassen Seestadt Aspern« mit Beauftragung für Gestaltungsleitfaden).

Dipl.-Ing. Kurt Hofstetter, Stadtplaner und Leiter IBA Wien, zuvor Leiter der Stadtteilplanung und Flächennutzungsplanung in leitender Position verantwortlich für Konzeption, Planung und Umsetzung der Seestadt Aspern).

### EXPERT*INNEN GRAZ

Dipl.-Ing. Martin Grabner, Assistenzkurator Kunsthaus Graz, zuvor langjähriger Projektassistent Institut für Städtebau, Forschungslabor URBA Graz, Fakultät für Architektur, TU Graz (Projektdurchführung Smart City Forschungsprojekte).

Erich Ranegger, Projektleitung im Atelier Thomas Pucher, Graz (Verantwortlich für den Masterplan Smart City Waagner Biro Graz).

Dipl.-Ing. Markus Pernthaler, Architekt und Bürogründer von Markus Pernthaler Architekten in Graz (Planung Helmut-List-Halle und Science Tower, sowie Konzeption von und Moderation im Prozess Smart City Waagner Biro).

Dipl.-Ing. Kai-Uwe Hoffer, Stadtplaner und Baudirektions-Projektleiter Smart Future Graz bei der Stadt Graz (Verantwortung für die Smart City-Entwicklungen in Graz).

### WEITERE EXPERT*INNEN

Prof. Dipl.-Ing. Rudolf Scheuvens, Stadtplaner DASL, Dekan der Fakultät, IFOER, Fachbereich örtliche Raumplanung, TU Wien (Seit 2010 Vorsitzender des Aspern Beirates und laufende Forschung zu Räumliche Dimensionen der Digitalisierung).

Dipl.-Ing. MBA Claudia Nutz, ehemalige Leitung Vorstand, Wien 3420 Aspern Development AG, Wien (Verantwortlich für die Entwicklung der Seestadt Aspern).

Dipl.-Ing. Michael Meyer, Dipl.-Ing. Oliver Konrad, Dipl.-Ing. Martin Zettl, Stadtplanungsamt, Stadt Graz (Verantwortlich für Smart City-Projekte und Öffentlicher Raum).

Tuomas Hakala, Stadtarchitekt Helsinki City Planning Department (ehemaliger Projektleiter Smart City-Entwicklung Kalasatama, Helsinki).

Michael Guerin, Programme Manager Smart Docklands (seit 2017 Leitung der Smart City-Entwicklung Smart Docklands und Smart City Advisor, Harvard City Innovators Forum).

# Nachwort

Der Begriff ist verführerisch. Umgangssprachlich steht er für eine Eigenschaft, welche ein wenig zweideutig ist und wenig greifbar zu sein scheint.

In den ersten Vorarbeiten entstand ein erstaunlich diffuses Bild, wie »leichtfertig« in den unterschiedlichen Zusammenhängen mit der Begrifflichkeit der »Smart City« umgegangen wird. Andererseits wird aber auch deutlich, wie nah sich viele der Themen sind und wie intensiv die Wechselwirkungen funktionieren. Einer der ersten Arbeitstitel »Medien des Urbanen – Urbane Medien. Die europäische Stadt und ihre urbanen Systeme der Digitalisierung« war deshalb bewusst außerhalb der smarten Begriffswelt positioniert.

Wie auch immer ist das Thema ohne Zweifel relevant, wird aber in der Disziplin der internationalen Stadtplanung erstaunlich wenig mit einem räumlichen Hintergrund betrachtet, sondern wird oft eher technologisch orientiert bearbeitet und publiziert. Deshalb war ein Hauptziel der wissenschaftlichen Arbeit, sich nicht in unendlichen Begriffsspekulationen zu verlieren, sondern das Konzept »Smart City« anhand von konkreten quantitativen Datenanalysen zu untersuchen, um herauszufinden, wie sich Digitalisierung im Städtebau räumlich abbildet. Die zentrale Forschungsfrage war, ob diese räumlichen Abbildungen wirklich nachweisbar sind, oder ob es sich immer wieder nur um vage Spekulationen oder Interpretationen handelt.

Neben diesen grundlegenden Einordnungen wurden auch reale städtebauliche Projekte in diese Abhandlung miteinbezogen, im Sinne einer »Good Practice«-Betrachtung. Hier lassen sich anhand der Beispiele in Hamburg, Wien und Graz erste nachweisbare Verbindungen zu den theoretischen Grundlagen und den Ausgangsthesen erkennen. Aber auch theoretisch lichtete sich im Laufe der Arbeit langsam der Nebel: »Allgemein deutet die Entwicklung des »Smart City«-Diskurses in der Wissenschaft auf eine Neu-Ausrichtung der Stadtentwicklung hin, welche die technologie-basierte, ökologische Anpassung in den Mittelpunkt des Transformationsprozesses stellt. Daher wird der Begriff »Smart City« in dieser Arbeit als ein Territorium mit beliebig großen Systemgrenzen verstanden, in dem digitale Technologien im physischen Raum räumlich integriert (räumlich-technologischer Konnex) eingesetzt werden, um einen gemeinwohlorientierten, ökologischen Transformationsprozess zu unterstützen und dadurch die Lebensqualität der Menschen zu verbessern.«

Die Aussagen der unterschiedlichen Planungsexperten aus Hamburg, Wien und Graz gehen in ähnliche Richtungen, auch wenn sie sich im Detail unterscheiden. In fast allen Aussagen werden die räumlichen Auswirkungen der Technologie durchaus gesehen, aber auch unterschiedlich in ihrer Wirkung beurteilt. Letztendlich können im Gegensatz zu dem »Begriffswirrwarr« aus der Einführung klare Kategorien gebildet werden, um die Themen zu sortieren und eine solide und robuste Typensystematik aufzubauen. Es geht hier um das aktive Verringern von Fläche, eine Nutzungsverdichtung, eine Mehrfachnutzung, eine bessere Wahrnehmung und Orientierung im Stadtraum, soziale Sicherheit, die klimasensible Stadt usw. Die wenigen Auszüge zeigen schon, wie durch diese Typenbildung das komplexe Thema übersichtlicher wird. Zwar ist immer die Gefahr allgegenwärtig die Verknüpfungen wieder zu übertreiben, aber nach diesem Kapitel ist die Basis gelegt, die Erkenntnisse zu verdichten und Bezug auf die Ausgangsthesen zu nehmen. »Die Erkenntnis, dass zusätzlich zu den Technologien systemische Transformationen folgen müssen und technologische Systeme ganzheitlich geplant werden müssen, macht deutlich, dass die Technologie allein nicht in der Lage ist, komplexe Probleme zu lösen.«

Die Arbeit könnte in diesem Zusammenhang eine Grundlage für eine bessere Zusammenarbeit der Technologieentwicklung von Industriekonzernen mit den Akteuren der Planung sein und sie motivieren, auch die Planungs- und Stadtentwicklungsmethoden dementsprechend neu auszurichten.

*Prof. Markus Neppl*
Fachgebiet Stadtquartiersplanung,
Karlsruher Institut für Technologie (KIT)

Weltweit werden in Städten Informations- und Kommunikationstechnologien eingesetzt, um den aktuellen urbanen Herausforderungen, wie der globaler Erwärmung, der Umweltverschmutzung und der Ressourcenknappheit zu begegnen. Der Technologiesprung der letzten zwanzig Jahre hat zu neuen räumlichen Anforderungen im deutschsprachigen Raum geführt. Der Bedarf an neuen resilienten Stadtquartieren steigt. Sie sollen vieles können: ressourcenschonend, energieeffizient, sozialverträglich und erschwinglich sein, um allgemein die Lebensqualität der Bürger*innen zu erhöhen.

Doch erste internationale Pilotprojekte zeigen, dass die einseitige Ausrichtung auf technologische Lösungen zwar die Effizienz der Stadt optimieren kann, jedoch nicht automatisch die gewünschte räumliche Stadtqualität erzeugt. Derzeit ist die Entwicklung überwiegend von Informationstechnologie-Unternehmen bedarfsgenerierend vorangetrieben. Um die Stadtraum- und die Lebensqualität der Bürger*innen steigern zu können, bedarf es in diesem Kontext einer vertieften Auseinandersetzung mit der räumlichen Auswirkung urbaner Digitalisierungsprozesse.

Daher werden in dieser Arbeit die räumlichen Auswirkungen von digitalen Technologien auf den physischen Stadtraum mit dem Schwerpunkt auf Mobilität und Umwelt untersucht. Ziel ist es demnach, die Raumwirksamkeit digitaler Technologien auf der Quartiersebene zu untersuchen, um herauszufinden, wie die Potenziale des technologischen Fortschritts erschlossen werden können, um Stadtraumqualitäten für die Zukunft zu sichern und somit die beste Voraussetzung für lebenswerte Städte zu schaffen.

Es wird der These nachgegangen, dass »Smart City«-Quartiere, trotz optimaler technischer Infrastrukturen, nur dann lebenswert sein können, wenn die digitalen Technologien menschen-zentriert und im Sinne eines räumlich-technologischen Konnexes im Stadtraum integriert gestaltet werden.

Ausgehend von einer Konzeptanalyse des Begriffs »Smart City« werden – anhand von leitfadengestützten Expert*inneninterviews in vier Fokusgruppen – unterschiedliche qualitative Auswertungen zu drei »Smart City«-Quartieren im deutschsprachigen Raum (HafenCity Hamburg, Seestadt Aspern und Smart City Waagner Biro Graz) vorgenommen. Durch explorative Codierung und Typenbildung werden induktiv Kategorien von räumlichen Transformationen dargestellt. Zudem werden mit einer kartografischen Untersuchung als axonometrische Darstellung mögliche konkrete Wirkungsweisen verschiedener Technologien in den Bereichen Mobilität und Umwelt aufgezeigt. Mit der Szenarienbildung werden unterschiedliche Ausrichtungen und räumliche Konsequenzen der digitalen Transformation im Stadtraum veranschaulicht und der Handlungsbedarf der stadtrelevanten Disziplinen aufgezeigt. Zusammenfassend werden daraus Ansatzpunkte zur Erschließung der Potenziale formuliert und Prinzipien für *Smarte Urbane Räume* abgeleitet.

Die Ergebnisse tragen dazu bei, den räumlich-technologischen Konnex und damit verbunden *Smarte Urbane Räume* als zusätzliche räumliche Qualitätskriterien des »Smart City«-Konzepts zu etablieren und in »Smart City«-Strategien zu integrieren.

Dies soll dazu beitragen, dass die Gestalt digitalisierungsbedingter räumlicher Transformationsprozesse nicht – wie derzeit beim *Plattform-Urbanismus* – Informationstechnologie-Unternehmen überlassen wird. Die Digitalisierung im Stadtraum muss mit Fachexpertise transdisziplinär und gemeinwohlorientiert durch die stadtrelevanten Disziplinen mit hohem Qualitätsanspruch an den Stadtraum gestaltet werden, um eine lebenswerte Stadtumgebung in der Zukunft zu sichern. Denn entscheidend für die Qualität eines ökologischen, robusten, integrativen lebenswerten und regenerativen Quartiers sind vor allem die *Smarten Urbanen Räume* und nicht die Technologien per se.

## Danksagung

Gerne möchte ich meinen besonderen Dank den nachstehenden Personen entgegenbringen. Mein Dank gilt zunächst Prof. Markus Neppl vom KIT für die Betreuung dieser Arbeit, für die freundliche Unterstützung und für die richtungsweisenden Leitplanken, die mir immer wieder halfen, den Fokus zu finden und zu behalten. Ich habe unsere Besprechungen immer als Ermutigung und Motivation empfunden. Mein Dank richtet sich gleichermaßen an Prof. Aglaée Degros von der TU Graz für die fortwährende Unterstützung und vielfältige Förderung meiner Forschungsarbeit, sowie für ihre scharfsinnige, motivierende und zielgerichtete Betreuung. Die konstruktiven und gehaltvollen Besprechungen waren für mich immer besonders bereichernde Momente und werden mir in Erinnerung bleiben.

Des Weiteren möchte ich mich bei den Professoren des Internationalen Doktorand*innenkollegs III, Prof. Undine Giseke, Prof. Dr. Udo Weilacher, Prof. Dr. Bernd Scholl, Prof. Dr. Andreas Voigt und Prof. Dr. Stefan Siedentop herzlich für das Feedback und den Gedankenaustausch bedanken. Ferner danke ich all meinen Kolleg*innen aus dem internationalen Doktoranden*innenkolleg, Lena Flamm, Andreas Kurths, Leevke Heeschen, Lisa Stadtler, Peter Stroms, Manuel Hauer, Max Haug, Yvonne Siegmund, Amelie Rost, Marcello Modica, Isabella Schuster, Mathias Niedermaier, Monika Wächter, Mahdokht Soltaniehha, Roman Streit und Theodora Papamichail für den kritischen Austausch und die unermüdlichen Rückfragen, die stark zur Klärung und Stärkung des Vorhabens beigetragen haben.

Weiterhin bedanke ich mich bei meinen ehemaligen Vorgesetzten an der Leibniz Universität Hannover, Prof. Carl Herwarth von Bittenfeld und Prof. Dr. Margitta Buchert, sowie Prof. Alex Wall vom KIT für den gedanklichen Austausch in der Vorbereitungsphase der Dissertation.

Bedanken möchte ich mich auch bei allen Expert*innen Martin Grabler, Erich Ranegger, Markus Pernthaler, Martin Zettel, Oliver Konrad, Michael Meyer, Prof. Dr. Anke Strüver, Michael Guerin, Tuomas Hakala, Prof. Rudolf Scheuvens, Prof. Jürgen Bruns-Berentelg und Lukas Gilliard, Prof. Kees Christiaanse, Prof. Dr. Jörg Knieling, Kurt Hofstetter, Bernd Vlay, Prof. Christa Reicher, Peter Hinterkörner und Claudia Nutz und Kai-Uwe Hoffer für die Zeit, die sie sich genommen haben, mit mir über das Forschungsthema zu sprechen.

Zudem gilt mein Dank meinen Studentinnen, Bernadette Darfhofer-Klamminger, Viktoriya Yeretska, Anna Ebenführer, Mendi Kocis, Carina Mazelle, Petya Ivanova, Mevla Orhan, Katharina Prüfling, Paula Müller und Barbara Moser für die Erarbeitung der Kartografien im Rahmen des Seminars Städtebauliche Forschung.

Abschließend möchte ich ganz herzlich Uta Stahmer, Prisca Hirstein und Sara Haas und für das sorgfältige Lektorat und Korrektorat der Arbeit danken. Bedanken möchte ich mich zudem bei meiner Schwester, Deniza Horländer, sowie meiner Freundin, Prisca Hirstein, für die vielen ermunternden Gespräche. Tief verbunden und sehr dankbar bin ich meinem Ehemann Peter Stahmer für seine bedingungslose Unterstützung bei der Anfertigung dieser Dissertation. Mein ganz besonderer Dank aber gilt meinen Eltern Iskra Radulova und Fedin Radulov, denen ich diese Arbeit widme.

Graz, Mai 2021

## Die Autorin

Radostina Radulova-Stahmer ist Architektin (KIT) mit Schwerpunkt Städtebau. Sie lehrt und forscht seit 2017 am Institut für Städtebau der TU Graz. Von 2013 bis 2017 war sie an der LUH Hannover als Pre-Doc tätig. Radulova-Stahmer leitet seit 2010 das Büro STUDIOD3R, das international ausgezeichnet wurde. Als Expertin für klima-orientierten Städtebau und stadträumlichen Wandel der digitalen Transformation wirkt sie in verschiedenen wissenschaftlichen Beiräten und Jurys im deutschsprachigen Raum mit.